网络舆情建模与预测

主　编　夏一雪

图书在版编目(CIP)数据

网络舆情建模与预测 / 夏一雪主编. -- 天津 : 天津大学出版社, 2021.12
ISBN 978-7-5618-7091-4

Ⅰ. ①网… Ⅱ. ①夏… Ⅲ. ①互联网络—舆论—研究—中国—研究生—教材 Ⅳ. ①G219.2

中国版本图书馆CIP数据核字(2021)第267193号

WANGLUO YUQING JIANMO YU YUCE

出版发行　天津大学出版社
地　　址　天津市卫津路92号天津大学内（邮编：300072）
电　　话　发行部：022-27403647
网　　址　www.tjupress.com.cn
印　　刷　北京虎彩文化传播有限公司
经　　销　全国各地新华书店
开　　本　710 mm×1010 mm　1/16
印　　张　13
字　　数　277千
版　　次　2021年12月第1版
印　　次　2021年12月第1次
定　　价　45.00元

前 言

为深化研究生课程教学改革，推进一流学科建设，打造一批具有高阶性、创新性和挑战性的研究生“金课”，我们编写了公安技术学科智慧警务与大数据技术方向研究生系列教材。本书是其中之一，主要基于网络舆情治理的现实需求和对网络舆情的理论认识，以客观规律和客观数据为依据，采用规律驱动和数据驱动两类方法，从趋势预测、交互预测、分类预测和风险预测 4 个方面，对网络舆情建模与预测进行全面系统的介绍。

本书以习近平新闻舆论思想为指导[①]，以新时代网络舆情工作新需求、新发展为引领，从理论维度、实战维度与精神维度 3 个维度挖掘思想政治教育资源，将习近平新闻舆论思想中的职责使命论、创新为要论、时度效标尺论、网上舆论引导论、善用善管媒体论等重要思想与知识内容合而为一，并注重思想启迪和思维训练，例如通过网络舆情全周期、一体化建模与预测，培养全局思维和系统思维；通过网络舆情数据仿真，培养用数据说话、用数据决策、用数据管理、用数据创新的大数据思维等；在建模与预测方法的介绍过程中，培养具有学术创新能力、实战意识和使命担当的新时代警务人才。

1. 总体思路

大数据的核心是预测，预测的关键是建模。本书的总体思路是通过建模寻找规律，依据规律开展预测。实现预测目标的关键是科学建模，科学建模的实质是寻找规律，而寻找规律的途径包括自上而下和自下而上两种。自上而下是“规律→模型→数据”，即基于已知规律建立网络舆情模型，通过数据验证模型合理性，进而确定网络舆情的特定规律；自下而上是“数据→模型→规律”，即基于已知数据建立模型，通过实验验证模型准确性，进而确定网络舆情的特定规律。由此，形成两类预测方法：规律驱动和数据驱动。其中规律驱动预测方法，是基于客观规律建立模型，通过数据分析确定模型参数，据此预测未来的方法，例如 S 形生长曲线模型等。数据驱动预测方法，是基于客观数据进行分析，通过挖掘数据中的规律性，据此预测未来的方法，例如时间序列分析、因果分析、统计分析、机器学习等。本书进行网络舆情建模和预测的总体思路如图 1 所示。

---

① 新华通讯社课题组．习近平新闻舆论思想要论 [M]. 新华出版社，2017.

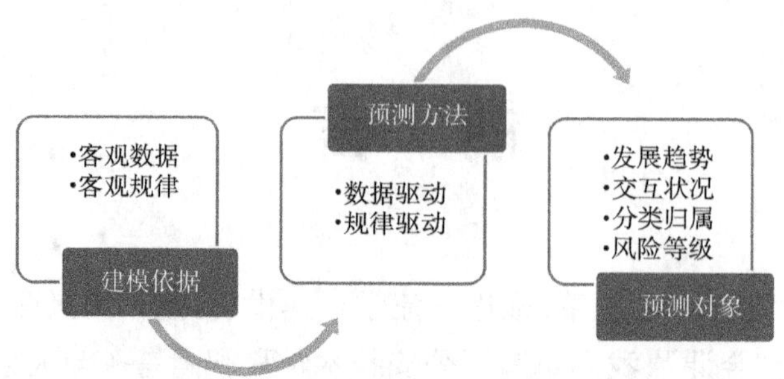

图 1 网络舆情建模与预测的总体思路

2. 内容架构

基于对网络舆情的理论认识，确定建模与预测对象，形成本书的内容架构。

网络舆情是网络用户通过互联网围绕中介事项进行表达、传播、互动过程中观点和态度的集合，其本质是承载观点和态度的文字、图片、音频、视频等用户生成内容和搜索、浏览、关注、@、分享、转发、点赞等用户行为信息的总和。根据网络舆情定义和传播要素，网络舆情的要素包括舆情主体、舆情客体、舆情本体、舆情载体。其中舆情主体是指参与网络舆情传播过程的网络用户，例如普通网民、媒体等。舆情客体是引发舆情的中介事项，例如各类突发事件等。舆情本体是网络舆情信息，可以从不同角度予以理解，例如，信息主题（表达的观点）和信息情感（表达的态度），用户生成内容（直接表达的信息）和用户行为信息（间接表达的信息），以及不同模态的信息（文字、图片、音视频等）。舆情载体是舆情传播的媒介，例如微博、微信、论坛等各类网络传播平台。

预测是人们根据事物过去发展变化的客观过程和某些规律性，根据事物目前运动和变化的状态，运用各种定性和定量分析方法，对事物未来可能出现的趋势和可能达到的水平所进行的科学推测。网络舆情预测是针对网络舆情领域进行的预测。具体而言，网络舆情建模与预测是指基于客观数据和客观规律，通过建模分析网络舆情特定规律，并采用规律驱动和数据驱动两类预测方法，对网络舆情要素的发展趋势、交互状况、分类归属、风险等级等进行科学推测。

在确定网络舆情建模与预测对象时，考虑到网络舆情作为一个系统，既要预测系统整体的未来趋势，也要预测系统要素的未来状况和可能归属，还需要对系统发展过程中的风险因素进行预测预警。因此，建模与预测对象如下。①分析并预测系统整体的发展趋势，以舆情信息、舆情主体的数量变化趋势作为主要预测对象。②分析并预测系统要素内部的交互状况，以舆情主体之间的交互状况、舆情事件之间的交互状况、舆情传播平台之间的交互状况等作为主要预测对象。③分析并预测系统要素的分类归属，以信息主题分类、事件类型及其对应的舆情特征分类、反转舆情分类、网络谣言分类等作为主要预测对象。④针对系统发展过程中的不确定性因素，进行风险分析与预测，确定风险预警等级，包括首发信息风险预测和首发信息引发舆情热度的风险预测，以及舆情发展过程中衍生、反转、谣言等风险因素的预测。

针对不同对象，采用相应的预测方法。对于发展趋势、交互状况等遵循一定客观规律的预测问题，主要采用规律驱动的预测方法，辅以数据驱动的预测方法。对于分类归属等数据依赖性较强的预测问题，主要采用数据驱动的预测方法。对于风险等级等主客观因素需统筹考虑的预测问题，采用定性与定量相结合的预测方法。由此，全书内容架构如图2所示。

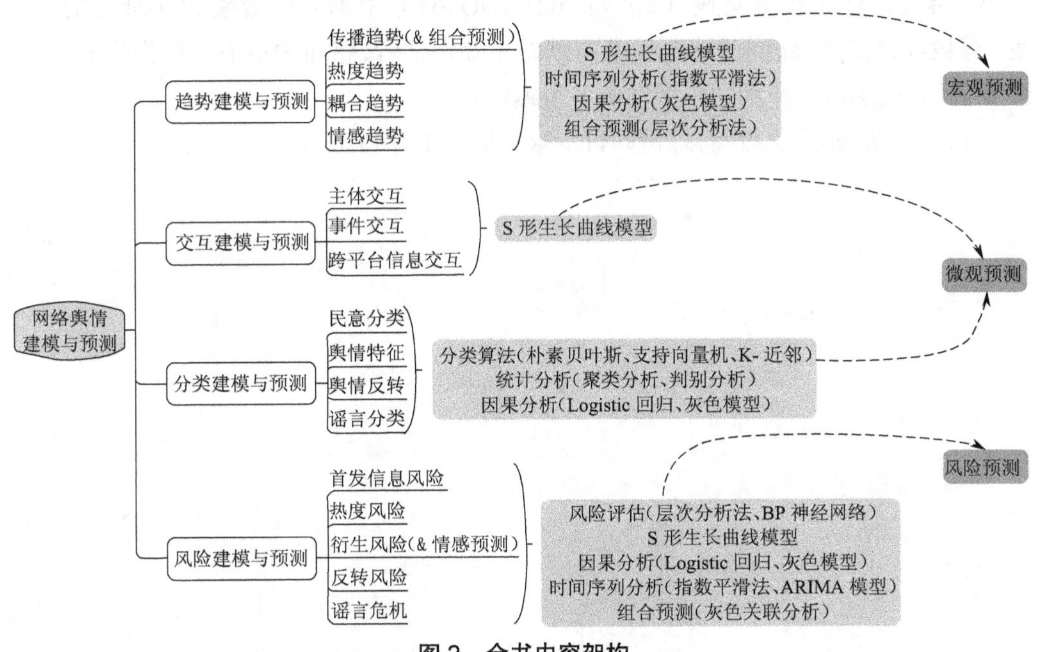

图2　全书内容架构

3. 突出特色

本书进行网络舆情建模与预测的突出特色如下。①通过建模实现“分析－预测”一体化，能够有效避免网络舆情分析和网络舆情预测相对割裂，模型应用存在分析、预测之间的衔接误差等问题，提升周期预测精度。②基于S形生长曲线模型构建的一系列网络舆情模型，能够实现基于初期数据开展中长期预测，提升预测范围。③大数据环境下，应用差分回归法，能够进行实时快速的动态预测并动态调整预测结果，提升预测模型的动态适应性，并为提前感知发展趋势以及衍生、反转等风险因素提供可行路径。

本书由夏一雪负责构建体系结构、确定内容范围、统稿和审定等组织工作。全书共4章18节,夏一雪编写1.1,2.3,3.1,3.2,3.3,4.2,4.3,4.5;兰月新编写1.3,1.4,1.5,2.1,2.2;张鹏编写3.4,4.4,4.6;张立红编写1.2,4.1;连芷萱、徐敏捷、李金泽、袁野、魏阳、蒋宇、崔彦琛、焦威、朱攀龙、万小蝶、陆宇等参与了资料搜集整理等工作。

本书理论与实践相结合,对建模和预测过程进行完整介绍,辅以实际舆情案例进行详细说明,并提出若干延伸思考的问题,拓宽视野,启发思路,既可作为网络舆情相关方向的研究生教材,还可作为相关领域研究者的参考用书。

本书的出版得到河北省高等教育教学改革研究与实践项目"新工科背景下智慧警务人才培养探索与实践"(编号:2020GJJG327)、"面向智慧警务的'互联网+课程思政'模式构建与教学实践"(编号:2021GJJG463)、中国人民警察大学研究生"金课"建设项目的支持,同时感谢参考文献的主要责任者,感谢为本书出版提供支持的领导和同事,感谢天津大学出版社的各位编辑。

精益求精,亦难免疏漏,恳请同行专家和读者批评指正。

编者

目录

目录

第 1 章　网络舆情趋势建模与预测

“党的新闻舆论工作是一门科学，必须按照规律办事”①，遵循规律是习近平新闻舆论思想的内在逻辑，引导舆论要遵循规律，“要善于把握本质、主流和趋势，善于把握社会心理，善于把握时、度、效，深度分析，主动发声，澄清是非，更有针对性做好舆论引导工作”，探索网络舆情传播规律，运用规律开展传播趋势预测、研判舆情热度、监测谣言影响、感知网民情感，对于舆论引导工作具有重要意义。由此，本章主要介绍网络舆情趋势建模与预测，针对网络舆情信息量发展趋势，运用 S 形生长曲线模型，进行传播趋势、热度趋势和耦合趋势预测；针对网络舆情主体数量发展趋势，运用 S 形生长曲线模型，进行不同情感倾向网民数量趋势预测。趋势预测重在刻画整体发展态势，属于宏观预测，并通过舆情演化周期内的初期数据预测全周期发展态势，体现的是中长期预测。

本章要点如下。

传播趋势预测	• Gompertz 模型 • 差分回归法
传播趋势组合预测	• Logistic 模型、指数平滑模型、灰色 GM(1, 1) 模型 • 层次分析法
热度趋势预测	• 灰色关联度模型、Logistic 模型 • 差分回归法
网络谣言和网络舆情耦合趋势预测	• Logistic 模型 • 差分回归法、数值仿真
网民情感演化趋势预测	• Logistic 模型 • 差分回归法、数值仿真

1.1　网络舆情传播趋势预测

1.1.1　网络舆情传播特征

随着信息、网络、媒体技术的进步，网络舆情传播相对于传统的线下舆情传播，呈现出大数据特征以及可量化性、可度量周期性、可预测性等诸多特征。

① 新华通讯社课题组．习近平新闻舆论思想要论 [M]. 新华出版社，2017.

1.1.1.1 网络舆情传播的大数据特征

网络舆情信息包括文字、图片、音频、视频、数字等，互联网高普及率背景下的网络舆情传播已经具备明显的大数据特征。①大量性（volume）：主要体现在网络舆情传播信息量巨大、传播源头数量多、传播平台数量多、传播主体数量多等方面；②多样性（variety）：主要体现在网络舆情信息结构多样、网络舆情反映的网民情感种类多、网络舆情传播主体类型多等方面；③高速性（velocity）：主要体现在网络舆情产生速度快、传播速度快、情感极化速度快等方面；④价值性（value）：网络舆情价值密度小，但其中蕴含的意义重大，网络舆情是网络社会背景下感知民情民意、把握社会心态的重要路径；⑤在线性（online）：网络舆情数据永远在线，能够随时调用和计算，这是其区别于线下舆情的重要方面。网络舆情已经成为一个非常典型的大数据场景。大数据的核心是预测，而网络舆情预测的关键问题则是网络舆情传播规律。

1.1.1.2 网络舆情传播的可量化性

网络舆情传播是抽象的、虚拟的，其传播过程是传播主体生产、传递信息的过程，这些信息具有明显的数据在线特征，所以，通过网络爬虫等信息技术可以比较便捷、完整地获取网络舆情传播的数据。通过对这些网络舆情传播数据进行建模分析，可以推断和感知网络舆情传播程度、传播主体数量变化程度和情感演化程度等，更进一步，通过量化建模，还可以实现网络舆情传播可视化，进而量化整个网络舆情传播过程，这些量化研究是深层次探索网络舆情传播机理、定量描述网络舆情传播规律的基础。

1.1.1.3 网络舆情传播的可度量周期性

网络舆情信息作为信息的一种，满足信息生命周期理论，经历产生、发展直至消亡的生命过程，因此网络舆情传播具有周期性。按照信息生命周期理论，网络信息生命周期可以定性地分为多个阶段，例如可划分为产生、采集、组织、开发、利用、处置 6 个阶段或者引入期、发展期、稳定期、衰退期、失效期 5 个阶段等，但如何定量划分信息生命周期，仍少见创新性研究。由于网络舆情传播具有周期性、可量化性、数据在线性等特征，通过数据建模，可以构建网络舆情传播规律模型，进而定量地划分网络舆情传播阶段，例如可以运用 Logistic、Gompertz 等描述生命周期理论的 S 形生长曲线模型研究网络舆情传播规律（图 1.1）。网络舆情传播的可度量周期性是网络舆情传播机理的核心问题，可为信息生命周期理论中的划分阶段研究提供新的视角和方法。

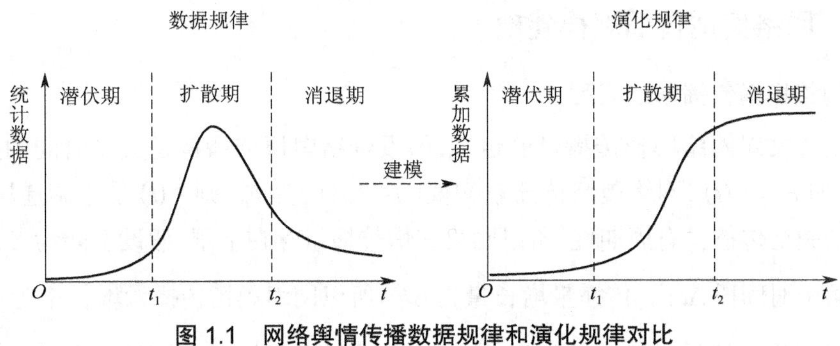

图 1.1　网络舆情传播数据规律和演化规律对比

1.1.1.4　网络舆情传播的可预测性

大数据的核心是预测，实现网络舆情传播趋势预测是大数据应用的必然趋势。通过信息技术获取网络舆情数据后，可以发现网络舆情数据实质是多维度、复杂的时间序列，所有网络舆情中的变量都会根据时间的变化而变化。基于此，可以选择时间序列预测方法进行多维度的数据预测，进而预测网络舆情传播程度，也可以先根据网络舆情数据构建网络舆情传播模型，然后根据模型开展预测，抑或综合以上多种方法开展组合预测。通过预测网络舆情传播过程，可以推断网民参与程度、情感演化趋势等，为政府感知网络民意提供技术路径，同时可以敏锐感知由网络谣言、虚假信息、网络水军等引发的网络舆情传播的异常现象，为网络社会治理提供参考依据。

1.1.2　网络舆情传播规律建模

1.1.2.1　建模核心变量选择

网络舆情传播具有大数据特征和可量化性，在网络舆情传播过程中，传播主体生产、传递信息的形式多样，包括原创、转发、评论、点赞、收藏等，这些生产和传递形式均对网络舆情传播产生影响。所以，如何全面考虑网络舆情传播影响要素、选择核心变量，是网络舆情传播规律建模的关键问题。首先，原创、转发等信息直接影响网络舆情传播程度，是确定网络舆情传播模型核心变量的主要数据；其次，评论、点赞、收藏等信息不能脱离原创或转发而存在，但却影响网络舆情传播，是确定网络舆情传播模型核心变量的次要数据。基于此，综合考虑主要数据和次要数据，定义网络舆情传播量为

$$F=\sum M_i(a_i,b_i,c_i)X_i+\sum N_i(a_i,b_i,c_i)Y_i$$

其中，X_i 和 Y_i 分别代表原创和转发信息，$M_i(a_i,b_i,c_i)$ 和 $N_i(a_i,b_i,c_i)$ 分别代表原创和转发信息权重，其数值由该条原创或转发信息中评论、点赞、收藏的数量确定。

1.1.2.2 网络舆情传播规律建模

1. 网络舆情传播常态模型

根据前文对网络舆情传播量的定义，假设网络舆情传播量是关于时间的连续可微函数，即 $F = F(t)$，网络舆情传播量初值（ $t = 0$ 时）为 F_0，则 $F(t)$ 是单调递增函数。由于网络舆情传播具有周期性，所以网络舆情传播量存在上限，假设上限为 K。

在某个时间段 Δt 内，传播量增长量为 ΔF，所以网络舆情传播量增长率为 $\dfrac{\Delta F}{F\Delta t}$，但由于受网络舆情传播量上限的影响，网络舆情传播量增长率与网络舆情信息饱和率 $\dfrac{F}{K}$ 有关，即网络舆情信息饱和率的大小影响网络舆情传播量增长率的变化程度。当时间段 $\Delta t \to 0$ 时，网络舆情传播量增长率与网络舆情信息饱和率之间存在函数关系 f，进而得到网络舆情传播的常态模型

$$\frac{\mathrm{d}F}{F\mathrm{d}t} = f\left(\frac{F}{K}\right) \text{ 或 } \frac{\mathrm{d}F}{\mathrm{d}t} = Ff\left(\frac{F}{K}\right)$$

更进一步，网络舆情信息饱和率越小，网络舆情增长空间越大，故网络舆情传播量增长率越大；反之，网络舆情信息饱和率越大，网络舆情增长空间越小，故网络舆情传播量增长率越小。所以，一般情况下，函数 f 为减函数结构。为得出模型具体表达式，可以构造减函数 f，例如

$$r\left(1-\frac{F}{K}\right),\quad -r\ln\frac{F}{K},\quad r\left(1-\left(\frac{F}{K}\right)^{\theta}\right),\quad r\mathrm{e}^{1-\frac{F}{K}}-d,\quad r\frac{1-\dfrac{F}{K}}{1+\dfrac{aF}{K}}$$

其中，参数 r 代表网络舆情传播量固有增长率，θ、d、a 为不同类型的传播参数。据此便得到若干个描述网络舆情传播规律的常态模型。

2. 常态模型对应的衍生模型

在实际研究过程中，根据不同的研究角度、深度以及应用场景，需要对基本模型进行改进，进而得出常态模型对应的衍生模型：

（1）当研究通过数据拟合确定的模型的具体参数时，需要考虑离散数据结构模型；

（2）当研究网络舆情传播量增长率的变化情况时，需要考虑变增长率结构模型；

（3）当网络舆情出现衍生时，需要考虑变上限结构模型；

（4）当考虑网络舆情的时空影响时，需要考虑时空效应结构模型；

（5）当考虑网络舆情信息饱和率的延迟影响时，需要考虑时滞结构模型；

（6）当考虑网络推手或者网络水军对舆情的影响时，需要考虑加入控制项的

情况；

（7）当多个网络舆情相互影响时，需要考虑方程组结构模型。

以

$$\frac{\mathrm{d}F}{\mathrm{d}t}=-rF\ln\frac{F_k}{K}$$

模型为常态模型构造对应的衍生模型（图 1.2）。

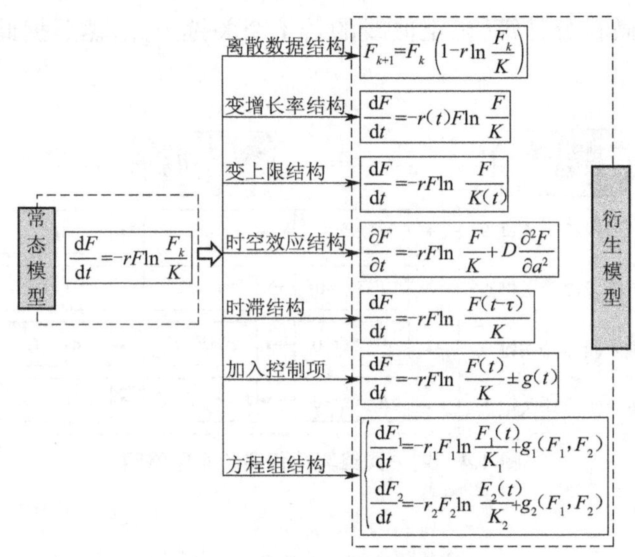

图 1.2　常态模型对应的衍生模型

在实际研究过程中，需要根据具体的网络舆情数据确定传播量，然后根据数据形态和变化程度确定常态模型，再通过数据验证推断外部影响的程度，进而判断是否应用衍生模型，最后，在此基础上研究网络舆情传播阶段以及传播趋势预测等机理问题（图 1.3）。

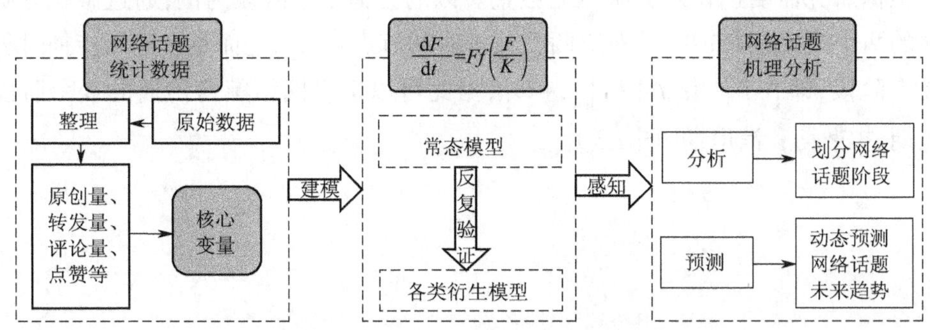

图 1.3　网络舆情传播模型应用思路

1.1.2.3　模型分析

在确定网络舆情传播规律模型后，可以通过模型分析划分传播阶段，为深入研究网络舆情传播机理提供参考依据。由于网络舆情传播规律模型

$$\frac{\mathrm{d}F}{\mathrm{d}t}=Ff\left(\frac{F}{K}\right)$$

是连续性模型，网络舆情传播阶段划分问题转化为网络舆情传播规律模型曲线的分区问题，即通过微积分计算，确定曲线的若干个关键节点，然后据此划分传播阶段（图 1.4）。

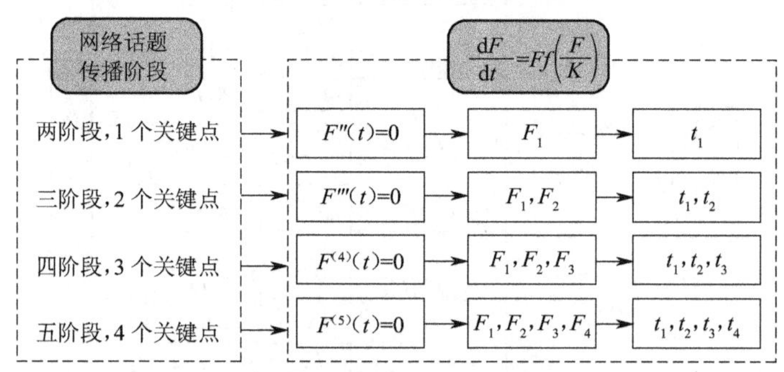

图 1.4　划分网络舆情传播阶段思路图

以

$$\frac{\mathrm{d}F}{\mathrm{d}t}=-rF\ln\frac{F}{K}$$

模型为例确定网络舆情传播阶段，分别令

$$F''(t)=0,\quad F'''(t)=0,\quad F^{(4)}(t)=0,\quad F^{(5)}(t)=0$$

计算各方程对应的根，得到划分阶段的关键时间节点（表 1.1）。

在深入研究网络舆情传播阶段以及不同传播阶段网络舆情传播机理等问题时，可以根据研究需要选择划分阶段的数量。以划分为 3 个阶段为例，通过微积分确定曲线的两个关键点 P_1、P_2，其对应两个关键时间节点 t_1、t_2，进而整个网络传播过程分为 3 个阶段，即 $[0,t_1]$、$[t_1,t_2]$ 和 $[t_2,+\infty]$，据此可以定义网络舆情传播的 3 个阶段为潜伏期、扩散期和消退期（图 1.5）。

表 1.1　划分阶段数据表

划分阶段	方程	方程的解	划分阶段时间节点
两阶段	$F''(t)=0$	$F(t)\approx 0.3679K$	$t_1=\frac{1}{r}\ln\left(-\ln\frac{K}{F_0}\right)$
三阶段	$F'''(t)=0$	$F_1(t)\approx 0.0729K$ $F_2(t)\approx 0.6825K$	$t_1\approx\frac{1}{r}\left[\ln\left(-\ln\frac{F_0}{K}\right)-0.9627\right]$ $t_2\approx\frac{1}{r}\left[\ln\left(-2\ln\frac{F_0}{K}\right)+0.9624\right]$
四阶段	$F^{(4)}(t)=0$	$F_1(t)\approx 0.0112K$ $F_2(t)\approx 0.2610K$ $F_3(t)\approx 0.8473K$	$t_1\approx\frac{1}{r}\left[\ln\left(-\ln\frac{F_0}{K}\right)-1.5023\right]$ $t_2\approx\frac{1}{r}\left[\ln\left(-\ln\frac{F_0}{K}\right)-0.2951\right]$ $t_3\approx\frac{1}{r}\left[\ln\left(-\ln\frac{F_0}{K}\right)+1.7976\right]$
五阶段	$F^{(5)}(t)=0$	$F_1(t)\approx 0.0015K$ $F_2(t)\approx 0.0705K$ $F_3(t)\approx 0.4667K$ $F_4(t)\approx 0.9268K$	$t_1\approx\frac{1}{r}\left[\ln\left(-\ln\frac{F_0}{K}\right)-1.8722\right]$ $t_2\approx\frac{1}{r}\left[\ln\left(-\ln\frac{F_0}{K}\right)-0.9754\right]$ $t_3\approx\frac{1}{r}\left[\ln\left(-\ln\frac{F_0}{K}\right)+0.2717\right]$ $t_4\approx\frac{1}{r}\left[\ln\left(-\ln\frac{F_0}{K}\right)+2.5768\right]$

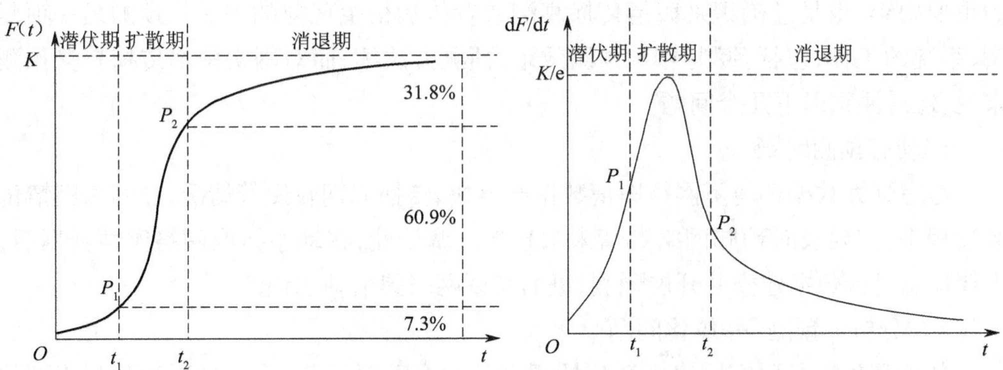

图 1.5　网络舆情传播阶段示意图

（1）网络舆情传播潜伏期。计算潜伏期持续时长，得

$$t_1-0=\frac{\ln\left(-2\ln\frac{F_0}{K}\right)-\ln\left(3+\sqrt{5}\right)}{r}$$

潜伏期持续时长与初值F_0呈反比。例如某些重大突发网络舆情发生后，大量网民发布或者转发舆情信息，导致初值非常大，所以潜伏期非常短，甚至当初值$F_0 > 0.0729K$时，潜伏期消失，网络舆情传播直接进入扩散期，此种情况下，网络舆情传播案例的统计数据往往呈现单调递减或者短时间增长后再递减的形态。

（2）网络舆情传播扩散期。计算扩散期持续时长，得

$$t_2 - t_1 = \frac{1}{r}\ln\frac{3+\sqrt{5}}{3-\sqrt{5}}$$

扩散期持续时长仅与增长率r呈反比，而与信息量上限K和初值F_0无关。当增长率r大于1.92%时，扩散期时长小于1天，而扩散期网络舆情信息量增量占总量的60.9%，所以就会出现在1天之内，网络舆情统计数据急剧增加的现象。

（3）网络舆情传播消退期。自t_2开始，网络舆情热度逐渐减低，传播趋势趋于消退，但由于消退期持续时间较长，也为这个阶段增加了很多不确定性。首先，由于网民关注舆情的长期性和延迟性，导致消退期仍会有网民持续关注并发表自身观点，导致网络舆情统计数据会出现长尾效应；其次，舆情反转或者舆情关联等因素，促使舆情热度回升，导致网络舆情统计数据出现波动现象。

1.1.3 网络舆情传播趋势预测

1.1.3.1 预测思路和方法

网络舆情传播趋势预测是感知网络舆情未来状态、解读各种网络舆情传播现象的重要内容，也是准确识别舆情传播高潮或者传播衍生现象的关键。预测是一项复杂、系统的工作，包括预测类型、预测效果、预测方法等，而对网络舆情传播趋势预测来说，还需注重以下几个问题。

1）动态预测问题

考虑到大数据环境下网络舆情数据产生快、传播周期较短等情况，在网络舆情传播过程中，需要及时预知网络舆情未来趋势。基于此，在动态抓取网络舆情数据后，需要动态进行数据建模并开展预测，进而实现网络舆情动态预测。

2）“分析－预测”一体化问题

分析和预测是研究网络舆情传播规律的两个重要环节，分析模型和预测模型的衔接误差直接影响网络舆情传播趋势预测精度。基于此，以网络舆情传播规律模型为基础模型开展分析和预测，在预测网络舆情传播趋势的同时进行划分传播阶段等机理分析，可以解决“分析－预测”一体化问题。更进一步，为提升预测精度，可以考虑以传播规律模型为主模型，以灰色预测方法以及移动平均、指数平滑、自回归滑动

平均等时间序列分析方法为辅模型进行组合预测。

3)预测起点问题

网络舆情类型众多,在开展趋势预测时需要严格选择预测起点,降低初值选择对预测精度的影响。基于此,对于突发事件等突发性网络舆情,预测起点应选在事件发生的时间点;而对于网民经常性、持续性讨论的非突发性网络舆情,则遵循数据由少至多的原则,选择数值较低的时间点作为预测起点。

综合以上几点,构建网络舆情传播趋势预测基本思路和方法,如图 1.6 所示。

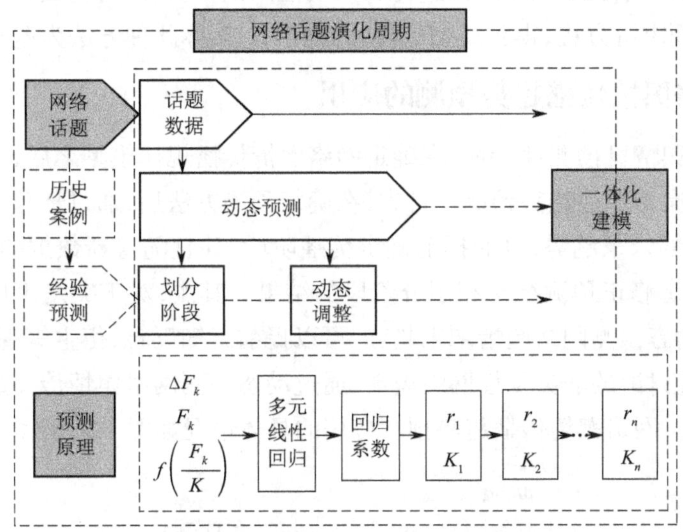

图 1.6　网络舆情传播趋势预测基本思路和方法

首先,针对历史网络舆情,获取其传播周期内的数据,然后应用最小二乘法、三段和值法、上限估值法等确定模型参数,然后按照舆情属性将历史网络舆情进行聚类,得出每类的核心属性和传播规律模型参数。

其次,针对正在发生的某个网络舆情,在舆情发生时,通过归类分析开展经验预测,定性预测该舆情的未来趋势;随着舆情数据的增多,需要根据数据确定预测模型,然后根据模型开展趋势预测,进而划分舆情传播阶段,并且随着新数据的加入开展动态预测。具体方法是:将微分形式的模型

$$\frac{\mathrm{d}F}{\mathrm{d}t}=Ff\left(\frac{F}{K}\right)$$

变为差分形式的方程

$$\Delta F_k=F_{k+1}-F_k=F_k f\left(\frac{F_k}{K}\right)$$

其中,$k=0,1,2,\cdots$。差分形式中,ΔF_k 代表网络舆情统计数据,F_k 则代表网络舆情传

播量,通过多元回归分析便可以确定模型中的待定参数。以网络舆情传播规律模型

$$\frac{\mathrm{d}F}{\mathrm{d}t} = -rF\ln\left(\frac{F}{K}\right)$$

为例,其对应的差分方程为

$$\Delta F_k = F_{k+1} - F_k = -rF_k\ln\left(\frac{F_k}{K}\right) = rF_k\ln K - rF_k\ln F_k$$

其中,$k = 0, 1, 2, \cdots, n-1$。通过差分形式能够得出,ΔF_k 与 F_k、$F_k\ln F_k$ 呈现二元线性结构,应用 Excel 或者 Matlab 软件进行二元线性回归分析,即可得出回归方程的系数 r 和 $r\ln K$,从而求解方程,得到模型的参数 K 和 r。简称此种方法为差分回归法。

1.1.3.2　网络舆情传播趋势预测的应用

根据网络舆情可预测性特征,在确定网络舆情传播规律模型之后,综合运用预测方法进行网络舆情传播趋势预测。首先,在确定预测方法后,通过部分数据可以预测网络舆情传播的未来趋势,进而提前确定传播阶段,并且随着新数据的加入,通过动态预测可以动态修正预测结果和划分阶段的结果。其次,对于突发事件等突发性网络舆情,通过动态预测网络舆情未来趋势,可以提前感知反转、衍生等现象;对于网民经常性、持续性讨论的非突发性网络舆情,通过动态预测网络舆情传播趋势可以识别多个舆情周期。网络舆情传播趋势预测应用的具体情况如图 1.7 所示。

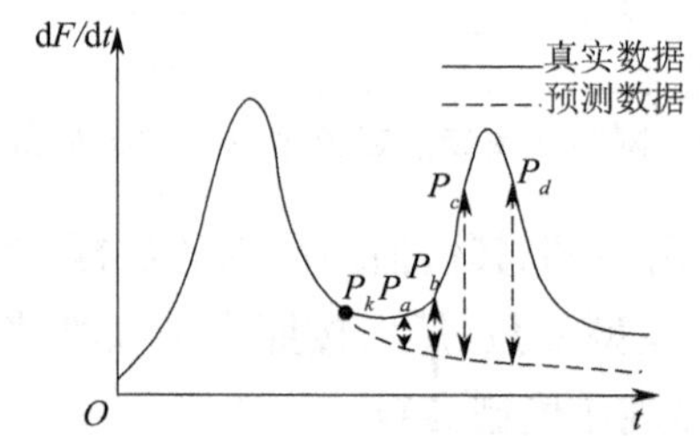

图 1.7　具体预测思路以及网络舆情的异常现象

1)常态模型预测

随着舆情数据增多至 P_k 点,通过动态预测可以得出舆情未来的趋势(图 1.7 中的虚线),并可据此划分网络舆情传播阶段。

2)异常数据感知

如果网络舆情出现衍生、反转或者产生新的传播周期等,网络舆情数据会呈现图 1.7 中实线所示趋势,当进行数据预测时,随着 P_k 点之后 P_a、P_b、P_c、P_d 等数据的加入,预测数据和真实数据之间的差距不断扩大,会导致增长率和上限发生明显波动,据此可以感知网络舆情传播趋势异常,为进一步判断舆情衍生、反转或新周期等现象提供依据。

1.1.4　案例分析

1.1.4.1　案例来源

“雾霾”网络舆情属于非突发性网络舆情，其自 2013 年开始成为网民持续讨论的热门舆情，通过百度指数数据（图 1.8）发现，“雾霾”网络舆情呈现一定的周期性。为验证模型合理性和可行性，选择“雾霾”微博数据进行实证研究，选择的时间为 2018 年 11 月 9 日至 12 月 9 日，网络舆情传播量暂不考虑评论、点赞、收藏等信息，仅考虑原创和转发微博数量，实证数据取原创微博和转发微博数量之和，共 5 631 750 条微博数据。

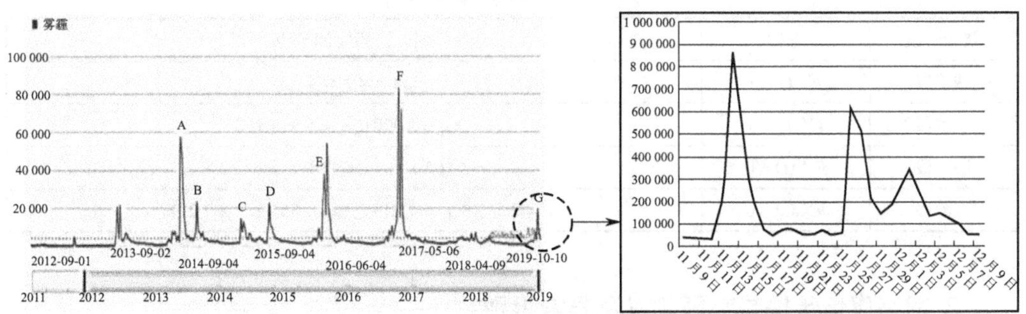

图 1.8　“雾霾”网络舆情数据图

1.1.4.2　数据建模

首先，选择 3 类模型作为备选的常态模型；其次，选取 2018 年 11 月 9 日至 11 月 18 日的数据作为建模数据。通过计算数据差分并应用回归分析得到模型参数（见表 1.2），模型 I 数据拟合效果较好，所以采用模型 I 划分网络舆情传播阶段并开展数据预测。

表 1.2　3 类模型拟合数据结果

模型	模型表达式	增长率	上限	可决系数
模型 I	$\frac{dF}{dt}=rF\left(1-\frac{F}{K}\right)$	1.321 2	2 098 082	0.891 1
模型 II	$\frac{dF}{dt}=-rF\ln\frac{F}{K}$	0.559 3	2 399 517	0.694 9
模型 III	$\frac{dF}{dt}=rF\left(1-\left(\frac{F}{K}\right)^{0.5}\right)$	1.933 8	2 171 894	0.815 5

1. 划分网络舆情传播阶段

根据模型Ⅰ的解和参数，计算划分网络舆情传播阶段的关键时间节点（表 1.3），分别得出划分两阶段、三阶段、四阶段、五阶段的数值标准。以划分为三阶段为例：潜伏期为$[0, 3.900\,6]$，扩散期为$[3.900\,6, 5.894\,4]$，消退期为$[5.894\,4, +\infty]$，其中网络舆情传播最快的扩散期时长为 1.993 8 天，其间新增微博量约 1 211 421 条，平均每天新增 607 594 条，而潜伏期（3.900 6 天）内仅新增约 443 361 条，平均每天 113 665 条，说明在扩散期网络舆情迅速传播。在深入解读网络舆情传播机理时，可以根据需要选择划分阶段的方法，也可以选择多个方法进行划分并进行比较研究。

表 1.3　划分阶段数据表

划分阶段	方程	划分阶段时间节点
两阶段	$F''(t)=0$	$t_1 \approx 4.897\,4$
三阶段	$F'''(t)=0$	$t_1 \approx 3.900\,6,\ t_2 \approx 5.894\,4$
四阶段	$F^{(4)}(t)=0$	$t_1 \approx 3.162\,3,\ t_2 \approx 4.897\,4,\ t_3 \approx 6.632\,7$
五阶段	$F^{(5)}(t)=0$	$t_1 \approx 2.517\,5,\ t_2 \approx 4.259\,6,\ t_3 \approx 5.535\,2,\ t_4 \approx 7.277\,3$

2. 网络舆情传播趋势预测以及异常识别

根据模型Ⅰ的参数，应用 2018 年 11 月 19 日及之后的数据开展动态预测，确定模型增长率和对应的可决系数，并且随着新数据的加入动态修正模型参数（见表 1.4）。与此同时，绘制增长率变化趋势图（图 1.9）。

表 1.4　动态预测结果

数据个数	可决系数	增长率	数据个数	可决系数	增长率
11	0.885 2	1.276 3	21	0.420 3	0.137 2
12	0.867 2	1.199 9	22	0.428 8	0.144 9
13	0.849 5	1.131 4	23	0.448 0	0.140 3
14	0.826 3	1.058 5	24	0.474 9	0.127 5
15	0.792 2	0.971 7	25	0.488 0	0.129 7
16	0.762 1	0.896 6	26	0.488 0	0.137 5
17	0.729 7	0.823 6	27	0.492 9	0.140 7
18	0.351 9	0.203 2	28	0.495 9	0.143 6
19	0.416 0	0.080 9	29	0.497 2	0.146 5
20	0.423 2	0.114 1	30	0.495 0	0.150 4

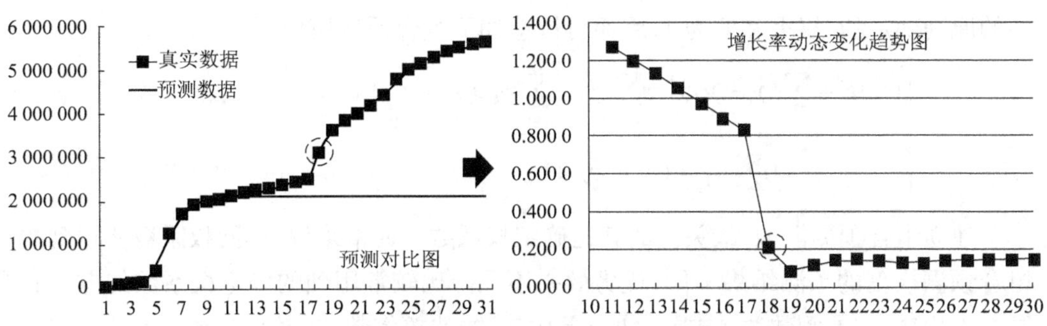

图 1.9　动态预测对比图和增长率动态变化趋势图

观察发现：在动态加入 11~14 个数据后，描述拟合程度的可决系数较高，增长率变化不大，曲线拟合效果较好。但加入第 15 个数据以后，可决系数持续降低，尤其是加入第 18 个数据之后，可决系数降至 0.351 9，拟合效果极不理想，这说明真实数据已经偏离理论模型，由此可以推断舆情传播出现数据波动现象，这一点可以通过原始数据（图 1.8 中 11 月 26 日的数据）获得验证。更进一步发现，这一数据波动异常现象并非瞬间产生，在可决系数持续降低时已有先兆。所以在网络舆情传播趋势动态预测过程中，当可决系数持续降低时，可以推断数据波动将要来临，进而及时感知数据异常，而导致数据异常的原因则需要通过深入解读网络舆情信息得出。

1.2　网络舆情传播趋势组合预测

1.2.1　组合预测建模原理

组合预测模型就是将不同的预测模型按照一定的权重组合在一起，综合各模型对网络舆情数据的预测值，从而尽可能高度拟合网络舆情数据的趋势线，以达到较好的预测未来数据的效果。利用组合预测模型建模的原理如下。

设 x_i 为第 i 个时刻的实际舆情数据（ $i=1, 2, 3, \cdots, n$, n 为总共的预测数据时刻值），则由 n 个时刻的舆情实际值可得时间序列 $(x_i)_{l*n}$。设 p_{ik} 为第 k 种方法第 i 年的舆情数据预测值（ $k=1, 2, 3, \cdots, K$ ），$e_{ik}=\left|x_i-p_{ik}\right|$ 为第 k 种方法第 i 年的舆情数据预测值的预测误差，w_k 为第 k 种方法权系数的估计值，y_{ik} 为组合预测值，则有

$$y_{ik}=\sum_{i=1}^{k} w_k p_{ik}$$

设 E 为组合预测的误差平方和。由于组合预测模型的权重是基于误差平方和最

小的原则确定的,权重和值为 1,因而可构造如下组合预测模型:

$$\begin{cases} \min E = \sum_{i=1}^{n}(y_i - y_{ik})^2 = \sum_{i=1}^{n}(y_i - \sum_{i=1}^{k} w_k p_{ik})^2 \\ \text{s.t.} \sum_{k=1}^{K} w_k = 1, 0 \leqslant w_k < 1 \end{cases}$$

建立组合预测模型,最关键的就是确定权系数。通常来说,不同权系数所得到的组合预测模型的预测结果不同,优劣效果不同。比较常用到的确定权系数的方法有等权平均法、方差倒数法、方差-协方差优选法、残差倒数法、最小二乘法等。这些方法在权重选择上具有应用的普及性,但其忽略了需要分配权重指标的实际背景,很容易出现权重与实际不符的情况,偏差较大。为此,选用层次分析法来计算组合预测模型的权重。具体流程如图 1.10 所示。

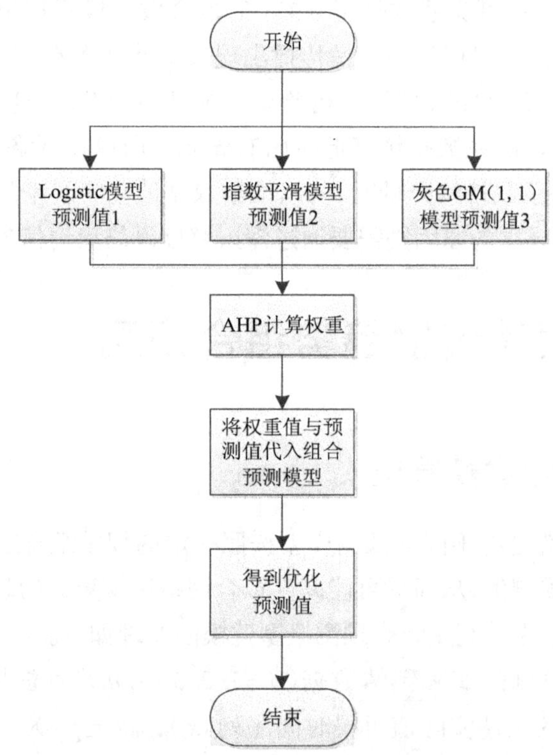

图 1.10 组合预测模型流程图

1.2.2 组合预测模型选择

网络传播的互动性、即时性、海量性、匿名性等特性,决定了网络时代的舆情传播模式发生了深刻的变化。在选择预测模型时,首先,考虑到网络舆情的实质是信息的集合，网络舆情发展符合信息生命周期理论，经历产生、扩散、消退的发展过程，这与生态科学中出生、增长、消亡的生物生长过程具有机理一致性。所以，可以借鉴描述生长过程的 S 形生长曲线模型来研究网络舆情规律。其次，可作出网络舆情演化趋势线，如图 1.11 所示。从图 1.11 中可以看出，在网络舆情的传播过程中，网络舆情信息数量随时间呈 Logistic 曲线式分布。图 1.11 中显示的是其传播模式，历经发生期（Ⅰ）、扩散前期（Ⅱ）、扩散后期（Ⅲ）和平稳期（Ⅳ）4 个时期。其中 $[0,t_1]$ 为网络舆情的发生期，此时网民集中对某一话题产生兴趣，并不断转发、评论，扩大知情范围。$[t_1,t_0]$ 为网络舆情的扩散前期，其发展呈指数分布。在这一时期，讨论舆情的人数不断增多，事件热度提高很快。由于其波及人数较多，在整个舆情传播中，这段时期是产生冲击最大的时期。$[t_0,t_2]$ 为网络舆情的扩散后期，这一时期会产生很多与舆情相关的衍生事件，如果疏于防范，则有可能演变为群体性事件或公共事件。$[t_2,+\infty]$ 为网络舆情的平稳期，由于政府和相关部门采取了有关措施，人们对舆情事件的关注热度下降，舆情的影响力逐步降低，民众的心理状况也逐渐平复，但仍需对危机的复发保持警惕。

由于微博舆情数据传播整体呈 Logistic 生长曲线分布，因而选择 Logistic 模型作为网络舆情数据组合预测中的主模型。在 Logistic 生长曲线中，有一段曲线呈指数分布，所以选择指数平滑模型作为网络舆情数据组合预测中的其中一个辅模型。根据网络舆情特性，可知影响舆情数据的因素众多，而灰色模型能从复杂因素中抽离并分辨出数据内在的积分特性，所以选择灰色 GM（1，1）模型作为网络舆情数据组合预测中的另外一个辅模型。

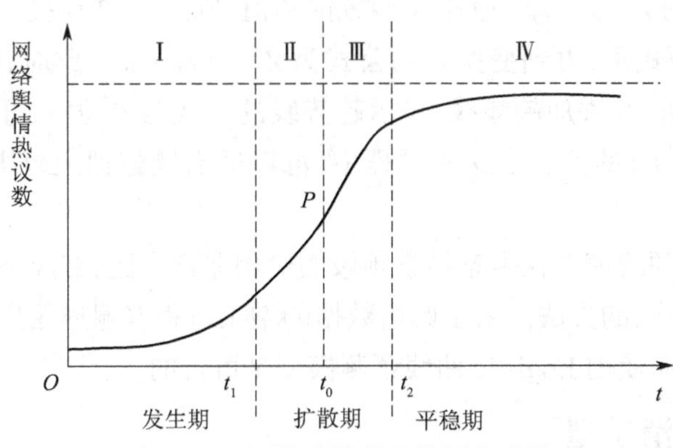

图 1.11　网络舆情发展的各个时段

1.2.3 组合预测建模过程

1.2.3.1 Logistic 模型

Logistic 曲线预测模型是由数学家威赫尔斯特(Verhulst)在研究人口增长规律时首先提出来的。该曲线的形状呈一个顺时针倾斜的 S 形,也被称作 S 形曲线。在经过大量实证研究后,该曲线被认为是模拟生物生长过程的模型,数据最初缓慢增长,而后增长速度逐渐加快,达到一定阶段变慢,直到增长速度趋于 0,数据趋于稳定。这一过程与累加后的舆情数据的增长趋势十分贴合,因而选用 Logistic 曲线预测模型来预测舆情数据,其准确性较高,实用性较强。Logistic 曲线的数学方程式如下:

$$y=\frac{K}{1+m\mathrm{e}^{-at}} \tag{1-1}$$

其中 t 为时间序列的采样点,是由自然数组成的数列。m、a、K 是待定参数,其中 K 反映函数 y 的数值增长渐趋平缓后的状态,当 $t\to\infty$, $\lim\limits_{t\to\infty} y=K$ 是函数 y 的饱和值。Logistic 模型中 3 个参数的估计方法有很多,例如用计算机编程实现对参数的拟合,对数据进行反复迭代。在实际操作中,也有简单便捷的操作方法。一般都是先估算 K 值,然后利用公式计算 m 值和 a 值。其中 K 值的选取方法有目测法、平均值法、四点法等。如果 K 值已知或者可以根据实际情况计算,可以使用最小误差搜索法来计算参数 m 和 a 的值。在计算中,首先要对式(1-1)进行对数线性变换:

$$\ln\left(\frac{K}{y}-1\right)=\ln m-at \tag{1-2}$$

此时取适当的 K($K>y$)值作为参数饱和值,则式(1-2)左边为固定值 Z ,右边为与时序 t 有关的式子,得到变换后的公式为 $Z=\ln m-at$ 。此时,以 t 为自变量、Z 为因变量作散点图,并添加趋势线,显示趋势线的公式与 R^2 值。通过拟合出来的趋势线算出参数 m 和 a 的值。在这一过程中,可以适当调整拟定范围内的 K 值,直到 R^2 值最大。

Logistic 曲线预测模型在生态科学领域的应用非常广泛,在经济、人口、资源等学科领域也是行之有效的方法。由于舆情数据的增长过程普遍遵循生长期、成熟期、衰退期这一规律,因而使用 Logistic 曲线预测模型是可行的。

1.2.3.2 指数平滑模型

指数平滑法是在移动平均法基础上发展起来的一种时间序列分析预测法,比传统的预测方法(全期平均法、移动平均法等)更具有优越性。从实用性角度来看,指数平滑法不舍弃过去的数据,而是给予逐渐减弱的影响程度,即随着数据的远离,赋予逐渐收敛为零的权数。

设原始时间序列为 $x_1, x_2, \cdots, x_t$，y_t 表示在 t 时间的平滑后数据（或预测值），那么指数平滑法的预测模型如下：

$$\begin{cases} S_t^{(1)} = \partial y_t + (1-\partial) S_{t-1}^{(1)} \\ S_t^{(2)} = \partial S_t^{(1)} + (1-\partial) S_{t-1}^{(2)} \\ S_t^{(3)} = \partial S_t^{(2)} + (1-\partial) S_{t-1}^{(3)} \end{cases}$$

其中 $S_t^{(1)}$ 为一次平滑值，$S_t^{(2)}$ 为二次平滑值，$S_t^{(3)}$ 为三次平滑值。当时间序列从某一项开始有二次曲线趋势时，建立二次曲线修正模型。模型公式为

$$y_{t+l} = a_t + b_t l + c_t l^2$$

其中 t 为当前时期；l 为预测时期与当前时期的时间差；y_{t+l} 为 $t+l$ 时期的预测值；a_t、b_t、c_t 为二次曲线修正系数。该模型是非线性的，它类似于二次多项式，能够较好地显现时序的变化趋势，经常用于预测非线性变化时序的发展状况。其计算公式如下：

$$\begin{cases} a_t = 3S_t^{(1)} - 3S_t^{(2)} + S_t^{(3)} \\ b_t = \dfrac{\partial}{2(1-\partial)^2}\left[(6-5\partial)S_t^{(1)} - 2(5-4\partial)S_t^{(2)} + (4-3\partial)S_t^{(3)}\right] \\ c_t = \dfrac{\partial^2}{2(1-\partial)^2}\left[S_t^{(1)} - 2S_t^{(2)} + S_t^{(3)}\right] \end{cases}$$

指数平滑法是一个迭代计算过程，用指数平滑法进行预测计算时，首先必须确定初始值 $S_0^{(1)}$、$S_0^{(2)}$、$S_0^{(3)}$。在时间序列较长，∂ 取值较大时，初始值的大小对预测的影响很小，根据一般经验，可以取 $S_0^{(1)} = S_0^{(2)} = S_0^{(3)} = \dfrac{1}{3}(y_1 + y_2 + y_3)$。加权系数 ∂ 既代表了预测模型对时间序列变化的反应速度，又决定了预测模型修匀误差的能力，因此，∂ 的取值很重要，它直接影响着预测的结果。在实际应用中，一般选取几个 ∂ 值进行试算，选取均方差 MSE 最小的 ∂ 值作为加权系数。

1.2.3.3　灰色 GM（1，1）模型

灰色系统理论是我国学者邓聚龙教授于 1982 年创立的。灰色 GM（1，1）模型是基于对少数据、贫信息系统的特征、运行机制和表现行为的分析。在少数据不确定的背景下，建立模型，预测发展趋势，揭示事物的发展规律。灰色 GM（1，1）模型是灰色预测中应用最广泛的模型，它包含了微分、差分、指数兼容等性质，模型的参数可调。GM（1，1）的含义是 1 阶、1 个变量的灰色模型。下面是灰色 GM（1，1）模型的表示方式。

设 $X^{(0)}$ 为非负的原始数据序列，$X^{(1)}$ 为 $X^{(0)}$ 的一次累加生成数据序列。则 GM(1,1)模型的原始形式为 $x^{(0)}(k)+ax^{(1)}(k)=b$。若 $\boldsymbol{P}=(a,b)^{\mathrm{T}}$ 为参数列，且 $\boldsymbol{Y}=\boldsymbol{BP}$。$\boldsymbol{Y}$ 与 $\boldsymbol{B}$ 为已知矩阵，$\boldsymbol{P}$ 矩阵待求解。由于只有 a、b 两个变量，而方程有 $n-1$ 个，且 $n-1>2$，可用最小二乘法进行求解。那么它的最小二乘估计参数列满足 $\boldsymbol{P}=(\boldsymbol{B}^{\mathrm{T}}\boldsymbol{B})^{-1}\boldsymbol{B}^{\mathrm{T}}\boldsymbol{Y}=\begin{bmatrix}a\\b\end{bmatrix}$。则时间响应序列为 $\hat{x}^{(1)}(k+1)=\left(x^{(0)}(1)-\dfrac{b}{a}\right)\mathrm{e}^{-ak}+\dfrac{b}{a}$，其中 $k=1, 2, \cdots, n$，累减还原得到预测数据列为

$$\hat{x}^{(0)}(k+1)=a^{(1)}\hat{x}^{(1)}(k+1)=\hat{x}^{(1)}(k+1)-\hat{x}^{(1)}(k)$$

灰色系统理论是基于灰朦胧集的灰生成理论。由于网络舆情数据本身变化较大，利用灰色模型的累加算子可以使灰色过程由灰变白，使离乱的舆情数据中隐藏的积分特性或变化规律显现出来，从而更为有效地看出数据的发展态势。影响网络舆情数据变化的因素非常多，灰色 GM(1,1)模型可以在自运算中尽量削弱外界影响力，找到数据本质趋势，进一步预测出未来的变化过程。

1.2.3.4 组合预测法——层次分析法(AHP)

采用层次分析法(AHP)进行权重赋值。层次分析法是 20 世纪 70 年代末美国学者 Thomas L. Saaty 提出的一种系统分析方法。它将定性分析与定量计算结合在一起，在推理过程中进行量化描述，避免决策者在逻辑推理中出现失误。

层次分析法的基本流程如下。首先根据问题的性质和要求，提出一个总的目标。然后将问题按层次分解，对同一层次内的诸因素通过两两比较的方法确定出相对于上一层目标的各自的权系数。这样层层分析下去，直到最后一层，即可给出所有因素(或方案)相对于总目标而言按重要性程度的排序。层次分析法大致步骤如下。

1)设计层次结构图

层次结构图包含 3 层，如图 1.12 所示。目标层就是利用层次分析法想要达到的最佳目标，准则层就是目标之下要达到的一些准则、要求，方案层就是所需要进行层次分析的方案。

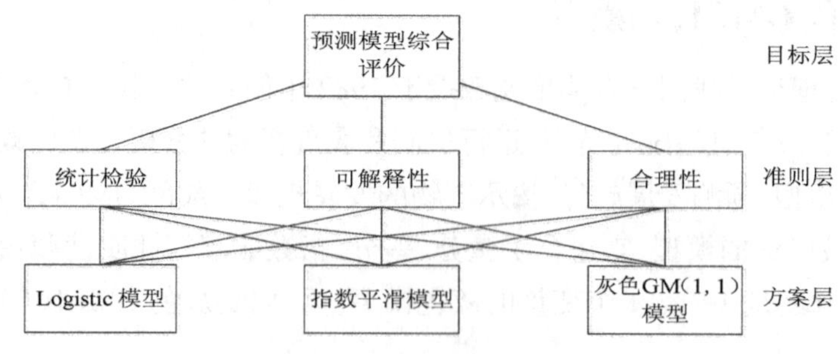

图 1.12 AHP 层次结构图

2）构造判断矩阵

这里主要依靠专家打分法进行重要性的赋值。一般来说，选用数字 1~9 及其倒数作为标度。针对准则层的准则对方案层的两两方法的重要性进行比较，构造两两比较判断矩阵。见表 1.5。

表 1.5　判断矩阵的 1~9 标度

标度	含义
1	表示两个因素相比，具有同样的重要性
3	表示两个因素相比，一个因素比另一个因素稍微重要
5	表示两个因素相比，一个因素比另一个因素明显重要
7	表示两个因素相比，一个因素比另一个因素强烈重要
9	表示两个因素相比，一个因素比另一个因素极端重要
2,4,6,8	上述两相邻判断的中值
倒数	相应两因素交换次序的重要性比较

3）计算相对权重

对判断矩阵的求解，事实上就是求矩阵的最大特征向量和相对应的特征根。数学上，一般用线性代数的方法求解矩阵的特征向量。但在层次分析法的判断矩阵中，利用线性代数求解较为复杂，可采用一些简便的近似算法，常用到的近似算法有和积法、方根法等。和积法，首先要对矩阵进行按列归一化的处理，然后再按行求和，求得 $\overline{w_i}$ 的值为 $\overline{w_i}=\sum_{j=1}^{n}\overline{a_{ij}}, i=1, 2, \cdots, n$，其中$w_i$就是特征向量$w$的第$i$个分量。计算 $\lambda_{\max}$ 即

$$\lambda_{\max}=\sum_{i=1}^{n}\frac{\sum_{j=1}^{n}a_{ij}w_j}{nw_i}$$

4）计算组合权重和进行一致性检验

记 B_k 为第 k 层上所有因素相对于上一层有关因素的权系数向量，则第 k 层的组合权系数向量 $\boldsymbol{W}^k$ 满足 $\boldsymbol{W}^k=\boldsymbol{B}_k\times\boldsymbol{B}_{k-1}\times\cdots\times\boldsymbol{B}_2\times\boldsymbol{B}_1$。在得到判断矩阵的过程中，有时免不了会出现判断不一致的情况，因而需要用一致性指标来进行检验。可以用 $CI=\frac{\lambda_{\max}-n}{n-1}$ 进行检验。要判断决策者思维的一致性，还要用到平均随机一致性指标 RI，这是为了度量不同判断矩阵是否具有满意的一致性指标。表 1.6 给出了对于 1~9 阶的判断矩阵对应的 RI 值。

表 1.6 平均随机一致性指标 RI

1	2	3	4	5	6	7	8	9
0.00	0.00	0.52	0.89	1.12	1.26	1.36	1.41	1.46

判断矩阵的一致性指标 CI 与同阶平均随机一致性指标 RI 之比，记为 CR。通常要求 $CR \leqslant 0.1$，此时可以认为判断矩阵具有满意的一致性，否则需要对判断矩阵进行调整。

1.2.4 案例分析

1.2.4.1 选择舆情数据

2015 年 6 月 1 日 21 时 30 分，“东方之星”号轮船在从南京驶往重庆途中突遇龙卷风，在长江中游湖北监利水域沉没。该事件迅速成为焦点新闻，“东方之星”号沉船事件在微博上被网民热议，其微博热议数随时间序列变化趋势如图 1.13 所示。

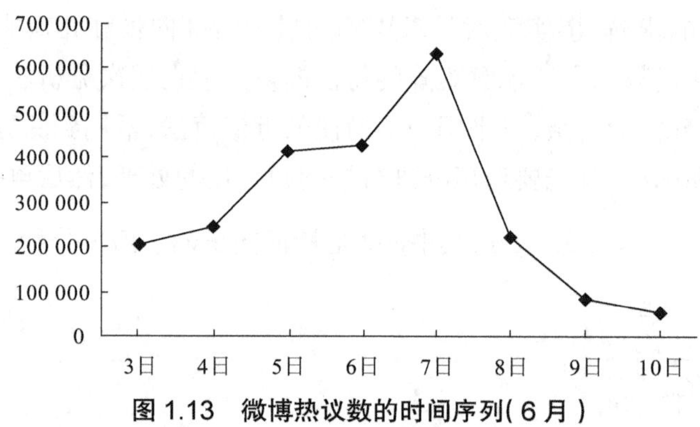

图 1.13 微博热议数的时间序列（6 月）

由此可以列出微博热议数的原始数据列，见表 1.7。

表 1.7 原始数据列

日期（6 月）	3 日	4 日	5 日	6 日	7 日	8 日	9 日	10 日
微博热议数	206 195	245 894	415 534	426 761	631 999	224 708	83 541	52 484

为了方便计算，将日期改为用 1~10 的数字显示。为了能进一步找到数据变化的内在积分规律，将微博热议数的原始数据列进行累加，得到新的累加数据列，具体数据见表 1.8。

表 1.8　累加数据列

周期	1	2	3	4	5	6	7	8
累加微博热议数	206 195	452 089	867 623	1 294 384	1 926 383	2 151 091	2 234 632	2 287 116

此时可以得出累加的微博热议数曲线，如图 1.14 所示。

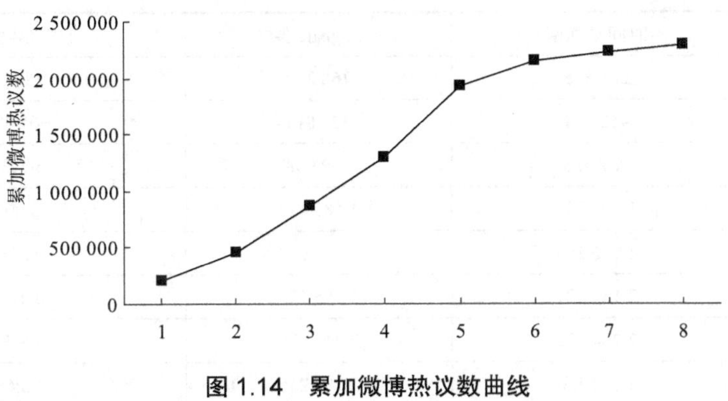

图 1.14　累加微博热议数曲线

1.2.4.2　计算各模型预测值

1. Logistic 模型

由于 $\lim_{t\to\infty} y = K$，K 的取值取决于 y 的最大值。一般来说 y 无限接近于 K，所以取 $K = 2\,300\,000$，同时取对数，并在图形上添加趋势线，如图 1.15 所示。

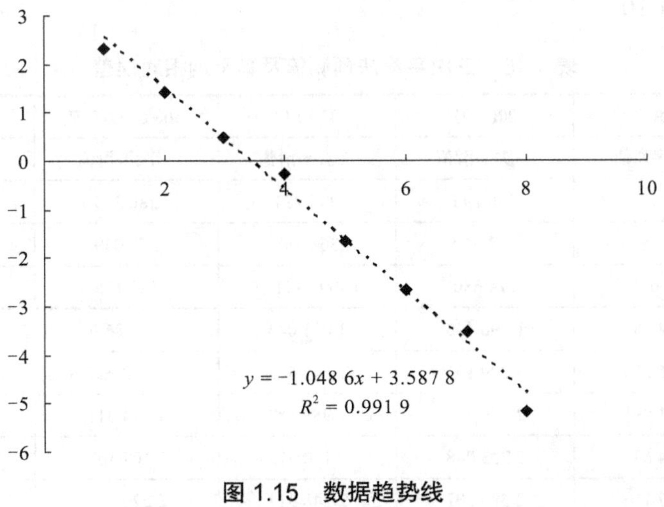

图 1.15　数据趋势线

由于 R^2 值大于 0.9，可以认为此趋势线契合度高。由此可以算出

$a=1.0486, m=36.15445$，因此得到预测公式为

$$y=\frac{2\,300\,000}{1+36.154\,45\mathrm{e}^{-1.048\,6t}}$$

由此公式可得预测值，见表 1.9。

表 1.9 Logistic 法预测值及其平均相对误差

周期	时间序列值	Logistic 值	平均相对误差
1	206 195	168 257	-18.40%
2	452 089	422 813	-6.48%
3	867 623	899 908	3.72%
4	1 294 384	1 488 479	15.00%
5	1 926 383	1 931 063	0.24%
6	2 151 091	2 155 676	0.21%
7	2 234 632	2 247 276	0.57%
8	2 287 116	2 281 245	-0.26%

由此可知下一个周期的预测值$y=2\,293\,393$。

2. 指数平滑模型

使用指数平滑法之前要进行初始值的计算。采用对前 3 个原始数据取平均值的方法，求得 $S_0^{(1)}=S_0^{(2)}=S_0^{(3)}=\frac{1}{3}(y_1+y_2+y_3)=643\,215$。经过试验，取平滑值 $\partial=0.8$。所得预测值见表 1.10。

表 1.10 三次平滑法预测值及其平均相对误差

	初始值	206 195	329 142	508 635.666 7	
周期	时间序列值	一次平滑值	二次平滑值	三次平滑值	平均相对误差
1	206 195	206 195	230 784	286 355	38.88%
2	452 089	402 910	368 485	352 059	-22.13%
3	867 623	774 680	693 441	625 165	-27.95%
4	1 294 384	1 190 443	1 091 043	997 867	-22.91%
5	1 926 383	1 779 195	1 641 565	1 512 825	-21.47%
6	2 151 091	2 076 712	1 989 682	1 894 311	-11.94%
7	2 234 632	2 203 048	2 160 375	2 107 162	-5.70%
8	2 287 116	2 270 302	2 248 317	2 220 086	-2.93%

由此可得修正模型为 $y_{t+l}=2\,286\,042.48+95\,881.88l+195.17l^2$，得预测值 $y_{t+l}=2\,382\,120$。

3. 灰色模型

由 GM(1,1)模型式以及相关程序求出最小二乘模型下的参数为

$$\begin{cases} a=0.119\,262 \\ b=470\,745.578\,289 \end{cases}$$

由时间响应序列公式以及 $x^{(0)}(1)=206\,195$ 可以算出此案例的时间响应函数为

$$\hat{x}^{(1)}(k+1)=-3\,740\,919.782\,172\mathrm{e}^{-0.119\,262k}+3\,847\,114.782\,172$$

由于灰色理论计算步骤中本身含有累加步骤，因此在计算中直接使用未累加前的微博数据进行计算。由此可得预测值，见表 1.11。

表 1.11　灰色 GM(1,1)法预测值及其平均相对误差

周期	原序列值	时间序列值	灰色值	平均相对误差
1	206 195	206 195	206 195	0.00%
2	245 894	452 089	626 767	38.64%
3	415 534	867 623	1 000 056	15.26%
4	426 761	1 294 384	1 331 379	2.86%
5	631 999	1 926 383	1 625 452	−15.62%
6	224 708	2 151 091	1 886 465	−12.30%
7	83 541	2 234 632	2 118 133	−5.21%
8	53 484	2 287 116	2 323 756	1.60%

由此可得出下一个周期的预测值 $\hat{x}^{(1)}(9)=2\,506\,261$。

4. AHP 模型

主要针对 3 种模型对大量舆情数据进行预测。模型 1 表示 Logistic 模型，模型 2 表示指数平滑模型，模型 3 表示灰色 GM(1,1)模型。主要根据统计检验、可解释性和合理性这 3 个准则进行评价。按 1~9 标度打分计算，见表 1.12 至表 1.15。

表 1.12　对准则层的权重计算

	统计检验	可解释性	合理性	权重	
统计检验	1	4	2	0.571 4	$\lambda_{\max}=3.000\,0$
可解释性	1/4	1	1/2	0.142 9	$CI=0.00$
合理性	1/2	2	1	0.285 7	$RI=0.52$
$CR=0<0.1$√					

表 1.13　统计检验准则对应的方案层权重计算

	模型 1	模型 2	模型 3	权重	
模型 1	1	4	6	0.685 3	$\lambda_{max}=3.0542$
模型 2	1/4	1	3	0.221 3	$CI=0.0271$
模型 3	1/6	1/3	1	0.093 4	$RI=0.52$
$CR=0.0521<0.1$ √					

表 1.14　可解释性准则对应的方案层权重计算

	模型 1	模型 2	模型 3	权重	
模型 1	1	2	5	0.581 3	$\lambda_{max}=3.0037$
模型 2	1/2	1	3	0.309 2	$CI=0.0018$
模型 3	1/5	1/3	1	0.109 6	$RI=0.52$
$CR=0.0035<0.1$ √					

表 1.15　合理性准则对应的方案层权重计算

	模型 1	模型 2	模型 3	权重	
模型 1	1	3	4	0.608 0	$\lambda_{max}=3.0742$
模型 2	1/3	1	3	0.272 1	$CI=0.0371$
模型 3	1/4	1/3	1	0.119 9	$RI=0.52$
$CR=0.0713<0.1$ √					

由此可得，Logistic 模型权重为 0.65，指数平滑模型权重为 0.25，灰色 GM(1,1)模型权重为 0.10。

5. 组合预测模型

历史数据中单个模型的预测数据、误差以及组合预测模型的预测数据、误差见表 1.16。单个模型与组合预测模型对未来数据的预测值见表 1.17。

表 1.16　历史数据中单个模型与组合预测模型的预测数据及其误差

Logistic 模型		指数平滑模型		灰色模型		组合预测模型	
预测值	误差	预测值	误差	预测值	误差	预测值	误差
168 257	18.40%	286 355	38.88%	206 195	0.00%	201 575	2.24%
422 813	6.48%	352 059	22.13%	626 767	38.64%	425 520	5.88%
899 908	3.72%	625 165	27.95%	1 000 056	15.26%	841 237	3.04%

续表

Logistic 模型		指数平滑模型		灰色模型		组合预测模型	
1 488 479	15.00%	997 867	22.91%	1 331 379	2.86%	1 350 116	4.31%
1 931 063	0.24%	1 512 825	21.47%	1 625 452	15.62%	1 795 942	6.77%
2 155 676	0.21%	1 894 311	11.94%	1 886 465	12.30%	2 063 414	4.08%
2 247 276	0.57%	2 107 162	5.70%	2 118 133	5.21%	2 199 333	1.58%
2 281 245	0.26%	2 220 086	2.93%	2 323 756	1.60%	2 270 206	0.74%

表 1.17　单个模型与组合预测模型对未来数据的预测值

模型	预测值	累减后实际值
Logistic 模型	2 293 393	12 148
指数平滑模型	2 382 120	162 034
灰色模型	2 506 261	182 505
组合预测模型	2 336 862	66 656

由表 1.16 可知,3 种预测模型中,Logistic 模型误差相对较小,其所占组合预测的权重也较大,是此组合预测模型的主模型,该微博热议累加数基本符合 Logistic 曲线,按其生长趋势发展。指数平滑模型误差较大,这是因为指数平滑模型较为简单,其平滑趋势不能完全适用于复杂的舆情数据,但指数平滑模型在较多数据预测上依然有其优势。灰色模型的波动性比较大,这是由于灰色模型在较少数据的预测上效果明显,对于较多数据则离散性强,不能很好地进行预测,在此案例中,灰色预测值在逐步趋向稳定。经过 AHP 赋值后,得到的新的组合预测方法优势互补,计算出的平均相对误差较低且误差数值较为稳定,明显优于另外 3 个模型。因此,选取组合预测模型预测舆情数据更加准确。3 种模型的组合较大地提高了模型的拟合和预测精度,降低了单个模型预测波动较大的风险。

1.3　网络舆情热度趋势预测

1.3.1　网络舆情热度

网络舆情热度,即网络舆情事件受关注的程度。网络舆情热度值决定着网络舆情应对和舆论引导措施的轻重缓急。首先,大数据环境下,某个网络舆情被网民关注后,舆情信息会由一个传播平台向多个平台扩散,在这个过程中信息量在不断变化

（图 1.16），网络舆情热度也在不断升温，所以网络新闻、网络报刊、微博、微信、新闻客户端、论坛、视频网站等互联网平台上的舆情信息量决定着网络舆情热度；其次，定量确定网络舆情热度的目的是使网络舆情主体能够宏观把握当前的舆情态势，进而制定舆情引导策略，所以某个网络舆情的网络舆情热度属于相对量，在计算时需要系统考虑某短时间内的所有网络舆情；最后，大数据的核心和目标是预测，所以需要根据监测数据开展热度预测，并且随着新数据的加入而动态修正预测结果，实现对网络舆情热度的动态预测。综合以上 3 点，通过灰色系统理论确定热度，并根据网络舆情传播规律开展热度预测。

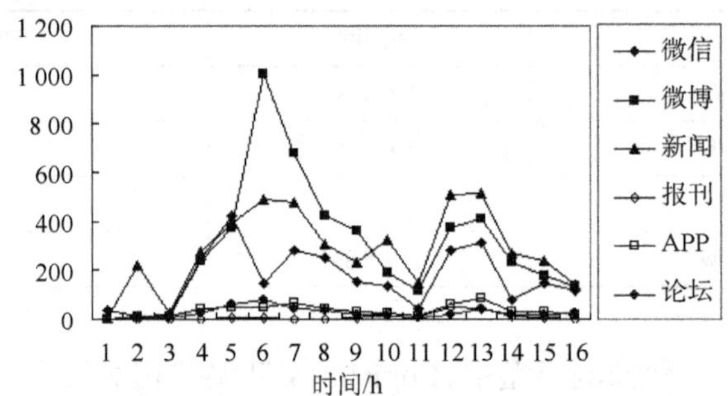

图 1.16 美国退出 TPP（跨太平洋伙伴协议）48 小时舆情数据（2017.1.24 00:00—2017.1.25 21:00）

1.3.2 网络舆情热度预测建模

1.3.2.1 网络舆情热度模型

1）基本假设

假设某个时间段内，网民关注的网络舆情数量为 m 个，每个网络舆情在 n 个传播平台传播形成网络舆情。网民针对第 i 个网络舆情在网络新闻、论坛、微博、微信等传播平台发布的信息总量为 $x_i(j)$，构建第 i 个网络舆情的热度向量

$$\boldsymbol{X}_i=(x_i(1),x_i(2),\cdots,x_i(n))$$

其中 $1\leqslant i\leqslant m$，$1\leqslant j\leqslant n$。由于网络舆情热度与舆情信息总量成正比，在某个时间段内分别取 n 个传播平台信息总量的最大值构建最大热度向量

$$\boldsymbol{X}_{\max}=(\max_{1\leqslant i\leqslant n}x_i(1),\max_{1\leqslant i\leqslant n}x_i(2),\cdots,\max_{1\leqslant i\leqslant n}x_i(n))$$

根据舆情的热度向量与最大热度向量的“距离”，可以得出每个网络舆情的热度。

2）网络舆情的热度

根据灰色关联分析，定义每个网络舆情的热度向量与最大热度向量的关联系数为

$$\eta_i(k)=\frac{\min\limits_i\min\limits_k|\max\limits_{1\leqslant i\leqslant n}x_i(k)-x_i(k)|+\rho\max\limits_i\max\limits_k|\max\limits_{1\leqslant i\leqslant n}x_i(k)-x_i(k)|}{|\max\limits_{1\leqslant i\leqslant n}x_i(k)-x_i(k)|+\rho\max\limits_i\max\limits_k|\max\limits_{1\leqslant i\leqslant n}x_i(k)-x_i(k)|}$$

其中，$\rho\in(0,+\infty)$ 称为分辨率，ρ 越小，分辨率越大。关联系数得到的是每个网络舆情的热度向量与最大热度向量在各个传播平台的关联系数值，结果较多且信息过于分散，所以计算关联系数的平均数得到第 i 个网络舆情的灰色关联度

$$r_i=\frac{1}{n}\sum_{k=1}^{n}\eta_i(k)$$

不难发现，$0<r_i<1$，所以将某个网络舆情的热度向量与最大热度向量的关联度定义为某个网络舆情的网络舆情热度。

1.3.2.2　网络舆情热度动态预测模型

1）基本预测模型

在选择基本预测模型时，基于以下两点考虑。首先，网络舆情演化与生物生长过程具有机理一致性，因此，借鉴描述生长过程的 S 形生长曲线模型来研究网络舆情规律。其次，实际舆情数据的曲线形态具有 S 形特征。以“雾霾”微博舆情为例，网络舆情热度与信息总量呈正比，所以需要对网络舆情统计数据进行累加，进而得到随时间变化的网络舆情信息总量数据，容易得出统计数据累加后呈现出 S 形曲线特征（图 1.17）。因此，从内在建模机理和外在曲线形态两方面，可以采用 S 形生长曲线模型来阐释网络舆情规律。生长曲线主要有 Logistic 模型、Gompertz 模型、Usher 模型、Smith 模型、Hallam 模型、崔 -Lawson 模型等（Fred Brauer，2013），考虑到大数据环境下网络舆情数量多、周期短等特征，主要选择 Logistic 模型和 Gompertz 模型作为基础模型来刻画网络舆情规律，开展“分析 - 预测”一体化建模。本节选取 Logistic 模型作为基本模型来开展动态预测。

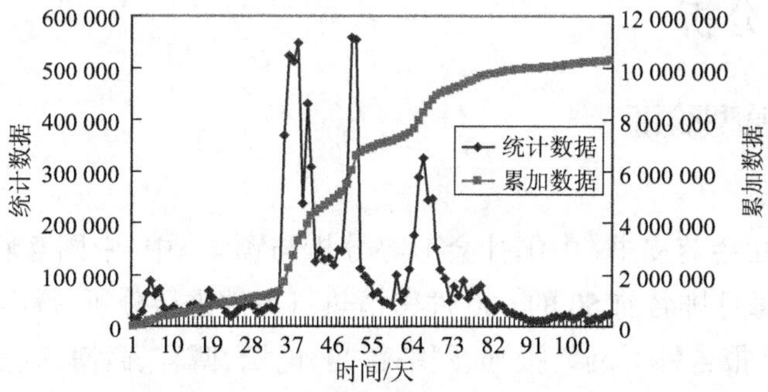

图 1.17　“雾霾”微博舆情统计数据与累加数据对比图（2016.11.1—2017.2.16）

Logistic 模型

$$\frac{\mathrm{d}x}{\mathrm{d}t}=rx\left(1-\frac{x}{K}\right)$$

对应的差分方程为

$$\Delta x_k=rx_k\left(1-\frac{x_k}{K}\right)=rx_k-\frac{r}{K}x_k^2$$

其中x代表累计信息量，r代表内禀增长率，K为累计信息量上限，$\Delta x_k=x_k-x_{k-1}$，$k=1, 2,\cdots, n$。不难看出，Δx_k是关于x_k和x_k^2的二元线性关系，应用 Excel 或者 Matlab 进行回归分析，即可得出回归系数r和$\frac{r}{K}$，从而得到参数K和r。

2）网络舆情热度动态预测模型

假设第i个网络舆情在t时刻的热度向量为

$$\boldsymbol{X}_i^t=(x_i^t(1), x_i^t(2),\cdots, x_i^t(n))$$

构建第i个网络舆情在n个传播平台的动态预测模型为

$$\begin{cases}\dfrac{\mathrm{d}x_i^t(1)}{\mathrm{d}t}=rx_i^t(1)\left(1-\dfrac{x_i^t(1)}{K}\right)\\ \dfrac{\mathrm{d}x_i^t(2)}{\mathrm{d}t}=rx_i^t(2)\left(1-\dfrac{x_i^t(2)}{K}\right)\\ \qquad\vdots\\ \dfrac{\mathrm{d}x_i^t(n)}{\mathrm{d}t}=rx_i^t(n)\left(1-\dfrac{x_i^t(n)}{K}\right)\end{cases}$$

经过一段时间的监测，获取用于预测的历史数据，通过差分回归法分别预测网络舆情在n个传播平台的传播趋势，然后应用上文构建的热度模型，计算网络舆情未来的热度。

1.3.3 案例分析

1.3.3.1 热度模型验证

1）数据来源

在 2017 年社会蓝皮书《中国社会形势分析与预测》中，中国互联网舆情分析报告针对 2016 年每月排名前 50 的 600 件舆情热点事件进行分析，得出 2016 年排名前 20 的舆情事件。报告针对网络报刊、网络新闻、论坛、博客、微博、微信、APP 等 7 类传播平台，运用德尔菲法和层次分析法计算网络舆情热度（表 1.18）。本节将在此数据上应用灰色关联度计算舆情热度，并与中国互联网舆情分析报告进行对比。

表 1.18　2016 年热点舆情事件统计数据(单位:千篇)

编号:事件	网络报刊	网络新闻	论坛	博客	微博	微信	APP	热度排名
1:G20 杭州峰会	36.1	602.6	59.5	47.2	80	327.3	28.9	1
2:南海仲裁事件	18.4	411.6	170	65.3	307.6	240	37.7	2
3:雷某事件	16.2	237.5	66.6	43.4	67.5	292.1	19.3	3
4:2016 美国大选	9.5	443.5	20.3	57.4	54.6	158.3	18.1	4
5:王某强离婚事件	4.2	220.7	55.7	24.5	328.5	175.3	18.6	5
6:魏某西事件	10.2	169.1	40.3	40	104.1	195.8	10.6	6
7:女排奥运夺冠	9.4	127.6	20.2	11.2	67.3	118.9	17.9	7
8:网络直播带动网红	5.7	240.8	22	21	5.6	122.9	13.6	8
9:A 股熔断机制	7.3	203.3	44.8	45.3	18.2	52.9	5.1	9
10:多省份暴雨洪灾	8.7	126.2	13.6	10.4	13.2	67.4	4.3	10
11:山东问题疫苗事件	5.3	117	15.6	9.3	16.8	94.6	2.5	11
12:网约车新规出台	2.9	100.4	7.9	6.5	15.7	56.4	4.6	12
13:校园毒跑道	2.4	42.4	9.3	6.4	26.4	20.7	6.1	13
14:杨某兰案	2.3	49.6	11	8.9	7.9	59.5	1.7	14
15:赵某新片引风波	0.5	33	10.5	4.7	121.4	45.2	5.3	15
16:和颐酒店女子遇袭事件	1.2	29.4	4	2.5	57.1	14.7	1.2	16
17:朴槿惠闺蜜门	1.3	31.6	17	1.2	16	4.6	1	17
18:高考减招风波	0.8	17.1	5.3	13.1	11	16.1	0.7	18
19:帝吧表情包大战	0.4	21.3	4.9	2	9.9	29.1	1.5	19
20:连云港反核事件	0.5	12.9	4.1	2.6	13.7	11.9	0.4	20

2)基于灰色关联度的网络舆情热度模型

根据表 1.18 数据,构建最大热度向量

$$(36.1, 602.6, 170, 65.3, 328.5, 327.3, 37.7)$$

选取分辨率 $\rho=0.5$,计算 20 个热点舆情与最大热度舆情的关联系数(表 1.19)。

表 1.19　关联系数表

编号	网络报刊	网络新闻	论坛	博客	微博	微信	APP
1	1.000 0	1.000 0	0.727 4	0.942 2	0.542 7	1.000 0	0.971 0
2	0.943 4	0.606 9	1.000 0	1.000 0	0.933 8	0.771 6	1.000 0
3	0.936 8	0.446 8	0.740 4	0.930 9	0.530 4	0.893 3	0.941 3

续表

编号	网络报刊	网络新闻	论坛	博客	微博	微信	APP
4	0.917 3	0.649 5	0.663 3	0.973 9	0.518 4	0.635 7	0.937 7
5	0.902 4	0.435 7	0.720 6	0.878 4	1.000 0	0.659 8	0.939 2
6	0.919 3	0.404 8	0.694 5	0.921 0	0.567 8	0.691 6	0.915 8
7	0.917 0	0.383 0	0.663 1	0.845 0	0.530 3	0.585 9	0.937 1
8	0.906 5	0.449 0	0.665 8	0.869 4	0.477 3	0.590 6	0.924 4
9	0.911 0	0.424 8	0.701 9	0.936 5	0.487 2	0.518 0	0.900 4
10	0.915 0	0.382 3	0.653 4	0.843 0	0.483 2	0.531 5	0.898 2
11	0.905 4	0.377 8	0.656 3	0.840 4	0.486 1	0.558 9	0.893 3
12	0.898 8	0.369 9	0.645 3	0.833 7	0.485 2	0.521 2	0.899 1
13	0.897 4	0.344 8	0.647 2	0.833 5	0.493 9	0.490 2	0.903 2
14	0.897 2	0.347 8	0.649 7	0.839 4	0.479 1	0.524 0	0.891 2
15	0.892 3	0.341 1	0.648 9	0.829 5	0.587 4	0.511 0	0.901 0
16	0.894 2	0.339 7	0.639 8	0.824 4	0.520 7	0.485 4	0.889 8
17	0.894 4	0.340 5	0.658 4	0.821 4	0.485 5	0.477 5	0.889 3
18	0.893 1	0.334 9	0.641 6	0.849 6	0.481 5	0.486 5	0.888 5
19	0.892 0	0.336 5	0.641 0	0.823 3	0.480 6	0.497 2	0.890 7
20	0.892 3	0.333 3	0.639 9	0.824 6	0.483 6	0.483 2	0.887 7

通过关联系数计算关联度,并与中国互联网舆情分析报告中的热度排名进行对比(表 1.20),容易看出排名差值绝对值大于或等于 2 的有 5 个事件,排名差值绝对值为 1 的有 10 个事件,剩余 5 个事件排名相同,说明根据不同热度方法计算的结果相近。但是,相对于依靠专家打分、赋值权重的德尔菲法和层次分析法,基于关联度计算热度的方法能全面、系统考虑每个舆情事件在总体中的相对热度,避免了专家的主观影响,相对客观地反映了网络舆情热度,效率更高,便于操作,更加贴近实际。

表 1.20 关联度与热度排名

编号:事件	本研究热度	热度排名	报告排名	排名差值
1:G20 杭州峰会	0.883 3	2	1	1
2:南海仲裁事件	0.893 7	1	2	−1
3:雷某事件	0.774 3	4	3	1
4:2016 美国大选	0.756 5	5	4	1
5:王某强离婚事件	0.790 9	3	5	−2

续表

编号:事件	本书热度	热度排名	报告排名	排名差值
6:魏某西事件	0.730 7	6	6	0
7:女排奥运夺冠	0.694 5	9	7	2
8:网络直播带动网红	0.697 6	7	8	−1
9:A 股熔断机制	0.697 1	8	9	−1
10:多省份暴雨洪灾	0.672 4	12	10	2
11:山东问题疫苗事件	0.674 0	10	11	−1
12:网约车新规出台	0.664 7	13	12	1
13:校园毒跑道	0.658 6	15	13	2
14:杨某兰案	0.661 2	14	14	0
15:赵某新片引风波	0.673 0	11	15	−4
16:和颐酒店女子遇袭事件	0.656 3	16	16	0
17:朴槿惠闺蜜门	0.652 4	18	17	1
18:高考减招风波	0.653 7	17	18	−1
19:帝吧表情包大战	0.651 6	19	19	0
20:连云港反核事件	0.649 2	20	20	0

1.3.3.2　网络舆情热度预测应用

1)数据来源

2016 年 11 月 21 日 9 时许，京昆高速山西平阳段发生多车相撞交通事故，通过清博舆情监测软件(http://yuqing.gsdata.cn)及时获取网络报刊、网络新闻、论坛、微博、微信、APP 等 6 类传播平台的网络舆情数据(图 1.18)，数据采集时段为 2016.11.21 9:00—2016.11.23 9:00。以中国互联网舆情分析报告中 20 个热点舆情事件数据(表 1.18 数据)为基本数据库，再分别融入京昆高速交通事故舆情数据，计算网络舆情热度。

2)网络舆情热度动态预测

分别选取 6 类传播平台的 24 组数据、30 组数据、36 组数据、42 组数据、48 组数据，通过上文构建的网络舆情热度动态预测模型预测 6 类传播平台数据的变化趋势，然后应用灰色关联度计算热度(图 1.19)。通过对比实际热度和 5 种数据组情况的预测热度容易发现，数据量越多，热度预测结果与实际热度越接近，从而说明运用上文模型开展热度动态预测的可行性。

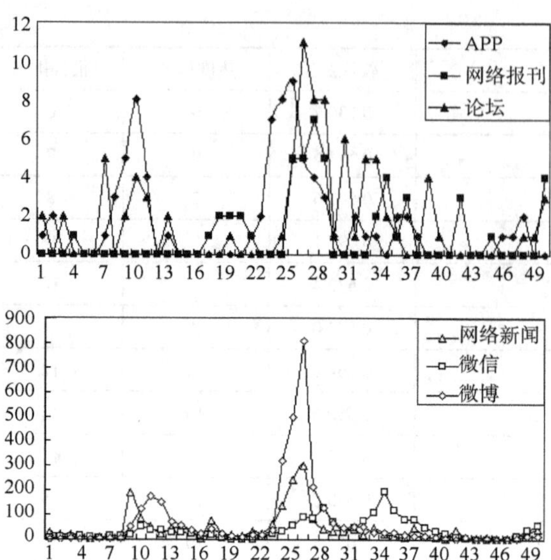

图 1.18 京昆高速交通事故 6 个平台网络舆情统计数据(单位:条数)

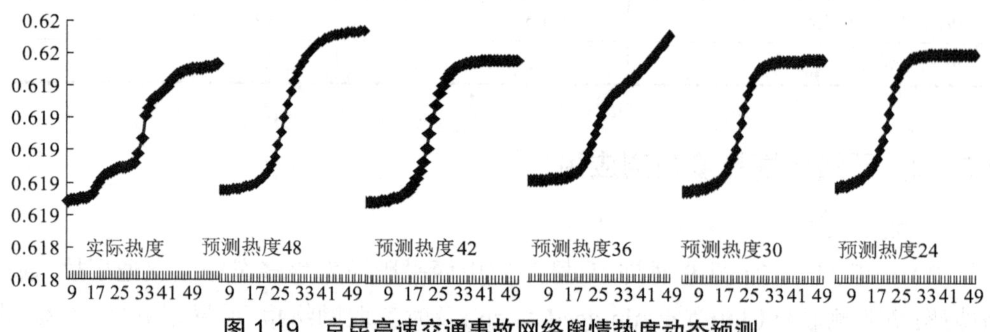

图 1.19 京昆高速交通事故网络舆情热度动态预测

1.4 网络舆情耦合趋势预测

1.4.1 网络谣言和网络舆情耦合机理

为阐释网络舆情和网络谣言相互影响的关系和程度,引入通信工程领域中的“耦合”概念来定义两者之间的关系。根据百度百科的定义,耦合(Couping)是指两个或两个以上的电路元件或电网络等的输入与输出之间存在紧密配合与相互影响,并通过相互作用从一侧向另一侧传输能量的现象。网络舆情和网络谣言之间亦存在着这种耦合关系,具体而言,网络舆情传播过程中产生网络谣言,网络谣言极大地促使网络舆情的数量快速增加，如果政府没有及时采取辟谣等控制措施，网络谣言不仅会在网络空间造成严重影响，还会引发网线条的一系列危机。例如 2011 年，有关“吃加碘盐可防核辐射”“日本核辐射会污染海水导致以后生产的碘盐都无法食用”的谣言在网络上大量扩散，不仅使核辐射网络舆情的数量激增，还导致出现网络外非正常购买食用碘盐的现象，有的地方甚至一度出现碘盐脱销。网络舆情和网络谣言之间的耦合现象（图 1.20）主要表现在以下两个方面。

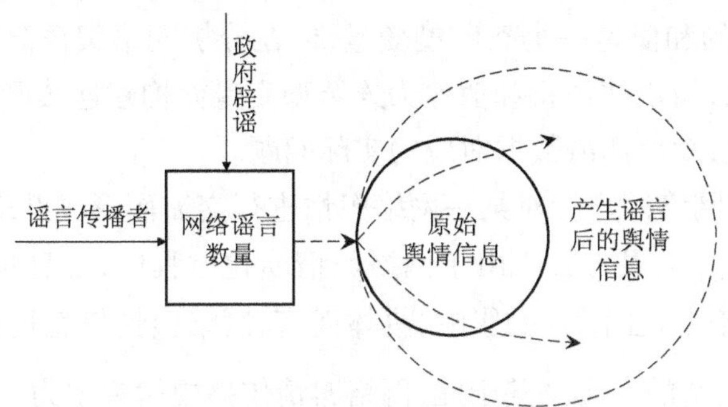

图 1.20　网络舆情和网络谣言耦合机理

首先，网络谣言会催生更多网络舆情信息。根据奥尔波特（1947）提出的谣言公式：

谣言 =（事件的）重要度 ×（事件的）模糊度

以及胡珏（2000）提出的谣言公式：

谣言 =（事件的）关注度 ×（事件的）模糊度 ×（事件的）反常度

不难发现：在网络舆情大数据环境中极易催生网络谣言，并且网络谣言对网络舆情有极大的影响。网络谣言产生后，传播谣言的网民不断发布和转发谣言信息，吸引大量网民围观和参与讨论，催生大量与事件相关的信息，进而促使网络舆情信息量快速增加。

其次，网络谣言产生后，一方面谣言传播者传播网络谣言的信息以及转发的谣言信息，另一方面是政府部门发布阻止谣言扩散的辟谣信息以及被网民转载、转发的辟谣信息，两方面信息的融合，是促使网络谣言的数量变化的主要原因。

综合以上两点，本书采用 Logistic 模型作为基础模型，结合网络舆情和网络谣言的耦合机理，分别阐释网络舆情和网络谣言信息量变化的规律，分析两者之间的耦合程度，为政府辟谣和治理网络谣言提供理论依据。

1.4.2 网络舆情和网络谣言耦合建模

1.4.2.1 基础模型

根据网络舆情的定义,网络舆情即网络用户通过互联网围绕中介事项进行交流的信息总和,这个和值是随时间单调递增的变量,它和网络舆情统计数据是有区别的。统计数据通过累加可以得到和值变量,而和值变量通过累减可以得到统计数据。一般而言,信息量的和值是一个离散型变量,但在分析网络舆情演化机理时,因为网络舆情信息量很大,所以往往将和值作为连续型变量而构建连续函数,通过研究连续模型的规律和特性,解决离散数据对应的实际问题。

假设$x(t)$代表网络用户针对某一网络舆情进行交流而形成网络舆情的信息量和值,其初值$x(0)=x_0$,上限为K。由于网络舆情演化过程中,信息量和值的增长率受信息量和值的影响以及上限K的影响,具体而言,网络舆情信息量和值以及“剩余空间”$1-\frac{x}{K}$决定增长率的大小。基于此,网络舆情传播规律模型为

$$\begin{cases}\frac{\mathrm{d}x}{\mathrm{d}t}=rx\left(1-\frac{x}{K}\right)\\ x(0)=x_0\end{cases}$$

1.4.2.2 网络舆情和网络谣言耦合建模

根据前文研究的网络舆情和网络谣言耦合机理,网络舆情和网络谣言之间的信息量相互影响。网络舆情传播过程中产生网络谣言,假设网络谣言信息量为$c(t)$,上限为K_1。

一方面,对于网络舆情信息量而言,网络谣言增加了网络舆情的信息量,提升了网络舆情信息量的“剩余空间”。具体而言,网络谣言信息量$c(t)$转化为网络舆情的比例为$\alpha\frac{c}{K_1}$,其中α为转化比例(图1.21过程①),网络舆情信息量剩余空间由

$$1-\frac{x}{K}$$

转化为

$$1-\frac{x}{K}+\alpha\frac{c}{K_1}$$

则网络舆情信息量变化规律为

$$\frac{\mathrm{d}x}{\mathrm{d}t}=rx\left(1-\frac{x}{K}+\alpha\frac{c}{K_1}\right)$$

经过简化处理得到

$$\frac{\mathrm{d}x}{\mathrm{d}t}=rx\left(1-\frac{x}{K}\right)+r_1cx$$

其中$r_1=\alpha\frac{r}{K_1}>0$，称$r_1$为谣言转化率。

另一方面，对于网络谣言而言，谣言传播者持续产生网络谣言信息，而政府亦根据网络谣言信息量发布辟谣信息，数量与$c(t)$呈正比（图 1.21 过程②），则网络谣言信息量变化规律为

$$\frac{\mathrm{d}c}{\mathrm{d}t}=\mu-hc$$

其中$\mu>0$，为谣言输入率；$h\geqslant 0$，为政府辟谣率。

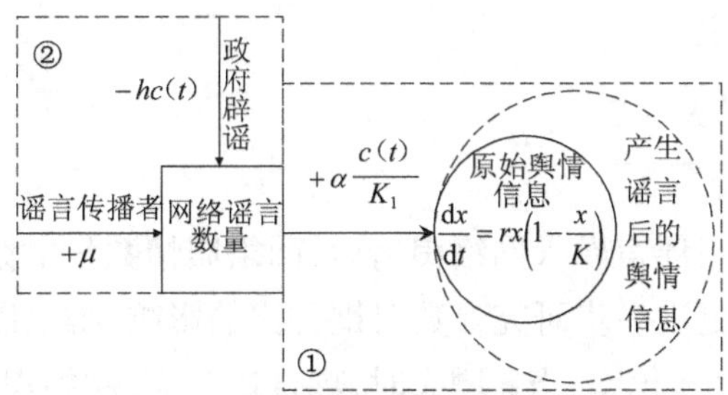

图 1.21　网络舆情和网络谣言耦合数量关系

综合以上两点，得出网络舆情和网络谣言的耦合模型为

$$\begin{cases}\dfrac{\mathrm{d}x(t)}{\mathrm{d}t}=rx(t)\left[1-\dfrac{x(t)}{K}\right]+r_1c(t)x(t)\\ \dfrac{\mathrm{d}c(t)}{\mathrm{d}t}=\mu-hc(t)\end{cases}$$

初值分别为$x(0)=x_0$，$c(0)=c_0$，方程组没有解析解，但可以通过平衡点及其稳定性研究网络舆情和网络谣言耦合趋势。

1.4.2.3　网络舆情和网络谣言耦合分析

网络舆情和网络谣言耦合模型中的关键参数是r_1、μ和h，三者的变化情况决定着网络谣言的传播模式，进而影响网络舆情演化趋势。基于此，可以围绕 3 个参数研究网络舆情和网络谣言的耦合关系。

1. 平衡点及其稳定性

为研究网络舆情和网络谣言耦合趋势，即$t\to\infty$时，$x(t)$、$c(t)$的趋向，需要研究模型平衡点及其稳定性。令

$$\begin{cases} f(x,c) = rx(t)\left[1-\dfrac{x(t)}{K}\right] + r_1 c(t)x(t) = 0 \\ g(x,c) = \mu - hc(t) = 0 \end{cases}$$

当$h>0$时，得到模型平衡点

$$P_0\left(0,\frac{\mu}{h}\right), P\left(\frac{rh+r_1\mu}{rh}K, \frac{\mu}{h}\right)$$

考虑到网络舆情信息量的单调性，只剩余一个正的平衡点P，且是全局稳定的。

2. 网络舆情和网络谣言耦合程度

在没有网络谣言时，网络舆情传播趋势上限是K，当融入网络谣言信息后，网络舆情传播趋势上限发生变化，据此，可以定义网络谣言和网络舆情的耦合比CR（Couping Ratio）。定义

$$CR = \frac{\dfrac{rh+r_1\mu}{rh}K - K}{K} = \frac{r_1\mu}{rh}$$

这个比值代表网络谣言融入网络舆情后，网络舆情数量的激增程度，也代表着政府的整体辟谣结果。更进一步研究参数对耦合比的影响，得出以下结论。

（1）参数r_1为谣言转化率，当r_1增大时，耦合比变大，网络舆情数量增幅大。参数r_1的大小取决于网络谣言的内容，如果谣言内容是舆情中网民关注的热点问题，则r_1会非常大。所以，当网民关注的热点问题衍生出网络谣言时，需要第一时间辟谣，降低参数r_1，进而降低耦合比。

（2）参数μ为谣言输入率，当μ增大时，耦合比变大，网络舆情数量增幅大，网络谣言数量增多。参数μ代表网络空间中持续输入的谣言信息量，它与网络谣言散播至网络平台的个数以及传播谣言的主体的影响力呈正比。

（3）参数h为政府辟谣率，当h增大时，耦合比变小，网络舆情数量增幅小，网络谣言数量减少。由于目前网络传播平台较多，一旦产生网络谣言，往往会涉及很多传播平台，及时监测网络谣言的扩散程度并及时辟谣是提升政府辟谣率的重要途径，除此之外，为防止网络谣言对网下行为的影响，还应做到网络和传统媒体持续辟谣。

综合以上几点，可以得出3个参数对网络舆情和网络谣言耦合的影响，在政府治理网络谣言的过程中，需要提前预测这些参数，做到心里有数，这样才能在辟谣时张弛有度、有的放矢。

1.4.3 网络舆情和网络谣言的耦合趋势预测

预测网络舆情和网络谣言的耦合趋势是网络谣言治理的关键。然而在实际应用

过程中,需要先确定模型参数,然后才能确定平衡点,预测耦合趋势。网络舆情数据是预测的基础,当网络舆情刚刚发生时,需要通过舆情监测数据预测网络舆情和网络谣言的耦合趋势,具体预测思路如图 1.22 所示。

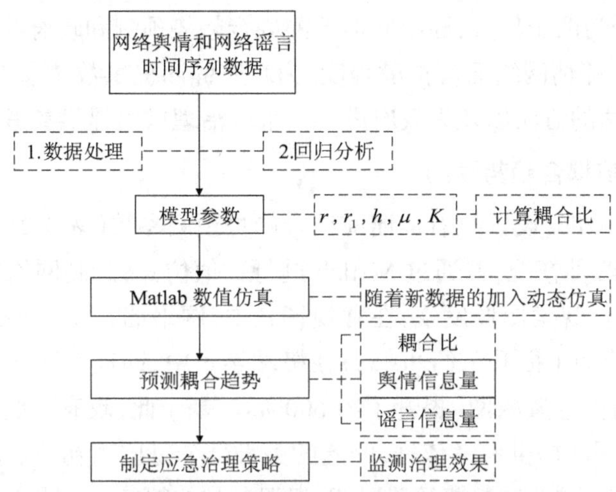

图 1.22　网络舆情和网络谣言的耦合趋势预测思路图

1.4.3.1　耦合趋势预测方法

将前文构建的网络舆情和网络谣言的耦合模型

$$\begin{cases} \dfrac{\mathrm{d}x(t)}{\mathrm{d}t} = rx(t)\left[1-\dfrac{x(t)}{K}\right]+r_1c(t)x(t) \\ \dfrac{\mathrm{d}c(t)}{\mathrm{d}t} = \mu - hc(t) \end{cases}$$

变成对应的差分方程组

$$\begin{cases} \Delta x(k) = rx(k)\left[1-\dfrac{x(k)}{K}\right]+r_1c(k)x(k) \\ \Delta c(k) = \mu - hc(k) \end{cases}$$

其中 $\Delta x(k)=x(k)-x(k-1)$, $\Delta c(k)=c(k)-c(k-1)$, $k=1, 2, \cdots$, $x(k)$ 与 $c(k)$ 分别为网络舆情和网络谣言的信息量(可通过舆情监测数据获取),k 为监测数据个数。

容易发现,在方程组第一个方程中,差分 $\Delta x(k)$ 与 $x(k)$ 、$x^2(k)$ 、$c(k)x(k)$ 呈现三元线性关系,应用三元线性回归分析可以获取回归系数 r 、$\dfrac{r}{K}$ 和 r_1 。同理,第二个方程也可应用回归分析得到回归系数 μ 和 h ,通过简单计算便可以得到网络舆情和网络谣言耦合模型的全部参数 r 、K 、r_1 、μ 、h ,根据这些参数便可以通过 Matlab 开展数值仿真来预测网络谣言和网络舆情的耦合比以及耦合趋势。

1.4.3.2 基于数值仿真的网络谣言和网络舆情的耦合趋势预测

为了预测网络谣言和网络舆情的耦合趋势，在通过舆情初期数据获取模型参数后，可以利用 Matlab 数值仿真预测未来趋势。鉴于此，以政府发布辟谣信息为分界线，将趋势预测分为两个部分，即政府辟谣前耦合趋势预测和政府辟谣后耦合趋势预测，前者可以辅助评估网络谣言扩散程度，为政府辟谣提供数量参考，后者可以作为政府辟谣效果评估的方法以及为政府进一步采取治理措施提供参考。

1. 政府辟谣前耦合趋势预测

在辟谣率 $h=0$ 时，设置政府辟谣前耦合趋势预测参数（表 1.21），分别研究常规场景和极端场景两种情况，并通过 Matlab 进行数值仿真，绘制网络舆情信息量演化趋势图（图 1.23）。观察图像发现，在常规场景中，网络谣言初值小，输入率低，网络舆情信息量提升较小（提升了约 30%）；在极端场景中，即提升网络谣言初值和输入率之后，网络舆情信息量激增（提升了约 600%）。基于此，政府辟谣前耦合趋势预测可以为网络谣言评估提供参考依据，辟谣的关键部分是应对初值和输入率。网络舆情传播一般分为潜伏期、扩散期及消退期，根据奥尔波特（1947）提出的谣言公式：

谣言 =（事件的）重要度 ×（事件的）模糊度

容易发现：在网络舆情潜伏期，信息匮乏和模糊，极易形成网络谣言。所以在网络舆情产生后，在潜伏期应重点监测网络谣言（尤其是网络谣言的转发信息），及时辟谣，这样才能极大地控制网络谣言的初值和输入率。

表 1.21 政府辟谣前耦合趋势预测参数表

网络舆情		网络谣言			
初值	$x_0=100$	常规场景		极端场景	
上限	$K=10\,000$	初值	$c_0=1$	初值	$c_0=10$
增长率	$r=0.5$	输入率	$\mu=0.5$	输入率	$\mu=1$
转化率	$r_1=0.05$	辟谣率	$h=0$	辟谣率	$h=0$

2. 政府辟谣后耦合趋势预测

在辟谣率 $h>0$ 时，设置政府辟谣后耦合趋势预测参数（表 1.22），分别研究常规场景和极端场景两种情况，并通过 Matlab 进行数值仿真，绘制网络舆情信息量演化趋势图（图 1.24）。观察图像发现，在两个常规场景中，A 场景网络谣言初值小，输入率低，网络舆情信息量提升了约 100%，耦合比为 1；B 场景网络谣言初值高，输入率高，网络舆情信息量提升了约 200%，耦合比为 2，但网络舆情信息量增长速度更快，比 A 场景提前达到饱和状态。在极端场景中，初值和输入率与 A 场景一致，但辟谣率由 0.05 变为 0.005，网络舆情信息量提升了约 1 000%，耦合比为 10。在政府辟谣后，可依据耦合趋势预测结果对辟谣效果进行评估，并且随着新数据融入预测模型，可以实现动态评估，然后政府可根据评估结果调整辟谣策略。

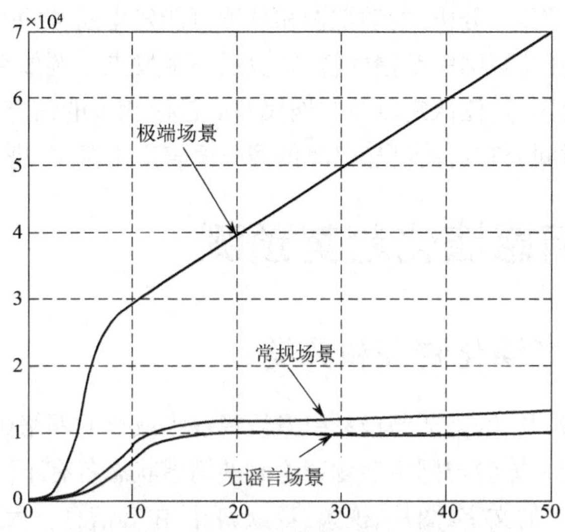

图 1.23　政府辟谣前耦合趋势预测图

表 1.22　政府辟谣后耦合趋势预测参数表

网络舆情		网络谣言					
初值	$x_0=100$	极端场景		常规场景 A		常规场景 B	
上限	$K=10\,000$	初值	$c_0=1$	初值	$c_0=1$	初值	$c_0=1$
增长率	$r=0.5$	输入率	$\mu=0.5$	输入率	$\mu=0.5$	输入率	$\mu=1$
转化率	$r_1=0.05$	辟谣率	$h=0.005$	辟谣率	$h=0.05$	辟谣率	$h=0.05$

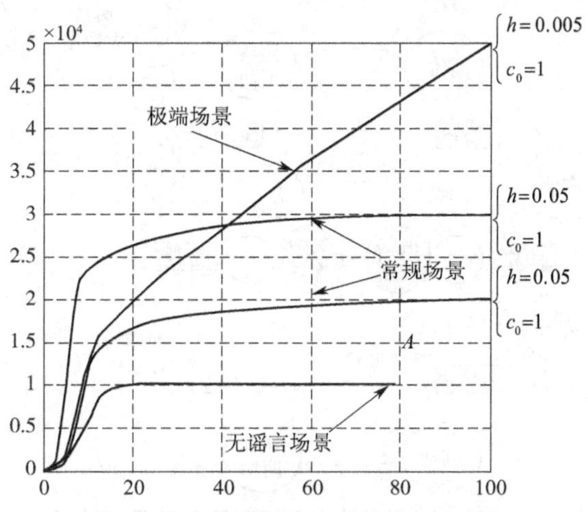

图 1.24　政府辟谣后耦合趋势预测图

此外，还需降低输入率。依托大数据技术开展谣言预测，防患于未然，可以降低网络谣言传播的概率，进而降低输入率。通过分析典型网络谣言案例可知：网络谣言应对机制大多是“谣言－辟谣”模式，这种机制相对被动。政府需构建网络谣言案例库，将网络谣言进行汇总、分析，主动挖掘和预测可能发生谣言的网络舆情内容，提前公布这类信息并及时监测网民反馈内容，减少谣言触发点。例如突发事件发生后，事件伤亡数字、事件起因、责任认定以及与网民身心健康相关的信息等容易产生网络谣言，政府应在第一时间公布这些信息以降低网络谣言产生概率，进而降低输入率。

1.5 网民情感演化趋势预测

1.5.1 网民情感演化特征和分类

随着互联网的普及，网络话题极易引发规模或大或小的网络舆情。政府、网络媒体、各类网民等舆情主体参与网络话题讨论时的情感状态各有不同，导致各个主体发布反映各自情感状态的文字、图片、视频、音频、表情包等信息。大量格式各异的情感信息在微信、微博、论坛、新闻网站、视频网站等多个网络传播平台上扩散。由此不难看出：一方面，随着信息交互程度的加大，这些情感信息体量巨大、产生速度快、信息格式多样；另一方面，由于信息异化，情感信息中有价值的信息密度较低。综合考察这两个方面，网络舆情已经呈现大数据特征，如何从网络舆情大数据中“提纯”，准确把握和预测网民情感、感知情绪风险、辅助政府决策，成为网络舆情治理的关键。网络舆情大数据环境下的网民情感如图 1.25 所示。

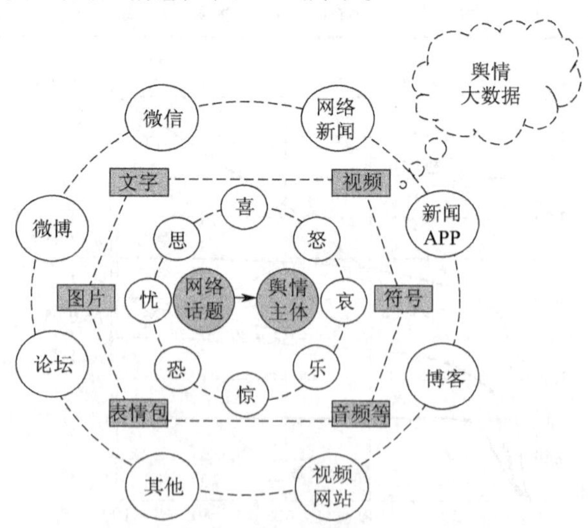

图 1.25 网络舆情大数据环境下的网民情感

（1）网民结构特征决定了整体网民的情感特征，网民情感状态多元化并且负面消极情感比重大。我国网民的年龄、学历、收入、职业等结构复杂（如表 1.23 所示，数据由中国互联网络信息中心最新报告整理），导致网民发表网络言论视角众多，网民心理多元化，娱乐时尚、减压宣泄、猎奇探究、彰显个性、渴求新知、跟风从众、追求平等、渴望创新和自我实现等多种舆情心理特征纷呈，形成多元的网民情感状态。同时，由于低年龄、低学历、低收入的网民所占比例较高，学生、自由职业者、失业者等职业不稳定网民比例也很高，导致容易出现偏激、非理性等负面消极言论，纵观近几年的热点舆情案例，负面消极的网民情感比重较大，这与我国当前网民结构特征是密不可分的。

表 1.23 我国网民结构统计数据

网民结构	重点网民结构及数量比例	
年龄结构	10~29 岁	34.7%（20~29 岁为 19.9%）
学历结构	高中学历及以下	81.2%（初中学历以下为 59.7%）
收入结构	月收入在 3 000 元以下	54.9%（月收入在 1 000 元以下为 31.5%）
职业结构	学生、自由职业者、失业等	43%（学生为 23.7%）

（2）网民情感分类是研究网民情感特征的重点。关于网民情感分类，在学术领域，宏观分法有二分法（积极和消极）、三分法（正面、中性和负面）等，微观分法有四分法（愤怒、厌恶、高兴、悲伤）、七分法（愤怒、厌恶、恐惧、高兴、喜好、悲伤、惊讶）等；而在应用领域，分类则相对简单，例如清博舆情、美亚舆情等监测软件通过情感分类方法将网民情感分为正面、中性和负面情感，并实时将监测获取的网络舆情数据按网民情感分为 3 类。本节基于网民情感演化机理进行网络舆情情感预测，所以综合学术领域和应用领域，将网民情感分为正面、中性和负面，并阐释 3 种情感的网民数量变化规律。

结合网民情感特征和分类，将围绕某个网络话题发表观点的网民分为 3 类，即正面情感的网民、负面情感的网民和中性情感的网民，不同情感网民的数量变化规律是阐释网民情感演化机理的关键。当某个网络舆情发生后，随着 3 类情感网民数量的增加，网络舆情信息量也在急剧增加，然而网络空间中可以容纳此类舆情的信息量是有上限的，所以网民情感演化机理的实质就是 3 类情感网民竞争有限的网络空间信息量资源的问题（图 1.26），这一点与生态学中种群

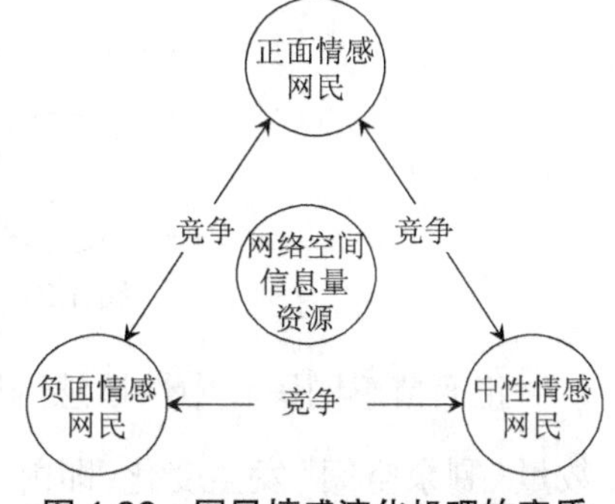

图 1.26 网民情感演化机理的实质

竞争有限资源的演化机理相似。基于此,借鉴生态学中种群竞争 Lotka-Volterra 模型的建模思路,通过微分方程模型阐释网民情感演化机理。

1.5.2 网民情感演化建模

1.5.2.1 建模基本假设

假设$x_1(t)$、$x_2(t)$、$x_3(t)$分别代表正面情感的网民、负面情感的网民和中性情感的网民的数量,r_1、r_2、r_3分别代表3类网民对应的增长率,K_1、K_2、K_3分别代表3类网民对应的上限,初值分别为x_{10}、x_{20}、x_{30}。

当只有单一情感类别网民时,即没有竞争关系时,单类情感的网民数量的变化量与数量基数x_i、"剩余空间" $1-\frac{x_i}{K_i}$成正比,即

$$\begin{cases} \dfrac{\mathrm{d}x_i(t)}{\mathrm{d}t} = r_i x_i(t)\left[1-\dfrac{x_i(t)}{K_i}\right], i=1, 2, 3 \\ x_i(0) = x_{i0} \end{cases}$$

这就是网络舆情发生后,描述网络空间单类情感网民数量的 Logistic 模型。

1.5.2.2 网民情感演化建模

网络舆情发生后,正面情感的网民、负面情感的网民和中性情感的网民3类网民并存于网络空间,所以需要对单类情感网民数量模型进行拓展来构建三者并存的竞争模型。为详尽描述不同类别情感网民相互影响、竞争的程度,根据前文研究,制定竞争模式(图 1.27)并同时引进描述竞争力的量化指标,即竞争参数α、β、γ。

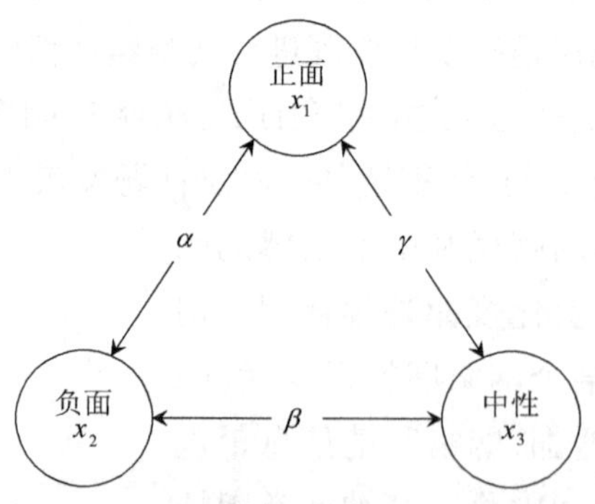

图 1.27 不同类别情感网民竞争模式

正面情感网民和中性情感网民、负面情感网民之间竞争作用,导致正面情感网民数量"剩余空间"发生变化,即由$1-\frac{x_1}{K_1}$变为$1-\frac{x_1}{K_1}-\alpha\frac{x_2}{K_2}-\gamma\frac{x_3}{K_3}$,从而正面情感网民

数量模型为

$$\frac{\mathrm{d}x_1}{\mathrm{d}t}=r_1x_1\left(1-\frac{x_1}{K_1}-\alpha\frac{x_2}{K_2}-\gamma\frac{x_3}{K_3}\right)$$

同理,由于三者之间存在竞争关系,负面情感网民数量模型为

$$\frac{\mathrm{d}x_2}{\mathrm{d}t}=r_2x_2\left(1-\frac{x_2}{K_2}-\alpha\frac{x_1}{K_1}-\beta\frac{x_3}{K_3}\right)$$

中性情感网民数量模型为

$$\frac{\mathrm{d}x_3}{\mathrm{d}t}=r_3x_3\left(1-\frac{x_3}{K_3}-\gamma\frac{x_1}{K_1}-\beta\frac{x_2}{K_2}\right)$$

综合以上 3 个方程,得出网民情感演化机理模型为

$$\begin{cases}\dfrac{\mathrm{d}x_1}{\mathrm{d}t}=r_1x_1\left(1-\dfrac{x_1}{K_1}-\alpha\dfrac{x_2}{K_2}-\gamma\dfrac{x_3}{K_3}\right)\\ \dfrac{\mathrm{d}x_2}{\mathrm{d}t}=r_2x_2\left(1-\dfrac{x_2}{K_2}-\alpha\dfrac{x_1}{K_1}-\beta\dfrac{x_3}{K_3}\right)\\ \dfrac{\mathrm{d}x_3}{\mathrm{d}t}=r_3x_3\left(1-\dfrac{x_3}{K_3}-\gamma\dfrac{x_1}{K_1}-\beta\dfrac{x_2}{K_2}\right)\end{cases}$$

模型初值分别为 x_{10}、x_{20}、x_{30}。由于方程组没有解析解,所以需要研究模型平衡点及其稳定性、数值解的性质等来阐释网民情感演化机理。

1.5.2.3　网民情感演化模型分析

1. 模型平衡点及其稳定性

为研究方程解的性质及 3 类情感网民的竞争结局,即 $t\to\infty$ 时,$x_1(t)$、$x_2(t)$、$x_3(t)$ 的趋向,需要研究平衡点及其稳定性。

令

$$\begin{cases}f_1(x_1,x_2,x_3)\equiv r_1x_1\left(1-\dfrac{x_1}{K_1}-\alpha\dfrac{x_2}{K_2}-\gamma\dfrac{x_3}{K_3}\right)=0\\ f_2(x_1,x_2,x_3)\equiv r_2x_2\left(1-\dfrac{x_2}{K_2}-\alpha\dfrac{x_1}{K_1}-\beta\dfrac{x_3}{K_3}\right)=0\\ f_3(x_1,x_2,x_3)\equiv r_3x_3\left(1-\dfrac{x_3}{K_3}-\gamma\dfrac{x_1}{K_1}-\beta\dfrac{x_2}{K_2}\right)=0\end{cases}$$

得到 7 个非零平衡点

$P_1(K_1,0,0)$, $P_2(0,K_2,0)$, $P_3(0,0,K_3)$,

$$P_4\left(0,\frac{K_2}{1+\beta},\frac{K_3}{1+\beta}\right),\ P_5\left(\frac{K_1}{1+\gamma},0,\frac{K_3}{1+\gamma}\right),\ P_6\left(\frac{K_1}{1+\alpha},\frac{K_2}{1+\alpha},0\right),$$

$$P_7\left(\frac{\Delta_1 K_1}{\Delta},\frac{\Delta_2 K_2}{\Delta},\frac{\Delta_3 K_3}{\Delta}\right)$$

其中

$$\Delta=1+2\alpha\beta\gamma-\alpha^2-\beta^2-\gamma^2$$

$$\Delta_1=(1-\beta)\left[1+\beta-(\gamma+\alpha)\right]$$

$$\Delta_2=(1-\gamma)\left[1+\gamma-(\alpha+\beta)\right]$$

$$\Delta_3=(1-\alpha)\left[1+\alpha-(\beta+\gamma)\right]$$

根据已有研究,整理获得模型的平衡点及稳定性条件见表 1.24。

表 1.24　模型平衡点及稳定性条件

平衡点	稳定性条件
$P_1(K_1,0,0)$	$\alpha>1,\ \gamma>1$
$P_2(0,K_2,0)$	$\alpha>1,\ \beta>1$
$P_3(0,0,K_3)$	$\beta>1,\ \gamma>1$
$P_4\left(0,\frac{K_2}{1+\beta},\frac{K_3}{1+\beta}\right)$	$0<\beta<1,\ 1+\beta<\gamma+\alpha$
$P_5\left(\frac{K_1}{1+\gamma},0,\frac{K_3}{1+\gamma}\right)$	$0<\gamma<1,\ 1+\gamma<\alpha+\beta$
$P_6\left(\frac{K_1}{1+\alpha},\frac{K_2}{1+\alpha},0\right)$	$0<\alpha<1,\ 1+\alpha<\beta+\gamma$
$P_7\left(\frac{\Delta_1 K_1}{\Delta},\frac{\Delta_2 K_2}{\Delta},\frac{\Delta_3 K_3}{\Delta}\right)$	$0<\alpha,\beta,\gamma<1$ $1+\alpha>\beta+\gamma$ $1+\beta>\gamma+\alpha$ $1+\gamma>\alpha+\beta$

2. 模型分析

观察表 1.24 中 7 个平衡点的结构,容易发现 7 个平衡点可以分为 3 个类型:有两个分量为 0 的类型,有 1 个分量为 0 的类型和 3 个分量均不为 0 的类型。为了便于讨论,将这 3 个类型定义为极端场景(类型 1)、失衡场景(类型 2)和共存场景(类型 3)(表 1.25)。

表 1.25　模型平衡点场景归类

平衡点	竞争类型
$P_1(K_1,0,0)$	类型 1:极端场景
$P_2(0,K_2,0)$	
$P_3(0,0,K_3)$	
$P_4\left(0,\frac{K_2}{1+\beta},\frac{K_3}{1+\beta}\right)$	类型 2:失衡场景
$P_5\left(\frac{K_1}{1+\gamma},0,\frac{K_3}{1+\gamma}\right)$	
$P_6\left(\frac{K_1}{1+\alpha},\frac{K_2}{1+\alpha},0\right)$	
$P_7\left(\frac{\Delta_1 K_1}{\Delta},\frac{\Delta_2 K_2}{\Delta},\frac{\Delta_3 K_3}{\Delta}\right)$	类型 3:共存场景

1)类型 1:极端场景

在极端场景中,3 类情感的网民竞争的结果是只剩一类情感的网民,并且该类情感网民数量趋近于上限,其他两类网民数量趋近于零,这类极端场景在实际网络舆情传播过程中相对少见。

2)类型 2:失衡场景

在失衡场景中,3 类情感的网民竞争的结果是剩余两类情感的网民,数量趋近于原始上限的一部分,但两类网民的数量比值与竞争前一样,另外一类情感网民数量趋近于零。在网络舆情传播过程中,竞争结果属于失衡场景的案例较多。例如表 1.26 中的前 4 个案例,负面情感比例极低,正面和中性比例较高,近似可以理解为属于此类场景。

3)类型 3:共存场景

在共存场景中,3 类情感网民共存于网络舆情整个传播过程之中,数量趋近于原始上限的一部分,正面、负面和中性情感网民数量比值受竞争影响呈现一定的比例

$$\frac{\Delta_1 K_1}{\Delta}:\frac{\Delta_2 K_2}{\Delta}:\frac{\Delta_3 K_3}{\Delta}=\Delta_1 K_1:\Delta_2 K_2:\Delta_3 K_3$$

例如表 1.26 中的后 4 个案例,正面、中性和负面情感比例即为竞争结果,均属于共存场景。

表 1.26　情感信息量统计数据

编号	舆情事件	信息总量	正面比例	负面比例	中性比例	近似归属类型
1	“一带一路”高峰论坛	1 417 686	86%	4%	10%	类型 2:失衡场景
2	首个中国品牌日	20 334	89%	1%	10%	类型 2:失衡场景

续表

编号	舆情事件	信息总量	正面比例	负面比例	中性比例	近似归属类型
3	雄安医疗	91 586	86%	4%	10%	类型 2:失衡场景
4	2017 年艺考	11 471 873	87%	2%	11%	类型 2:失衡场景
5	G20 杭州峰会	5 963 354	67%	5%	28%	类型 3:共存场景
6	2 017 春晚	658 003	65%	8%	27%	类型 3:共存场景
7	徐某玉电信诈骗案	621 316	20%	40%	40%	类型 3:共存场景
8	宁波老虎咬人事件	44 132	20%	45%	35%	类型 3:共存场景

注:表中数据由清博舆情监测软件(yuqing.gsdata.cn)获取。

1.5.3 网民情感演化趋势预测

在舆情大数据环境下,预测网民情感趋势是网民情感引导的关键。前文构建了网民情感演化的微分方程模型,据此可以预测网民情感演化趋势。然而在实际应用过程中,需要先确定模型参数,然后才能确定平衡点类型,进而预测某个具体舆情事件的网民情感演化趋势。网络舆情数据是预测的基础,当网络舆情刚刚发生时,没有舆情监测数据或者数据量较少,此时难以通过数据预测网民情感演化趋势。基于此,网民情感演化趋势预测分为两类:定性预测和定量预测,具体预测思路如图 1.28 所示。

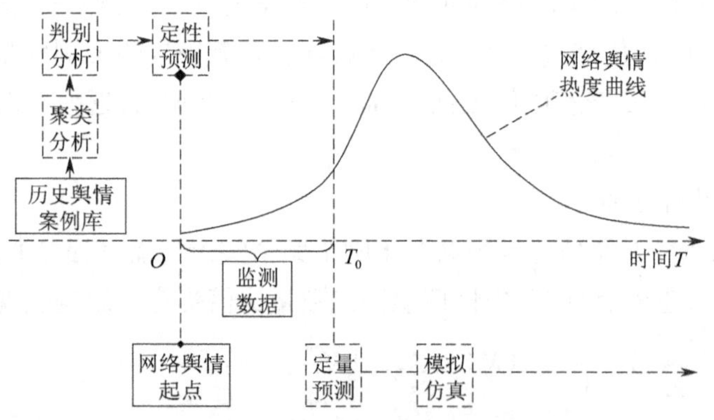

图 1.28 网民情感演化趋势预测思路

1)定性预测

根据历史舆情案例库的数据信息,通过舆情事件属性开展聚类分析,然后计算每一类别中网民情感演化模型对应的参数,当某个舆情事件发生后,通过判别分析确定归属,然后应用此类别对应的参数,预测舆情传播初期的网民情感演化趋势。

2）定量预测

在获取舆情传播初期的监测数据之后，通过定量分析方法确定前文构建模型的参数，然后在此基础上通过数值仿真预测网民情感演化趋势。当获取新的舆情监测数据之后，动态修正预测结果，实现网民情感演化趋势的动态预测。下文重点阐释根据舆情初期数据预测网民情感演化趋势的方法。

1.5.3.1　网民情感演化趋势预测方法

将前文构建的网民情感演化机理模型

$$\begin{cases} \dfrac{\mathrm{d}x_1}{\mathrm{d}t} = r_1 x_1\left(1 - \dfrac{x_1}{K_1} - \alpha\dfrac{x_2}{K_2} - \gamma\dfrac{x_3}{K_3}\right) \\ \dfrac{\mathrm{d}x_2}{\mathrm{d}t} = r_2 x_2\left(1 - \dfrac{x_2}{K_2} - \alpha\dfrac{x_1}{K_1} - \beta\dfrac{x_3}{K_3}\right) \\ \dfrac{\mathrm{d}x_3}{\mathrm{d}t} = r_3 x_3\left(1 - \dfrac{x_3}{K_3} - \gamma\dfrac{x_1}{K_1} - \beta\dfrac{x_2}{K_2}\right) \end{cases}$$

变成其对应的差分方程组

$$\begin{cases} \Delta x_1(k) = r_1 x_1(k)\left(1 - \dfrac{x_1(k)}{K_1} - \alpha\dfrac{x_2(k)}{K_2} - \gamma\dfrac{x_3(k)}{K_3}\right) \\ \Delta x_2(k) = r_2 x_2(k)\left(1 - \dfrac{x_2(k)}{K_2} - \alpha\dfrac{x_1(k)}{K_1} - \beta\dfrac{x_3(k)}{K_3}\right) \\ \Delta x_3(k) = r_3 x_3(k)\left(1 - \dfrac{x_3(k)}{K_3} - \gamma\dfrac{x_1(k)}{K_1} - \beta\dfrac{x_2(k)}{K_2}\right) \end{cases}.$$

其中 $\Delta x_i(k) = x_i(k) - x_i(k-1)$，$i = 1,2,3$，$x_i(k)$ 为某类情感网民的数量（可通过舆情监测数据获取），k 为监测数据个数。

观察发现，在方程组第一个方程中，差分 $\Delta x_1(k)$ 与

$$x_1(k),\ x_1^2(k),\ x_1(k)x_2(k),\ x_1(k)x_3(k)$$

呈现四元线性关系，应用四元线性回归分析可以获取回归系数

$$r_1,\ \frac{r_1}{K_1},\ \frac{r_1\alpha}{K_2},\ \frac{r_1\gamma}{K_3}$$

同理，第二个方程、第三个方程也可应用回归分析得到回归系数

$$r_2,\ \frac{r_2}{K_2},\ \frac{r_2\alpha}{K_1},\ \frac{r_2\beta}{K_3}\ 和\ r_3,\ \frac{r_3}{K_3},\ \frac{r_3\gamma}{K_1},\ \frac{r_3\beta}{K_2}$$

通过简单计算便可以得到网民情感演化机理模型的全部参数

$$r_i,\ K_i,\ \alpha,\ \beta,\ \gamma,\ i = 1,2,3$$

根据这些参数便可以通过 Matlab 开展数值仿真来预测网民情感演化趋势。

1.5.3.2 基于数值仿真的网民情感演化趋势预测

根据前文研究，由于不同的参数确定的竞争场景各有不同，当根据部分网络舆情数据通过回归分析确定模型参数后，可以根据平衡点稳定性条件应用数值仿真预测 3 种场景的网民情感演化趋势。

1）类型 1：极端场景

当确定参数后（表 1.27），通过 Matlab 进行数值仿真并绘制网民情感演化趋势图（图 1.29）。观察图像发现，3 类情感网民数量趋近于 $P_3(0,0,14\,000)$，其中正面和负面情感网民数量短时间增加后达到峰值，此后在 10 个单位后很快趋近于 0，而中性情感网民数量增长呈现近似的 S 形曲线结构，并在 15 个单位后趋近于 14 000。同理，亦可设置参数获取 P_1 和 P_2 两个平衡点的情况。在网络舆情传播过程中，极少出现这种极端场景。

表 1.27 极端场景参数表

情感类型	初值	上限	增长率	参数组
正面	$x_{10}=100$	$K_1=10\,000$	$r_1=0.5$	$\alpha=2$
负面	$x_{20}=60$	$K_2=6\,000$	$r_2=0.8$	$\beta=1$
中性	$x_{30}=140$	$K_3=14\,000$	$r_3=1$	$\gamma=3$

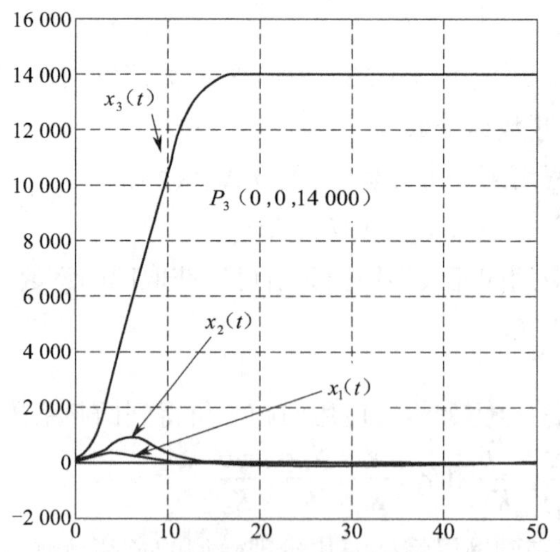

图 1.29 极端场景网民情感演化趋势预测图

2)类型 2:失衡场景

设置 3 组参数(表 1.28),研究 P_4、P_5、P_6 3 个平衡点的情况,分别通过 Matlab 进行数值仿真并绘制网民情感演化趋势图(图 1.30)。观察图像发现，3 类情感网民数量分别趋近于 $P_4(0,4\,000,9\,333)$，$P_5(7\,692,0,10\,769)$ 和 $P_6(9\,091,5\,455,0)$。3 个平衡点分别于 10 个、20 个、35 个单位之后开始趋于稳定,分别与参数 $\beta=0.5$，$\gamma=0.3$，$\alpha=0.1$ 有关,关键的竞争参数越大,网民数量趋于稳定的时间越快,反之越慢,且中间会出现较多波动(第三组参数情形)。

表 1.28　失衡场景参数表

情感类型	初值	上限	增长率	参数组 1	参数组 2	参数组 3
正面	$x_{10}=100$	$K_1=10\,000$	$r_1=0.5$	$\alpha=1$	$\alpha=1$	$\alpha=0.1$
负面	$x_{20}=60$	$K_2=6\,000$	$r_2=0.8$	$\beta=0.5$	$\beta=2$	$\beta=1$
中性	$x_{30}=140$	$K_3=14\,000$	$r_3=1$	$\gamma=2$	$\gamma=0.3$	$\gamma=2$

3)类型 3:共存场景

设置 3 组参数(表 1.29),研究平衡点 P_7 的情况,通过 Matlab 进行数值仿真并绘制网民情感演化趋势图(图 1.31)。观察图像发现，3 类情感网民数量趋近于 $P_7(5\,000,3\,375,4\,375)$。其中正面情感网民数量于 55 个单位之后逐步趋于稳定,整体单调递增;负面情感网民数量变化较快,于 15 个单位之后趋于稳定,整体单调递增且呈现 S 形曲线结构;中性情感网民则在 10 个单位内快速单调增长至峰值 9 200 左右,然后单调递减,于 55 个单位之后趋于稳定。通过图 1.31 也可以看出,当通过部分舆情监测数据获取模型参数后,应用 Matlab 数值仿真便可以预测网民情感演化趋势,并且随着数据量的增多,预测结果也越来越精确。

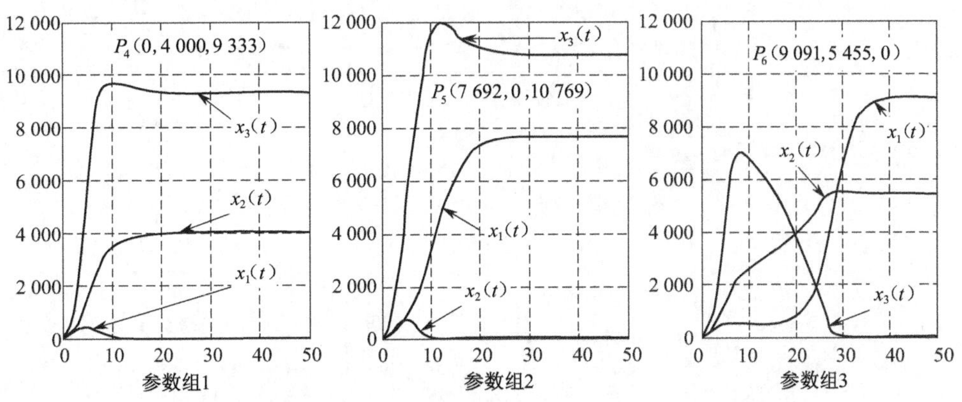

图 1.30　失衡场景(3 个参数情况)网民情感演化趋势预测图

表 1.29 共存场景参数表

情感类型	初值	上限	增长率	竞争参数
正面	$x_{10}=100$	$K_1=10\,000$	$r_1=0.5$	$\alpha=0.5$
负面	$x_{20}=60$	$K_2=6\,000$	$r_2=0.8$	$\beta=0.6$
中性	$x_{30}=140$	$K_3=14\,000$	$r_3=1$	$\gamma=0.7$

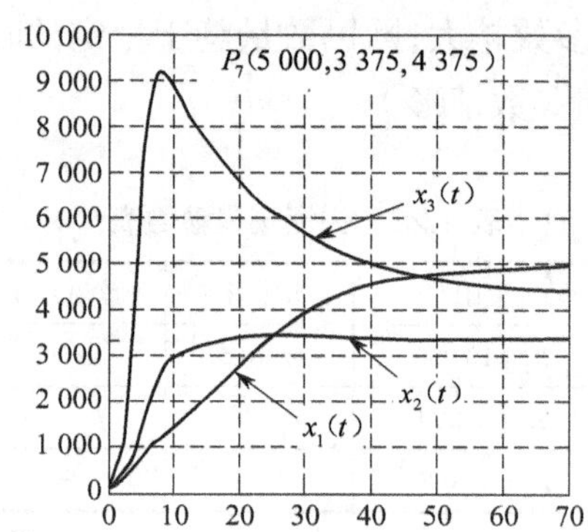

图 1.31 共存场景网民情感演化趋势预测图

延伸思考

1. 应用差分回归法进行趋势预测时,如何进一步提升预测精度?

2. 在组合预测过程中,如何进一步优化不同预测模型权重确定方法?

3. 本章主要从宏观视角进行网络舆情发展趋势预测,在微观层面仍有许多问题,例如如何将模型向多维拓展,精细刻画多种主体类型、多个传播平台、多个网络谣言影响、多种情感类型等微观场景的演化规律?

第 2 章　网络舆情交互建模与预测

本章主要介绍了网络舆情交互建模与预测，运用 S 形生长曲线模型，对网络舆情表达主体交互程度、网民关注度在多个舆情事件之间的转移程度、网络舆情信息在多个平台的交互程度，进行建模与预测，为提高舆论引导能力提供理论基础。针对舆情主体、舆情事件、跨平台信息等微观交互场景，交互预测重在探索网络舆情各要素内部的交互机理及其趋势。

本章要点如下。

2.1　网络舆情表达主体交互预测

2.1.1　网络舆情表达主体

从网民传播行为角度出发，可以对网络舆情主体进行分类。首先从知情角度，分为不知情网民和知情的舆情关注者，而网民关注舆情的方式各有不同，有的在接触舆情信息后，通过发文、转发、评论等方式直接表达观点和态度，即表达者；有的则是接触信息后保持沉默，即知情沉默者。表达者是网络舆情的核心主体，表达者受网民个体的学识、年龄、工作、情感、公信力等因素影响，导致表达者个体影响力差距很大，因此需要从微观层面分析表达者内部演化规律。

按照表达程度，并综合考虑表达者群体的影响力和传播力，将表达者分为高级表达者（A）和初级表达者（P），前者主要指拥有大量关注者或者粉丝的表达主体，数量规模较小但个体影响力和传播力巨大，例如新闻媒体、网络大 V 等；后者主要指普通网民，数量规模很大但个体影响力和传播力较小。高级表达者可以影响初级表达者对网络舆情的态度，可以使更多不知情网民转化为舆情关注者，而初级表达者的规模在某种程度上反映着网络舆情热度，热度越大，越能吸引更多的高级表达者关注网络舆情，分析两种表达主体之间的交互机理，是从微观层面研究表达者内部演化规律的关键问题。

2.1.2 网络舆情表达主体交互建模

当初级表达者独立存在时，由于初级表达者占表达者的比例非常大，所以比较接近表达者累计值曲线形态，即呈现 S 形，可应用 Logistic 模型作为初级表达者演化的基础模型；当高级表达者独立存在时，则与自身基数成正比。综合以上两点，得出网络舆情表达主体演化基础假设模型

$$\begin{cases} \dfrac{\mathrm{d}A}{\mathrm{d}t} = r_1 A \\ \dfrac{\mathrm{d}P}{\mathrm{d}t} = r_2 P\left(1-\dfrac{P}{N}\right) \end{cases}$$

其中 r_1、r_2 为主体数量增长率，$\left(1-\dfrac{P}{N}\right)$ 为初级表达者增长剩余空间，且

$$\frac{\mathrm{d}A}{\mathrm{d}t} + \frac{\mathrm{d}P}{\mathrm{d}t} = E(t)$$

即高级表达者和初级表达者导数和为表达者数量 $E(t)$。

2.1.2.1 量化影响

描述高级表达者对初级表达者的影响程度，构建描述影响范围的量化指标，即影响参数 σ。如果 x、y 代表两个主体变量，且满足

$$y = \sigma x$$

则代表主体 x 对主体 y 的影响程度。

首先，对于初级表达者，高级表达者对其影响可增加其剩余空间，使得初级表达者未来有更多的增长空间，例如当网络大 V 参与关注网络舆情后，其一部分粉丝或者关注者也会陆续关注网络舆情，这就增加了初级表达者增长的剩余空间。基于此，在高级表达者关注网络舆情后，假设单位数量高级表达者对初级表达者的影响为 $\beta\dfrac{A}{M}$，则

$$\frac{\mathrm{d}P}{\mathrm{d}t} = r_2 P\left(1-\frac{P}{N}+\beta\frac{A}{M}\right)$$

其次，对于高级表达者来说，关注网络舆情后，其数量增长率受未来潜在的初级表达者数量影响，潜在的初级表达者越多，高级表达者增长越快。假设单位数量的初

级表达者对高级表达者的影响为 $\alpha\frac{P}{N}$，则

$$\frac{\mathrm{d}A}{\mathrm{d}t}=r_1A\left(1-\alpha\frac{P}{N}\right)$$

综合以上两点，得出网络舆情表达主体交互模型为

$$\begin{cases}\dfrac{\mathrm{d}A}{\mathrm{d}t}=r_1A\left(1-\alpha\dfrac{P}{N}\right)\\ \dfrac{\mathrm{d}P}{\mathrm{d}t}=r_2P\left(1-\dfrac{P}{N}+\beta\dfrac{A}{M}\right)\end{cases}$$

该模型没有解析解，需要研究其解的稳定性及研究数值解的性质。

2.1.2.2　模型分析

令

$$\begin{cases}\dfrac{\mathrm{d}A}{\mathrm{d}t}=r_1A\left(1-\alpha\dfrac{P}{N}\right)=0\\ \dfrac{\mathrm{d}P}{\mathrm{d}t}=r_2P\left(1-\dfrac{P}{N}+\beta\dfrac{A}{M}\right)=0\end{cases}$$

得到平衡点

$$M_1(0,0)\,,\;M(0,N)\,,\;P_3\left(\frac{1-\alpha}{\alpha\beta}M,\frac{1}{\alpha}N\right)$$

按照判别平衡点稳定性方法及模型假设，仅在 $\alpha<1$ 时，P_3 稳定，其余平衡点均不稳定或者不满足模型假设。令 $\alpha=0.1, \beta=0.5, a_0=2, p_0=100, r_1=0.5, r_2=2, N_1=100,$ $N_2=10\,000$，通过 Matlab 绘制模型仿真数值解曲线（图 2.1 和图 2.2）。

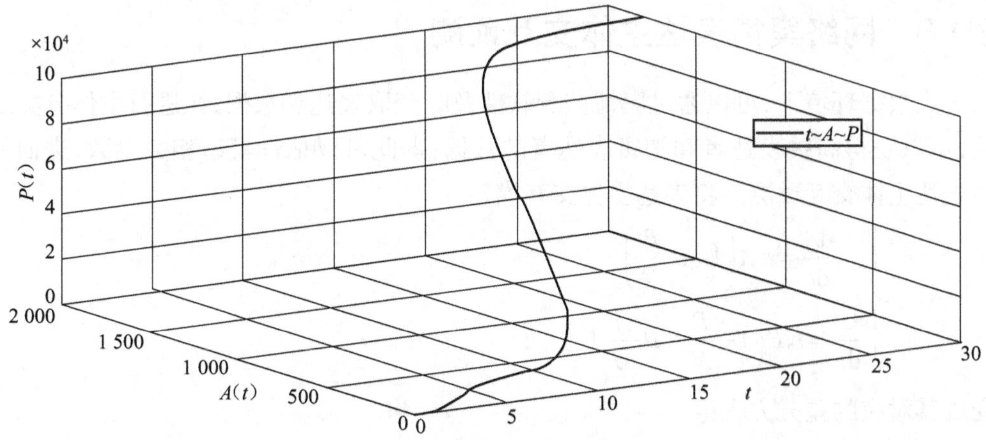

图 2.1　模型仿真数值解曲线

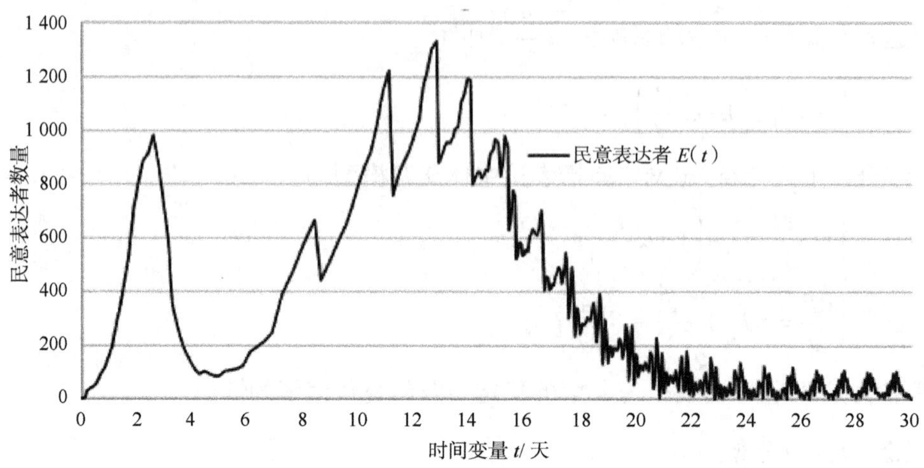

图 2.2　表达者数量曲线

观察图像发现，高级表达者和初级表达者由未交互状态：

$$N_1 = 100, N_2 = 10\,000$$

变化为交互后状态：

$$N_1 = 1\,800, N_2 = 10\,000$$

主体交互作用明显，高级表达者数量的增加促使初级表达者快速增加，网络舆情热度增加，与此同时，舆情规模的变大又吸引更多高级表达者加入，这种循环交互作用较大提升了表达者总量，通过表达者数量曲线能很清晰地看到这种交互作用。更进一步观察初级表达者曲线会发现，该曲线为双 S 结构，其中第一个 S 形主要由于高级表达者影响增长（$r_2 = 2$）较快所致，而第二个 S 形则由于自身增长较慢（$r_1 = 0.5$）所致，即数量增长不同步，导致交互量出现延迟，进而呈现多重增长的双 S 结构。

2.1.3　网络舆情表达主体交互预测

大数据环境下，可以通过舆情监测软件及时获取表达者数据，在进行主体分类之后，可以获得高级表达者和初级表达者的数据，据此可以估计模型相关参数，进而开展表达主体交互预测。将表达主体交互模型

$$\begin{cases} \dfrac{\mathrm{d}A}{\mathrm{d}t} = r_1 A\left(1 - \alpha \dfrac{P}{N}\right) \\ \dfrac{\mathrm{d}P}{\mathrm{d}t} = r_2 P\left(1 - \dfrac{P}{N} + \beta \dfrac{A}{M}\right) \end{cases}$$

变成其对应的差分方程组

$$\begin{cases} \Delta A(k) = r_1 A(k) - \dfrac{r_1\alpha}{N} A(k)P(k) \\ \Delta P(k) = r_2 P(k) - \dfrac{r_2}{N} P(k)^2 + \dfrac{r_2\beta}{M} A(k)P(k) \end{cases}$$

其中 $\Delta A(k) = A(k) - A(k-1)$，$\Delta P(k) = P(k) - P(k-1)$，$k = 1,2$，$A(k)$ 和 $P(k)$ 是表达者统计数据，k 为监测时间点。差分方程组中差分 $\Delta A(k)$ 与 $A(k)$、$A(k)P(k)$ 呈现二元线性关系，差分 $\Delta P(k)$ 与 $P(k)$、$P(k)^2$、$A(k)P(k)$ 呈现三元线性关系，应用多元线性回归分析可以获取回归系数

$$r_1，\frac{r_1\alpha}{N}，r_2，\frac{r_2}{N}，\frac{r_2\beta}{M}$$

在获取模型参数之后，可以通过构建仿真模型来预测表达主体交互程度以及开展交互趋势预测。

2.1.4　案例分析

2.1.4.1　数据来源

选取 2019 年内蒙古自治区鼠疫疫情作为案例验证模型，通过舆情监测软件（yuqing.gsdata.cn）获取鼠疫舆情（2019.11.8—2019.12.30）微博数据 10 万条，并整理获得表达者数量，绘制曲线如图 2.3 所示。

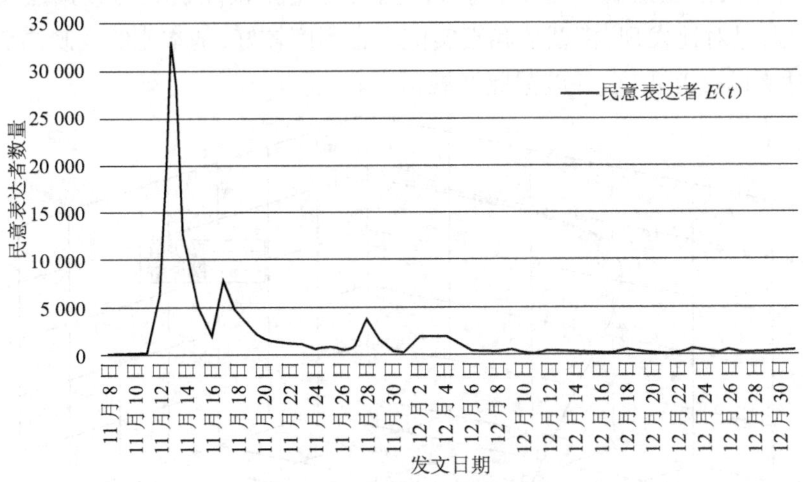

图 2.3　鼠疫舆情微博数据

以 10 万粉丝为分界线，将表达者进行分类，拥有粉丝数量大于 10 万的用户定义为高级表达者，拥有粉丝数量小于 10 万的用户定义为初级表达者，并整理两类主体数量，绘制数据对比图（图 2.4）。

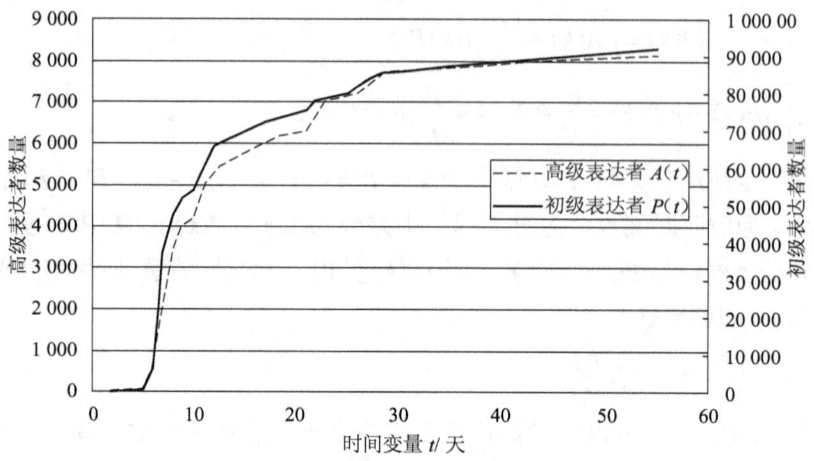

图 2.4 高级表达者和初级表达者数量图

2.1.4.2 验证分析

根据原始数据分别构建向量 $\Delta A(k)$、$A(k)$、$A(k)P(k)$ 及 $\Delta P(k)$、$P(k)$、$P(k)^2$、$A(k)P(k)$，并通过回归分析计算回归系数得

$$r_1 = 0.318\,791, r_2 = 0.456\,229, \alpha = 0.490\,559,$$

$$N = 43\,377.357\,262, \frac{M}{\beta} = 3\,330.868\,724$$

将参数带入模型绘制模型解，同时根据舆情监测软件获取的数据绘制散点图（图 2.5）。通过对比发现，模型解和真实值吻合程度较好，基本能够反映高级表达者和初级表达者的交互程度，并能据此开展预测。

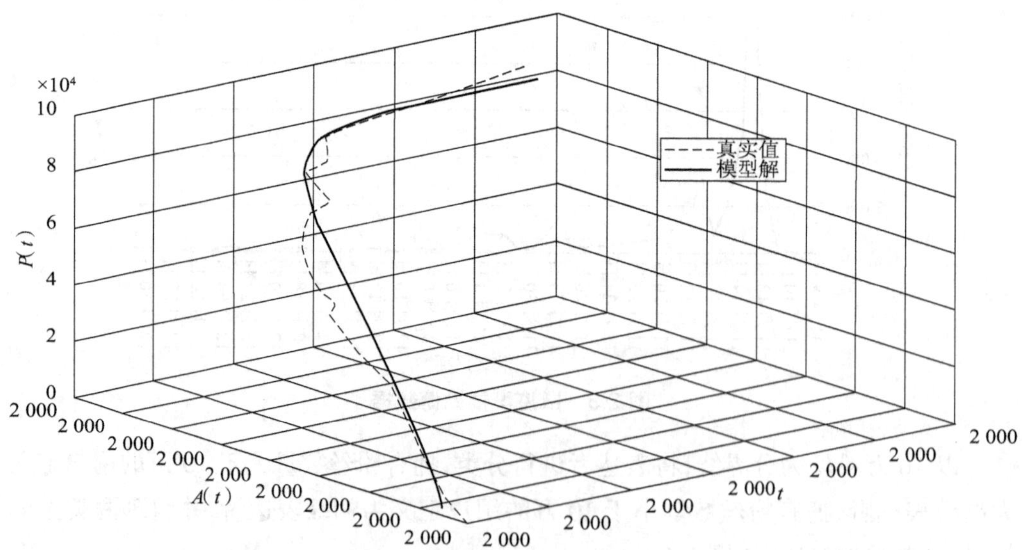

图 2.5 模型解和真实值对比图

2.2 网络舆情事件交互预测

网络舆情事件之间的交互体现为合作、竞争等多种形式,本节以网络舆情事件之间的竞争为例,进行网络舆情事件的交互建模与预测,并且通过网民关注度在不同舆情事件之间的转移程度,评估网络舆情事件之间的交互程度。

2.2.1 网络舆情事件的竞争效应

随着互联网的普及,社会治理、公共安全等各种类别的网络舆情事件频发,网民的意见、情绪等在网络上表达,生成大量文字、图像、音视频等格式的舆情信息,这些极具价值的信息在微博、微信、论坛等互联网平台快速传播。通过整理 2014—2017 年人民网发布的《中国互联网舆情分析报告》,并从中提炼热点舆情数据发现:在这 4 年中,热点舆情总数为 3 238,其中每年的日均热点舆情数量分别为 4.21、1.37、1.65、1.64(详细数据见表 2.1)。这仅仅是热点舆情的统计数据,而非热点舆情的数量会更多,所以平均每天都会发生规模或大或小的网络舆情。

表 2.1　2014—2017 年全国热点网络舆情分类统计表

分类	2014 年	2015 年	2016 年	2017 年
公共管理	396	103	228	131
社会矛盾	505	156	153	211
公共安全	186	58	64	75
企业舆情	241	70	31	48
吏治反腐	72	22	39	37
公众人物	45	27	36	61
涉外涉军	69	47	43	16
其他舆情	22	17	8	21
舆情总数	1 536	500	602	600
日均数量	4.21	1.37	1.65	1.64

进一步研究这些网络舆情案例发现,网民关注持续时间少则几个小时,多则数十天,甚至更长时间。有研究针对 100 个舆情案例的网民关注度时间问题,通过统计分析得出网民关注持续时间均值为 20.59 天,关注持续时间的极小值为 1 天,极大值为 149 天。在网民关注持续时间内,多个网络舆情事件相互影响、相互冲击,形成一种“竞争”效应(图 2.6),其竞争的实质内容即是网民的关注度。

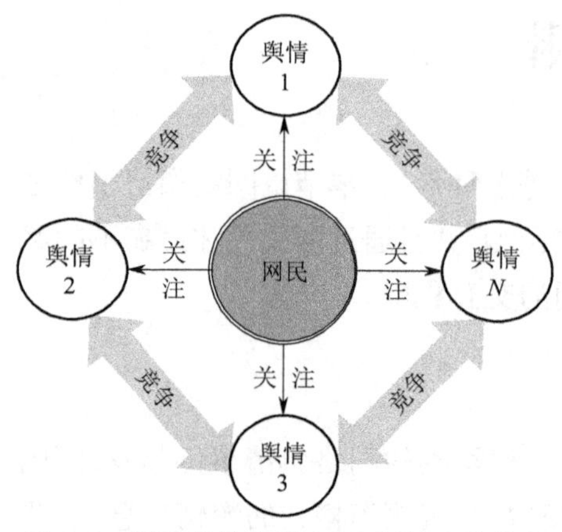

图 2.6 网络舆情事件之间的“竞争”效应

网民关注网络舆情受诸多因素影响，包括兴趣、爱好、诉求等主观因素，也包括事件敏感程度、离奇程度等客观因素影响，这些因素直接影响网民关注网络舆情事件的持续时间。当一段时间内，有多个网络舆情事件产生时，由于网络存在无界性、开放性等因素，网民的主要关注点往往会发生转移，在这个过程中，会形成聚集“围观”现象，进而使得被“围观”的网络舆情事件热度升温，成为热点舆情，所以热点舆情的生成过程也就是网民关注度转移、聚集的过程。所以，深入研究网民关注度转移问题，可以深层次解读热点舆情生成机理，描述网络舆情事件之间的“竞争”效应。

假设一段时间内，有 N 个网络舆情事件产生，则网民关注点在 N 个事件之间相互转移，形成相对复杂的转移模式。基于此，为深入研究网民关注度转移机理，N 个网络舆情事件之间的网民关注度多向转移模式可以简化为两个舆情事件的关注度单向转移模型（图 2.7）。更进一步，网民关注度由原始舆情 Ⅰ 转移到新舆情 Ⅱ，在这个过程中，由于关注度的转出导致舆情 Ⅰ 的信息量增长变缓，而由于关注度的转入导致舆情 Ⅱ 的信息量增长加快，所以网民关注度转移的实质是信息量的转移，通过信息量的变化程度可以描述网民关注度的转移程度，进而从定量视角解读网络舆情事件之间的“竞争”效应。

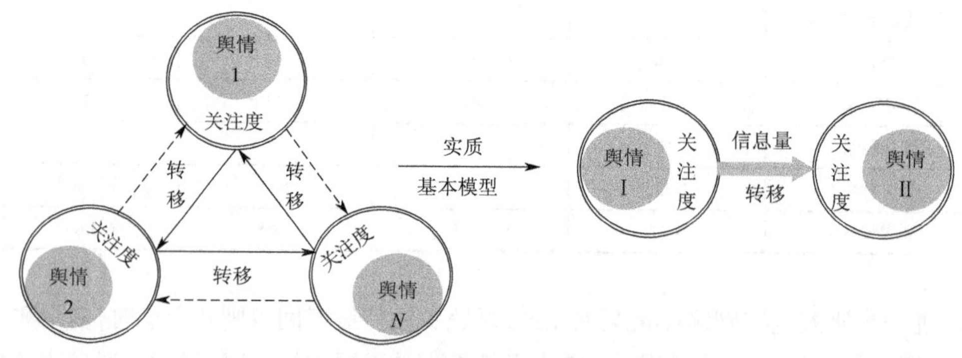

图 2.7 网民关注度转移的实质问题

2.2.2 网民关注度转移模型

2.2.2.1 建模前提与假设

根据信息生命周期理论，网络舆情传播经历发生、发展、消退等阶段，这与生态科学中生物的萌芽、成长、消亡的生长机理相似，即遵循 S 形曲线规律，故而可以用描述生物增长的生长曲线模型来描述网络舆情信息的传播问题，通过大量网络舆情数据（信息量累计百分比数据）也可说明这一点（图 2.8）。基于此，选取 Logistic 模型来描述网络舆情传播过程。

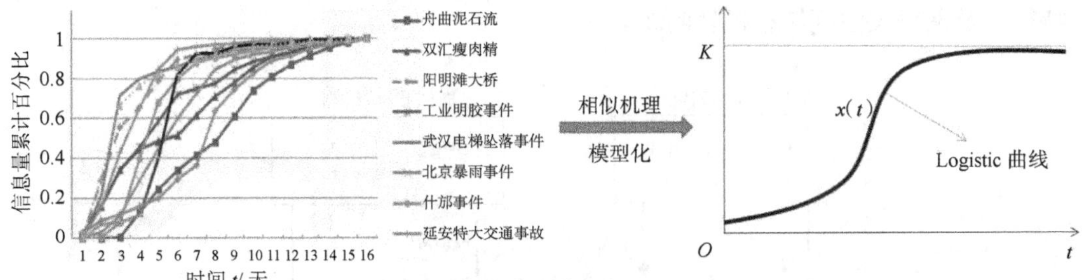

图 2.8　网络舆情统计数据特征与 Logistic 曲线

根据网络舆情定义，网络舆情即网络用户通过互联网围绕中介事项进行交流的信息总和。假设某个网络舆情事件发生后，网络舆情信息量为 $x(t)$，则当且只有一个舆情事件发生时

$$\frac{\mathrm{d}x}{\mathrm{d}t}=rx\left(1-\frac{x}{K}\right)$$

其中 r 为信息增长率，K 为信息量上限，初值 $x(0)=x_0$。

2.2.2.2 网民关注度转移建模

假设某段时间内，同时存在两个舆情事件，网络舆情Ⅰ和网络舆情Ⅱ（下简称舆情Ⅰ和舆情Ⅱ），舆情Ⅰ的信息量函数为 $x_1(t)$，舆情Ⅱ的信息量函数为 $x_2(t)$，两个函数对应的增长率、上限和初值分别为 r_1、r_2、K_1、K_2、x_{10}、x_{20}。

当两个舆情独立存在时，满足 Logistic 规律，即

$$\frac{\mathrm{d}x_i}{\mathrm{d}t}=r_ix_i\left(1-\frac{x_i}{K_i}\right)$$

其中 $x_i(0)=x_{i0}$，$i=1,2$。

当两个舆情同时存在时，假设网民关注度由舆情Ⅰ向舆情Ⅱ转移，则舆情Ⅰ的网民关注度下降，进而导致舆情Ⅰ的信息增量减少，不妨设单位时间的减少量为 σx_1，

而舆情Ⅱ的网民关注度上升，导致舆情Ⅱ的信息增量增加，其增加量与舆情Ⅰ减少量 σx_1 有关，不妨设单位时间的增加量为 $m\sigma x_1$，其中 m 为调节系数，与舆情Ⅱ对网民的吸引程度以及关注度转移的网民的发文习惯、喜好等有关。基于此建模思路（图2.9）得出舆情Ⅰ和舆情Ⅱ之间的网民关注度转移模型为

$$\begin{cases} \dfrac{\mathrm{d}x_1}{\mathrm{d}t} = r_1 x_1\left(1-\dfrac{x_1}{K_1}\right) - \sigma x_1, x_1(0) = x_{10} \\ \dfrac{\mathrm{d}x_2}{\mathrm{d}t} = r_2 x_2\left(1-\dfrac{x_2}{K_2}\right) + m\sigma x_1, x_2(0) = x_{20} \end{cases}$$

该模型没有解析解，需要研究方程平衡点及其稳定性，并通过数值解来研究模型解的特征以及网民关注度转移机理问题。

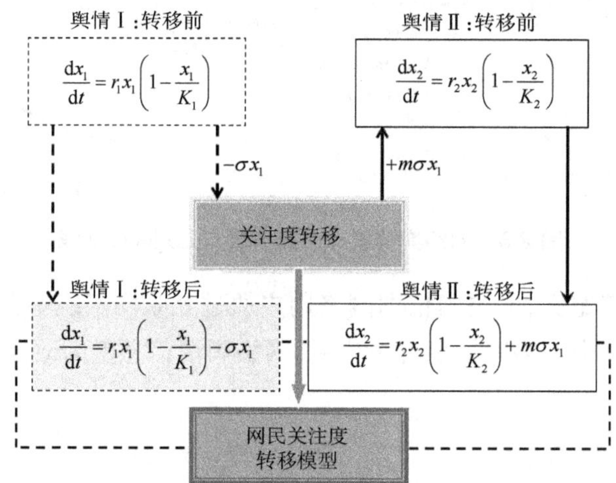

图 2.9 网民关注度转移建模思路

2.2.2.3 模型平衡点及其稳定性

为研究方程解的性质及网民关注度转移趋势，即 $t \to \infty$ 时，$x_1(t)$、$x_2(t)$ 的趋势，需要研究平衡点及其稳定性。

令

$$\begin{cases} f_1(x_1, x_2) = r_1 x_1\left(1-\dfrac{x_1}{K_1}\right) - \sigma x_1 = 0 \\ f_2(x_1, x_2) = r_2 x_2\left(1-\dfrac{x_2}{K_2}\right) + m\sigma x_1 = 0 \end{cases}$$

得到 4 个非零平衡点

$$P_1(0,0)\ ,\ P_2(0,K_2)\ ,\ P_3\left(\left(1-\frac{\sigma}{r_1}\right)K_1,\frac{1-\sqrt{1+4\frac{K_1}{K_2}\frac{m\sigma}{r_2}\left(1-\frac{\sigma}{r_1}\right)}}{2}K_2\right),$$

$$P_4\left(\left(1-\frac{\sigma}{r_1}\right)K_1,\frac{1+\sqrt{1+4\frac{K_1}{K_2}\frac{m\sigma}{r_2}\left(1-\frac{\sigma}{r_1}\right)}}{2}K_2\right)$$

根据网络舆情信息量的定义，函数 $x_1(t)$、$x_2(t)$ 均为单调递增函数，所以前 3 个平衡点 P_1、P_2、P_3 与定义不符，只有第 4 个平衡点 P_4 满足单调递增的条件定义。按照计算平衡点稳定性的定理，通过计算得出其稳定性条件为 $\sigma<r_1$。

更进一步，为估计网民关注度转移程度，定义估计关注度转移程度的指标：舆情 Ⅰ 的转出度 $O(\text{I})$ 和舆情 Ⅱ 的转入度 $I(\text{II})$，分别为

$$O(\text{I})=\frac{K_1\left(1-\frac{\sigma}{r_1}\right)K_1}{K_1}=\frac{\sigma}{r_1}\times 100\%$$

$$I(\text{II})=\frac{\frac{1+\sqrt{1+4\frac{K_1}{K_2}\frac{m\sigma}{r_2}\left(1-\frac{\sigma}{r_1}\right)}}{2}K_1-K_2}{K_2}=\frac{\sqrt{1+4\frac{K_1}{K_2}\frac{m\sigma}{r_2}\left(1-\frac{\sigma}{r_1}\right)}-1}{2}\times 100\%$$

不难发现，当 $\sigma=\frac{r_1}{2}$ 时，舆情 Ⅱ 的转入度 $I(\text{II})$ 达到最大。

2.2.3 网民关注度转移预测

2.2.3.1 预测方法

在大数据环境下，深入探索网络舆情事件之间的“竞争”效应，需要开展网民关注度转移趋势预测，其本质是基于部分监测数据估计网民关注度转移模型的系数。基于此，提出一种基于实时监测数据的网民关注度转移预测方法，为明晰网民关注度转移机理和舆情事件之间的竞争程度提供可行路径。

首先，将网民关注度转移模型

$$\begin{cases}\dfrac{\mathrm{d}x_1}{\mathrm{d}t}=r_1x_1\left(1-\dfrac{x_1}{K_1}\right)-\sigma x_1\\ \dfrac{\mathrm{d}x_2}{\mathrm{d}t}=r_2x_2\left(1-\dfrac{x_2}{K_2}\right)+m\sigma x_1\end{cases}$$

变成其对应的差分方程组

$$\begin{cases}\Delta x_1(k)=(r_1-\sigma)x_1-\dfrac{r_1}{K_1}x_1^2\\ \Delta x_2(k)=r_2x_2-\dfrac{r_2}{K_2}x_2^2+m\sigma x_1\end{cases}$$

其中 $\Delta x_i=x_i(k)-x_j(k-1)$，$i=1,2$，$j=1,2$，$x_1(k)$、$x_1^2(k)$ 为某类舆情事件的信息量（可通过舆情监测数据获取），$x_2(k)$、$x_2^2(k)$ 为监测数据。

其次，差分 $\Delta x_1(k)$、$\Delta x_1^2(k)$ 与 $x_1(k)$、$x_1^2(k)$ 呈现二元线性关系，差分 $\Delta x_2(k)$ 与 $x_2(k)$、$x_2^2(k)$、$x_1(k)$ 呈现三元线性关系，应用多元线性回归分析可以获取回归系数

$$r_1-\sigma,\frac{r_1}{K_1},r_2,\frac{r_2}{K_2},m\sigma$$

据此可以得出模型系数 r_2、K_2 及 σ。由于调节系数与关注度转移的网民有关，故而当给出 m 值时，可以估计得出 r_1、K_1 及 σ。此外，在实际应用过程中，可以通过网络舆情数据确定转移系数 σ 的符号和数值，进而预测多个网络舆情事件交互时网民关注度转移趋势以及转移程度。

2.2.3.2　数值仿真

为进一步分析两个网络舆情事件之间的“竞争”效应，通过 Matlab 数值仿真方法明晰网民关注度转移机理。为方便仿真研究，设定初始参数，见表 2.2。

表 2.2　模型初始参数设定表

类别	增长率 r_i	上限 K_i	初值 x_{i0}	σ 变化区间
舆情Ⅰ	0.4	1 000	10	[0，0.4)
舆情Ⅱ	0.6	2 000	20	

令舆情Ⅰ转出指标 σ 分别为 0、0.05、0.10、0.15、0.20、0.25、0.30、0.35、0.39，调节系数 m 分别为 0.5、1、2、5，绘制网民关注度由舆情Ⅰ转入舆情Ⅱ（简称舆情Ⅰ→舆情Ⅱ）的仿真效果图（图 2.10），分析不同场景的网民关注度转移规律问题。

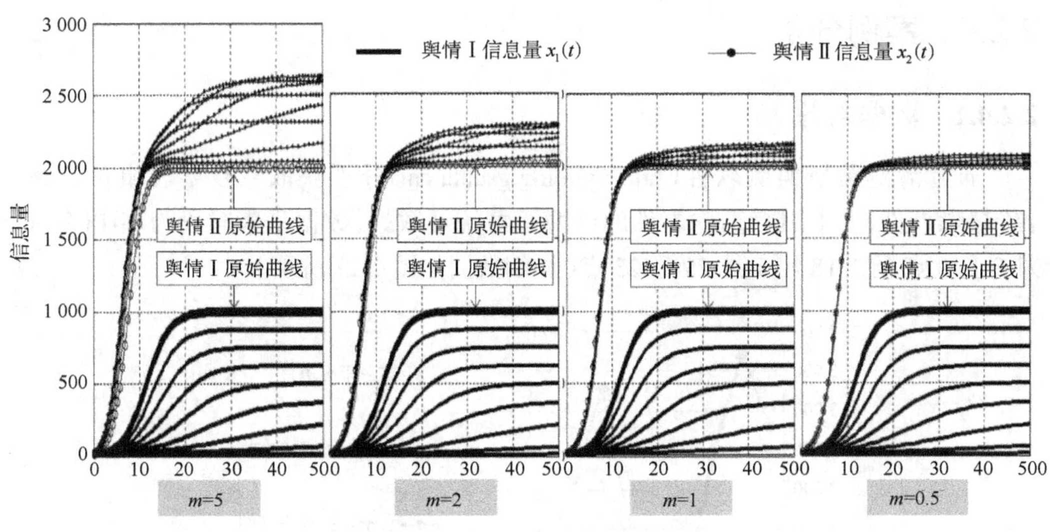

图 2.10　“Ⅰ→Ⅱ”场景仿真图

观察仿真图像发现：随着转出指标的增加，一方面，舆情 I 的信息量上限由 1 000 单调递减至 25，舆情 I 的转出度 $O(\mathrm{I})$ 由 0 单调增加至 97.5%；另一方面，舆情 II 的信息量上限由 2 000 单调增加至某个峰值后，然后再单调递减，舆情 II 的转入度 $I(\mathrm{II})$ 变化区间分别为 [0, 4.01%], [0, 7.74%], [0, 14.55%], [0, 31.65%]。此外，对应不同的调节系数 m，可以绘制舆情 II 的信息量与转出指标的关系图（图 2.11）。不难发现，舆情 II 的信息量在 $\sigma=\frac{r_1}{2}=0.2$ 处取得峰值，对应峰值分别为 2 080.123 5、2 154.700 5、2 290.994 4、2 632.993 2，这说明舆情 I 转出指标为增长率的 1/2 时，舆情 II 的竞争效果达到最优，正因为这一点，随着舆情 I 信息量的转入，舆情 II 的信息量曲线由单 S 形逐步变为双 S 形，在 $m=5$ 时，双 S 图像尤为清晰，所以两个舆情事件的竞争关系也是导致网络舆情数据出现振荡效应的原因之一。

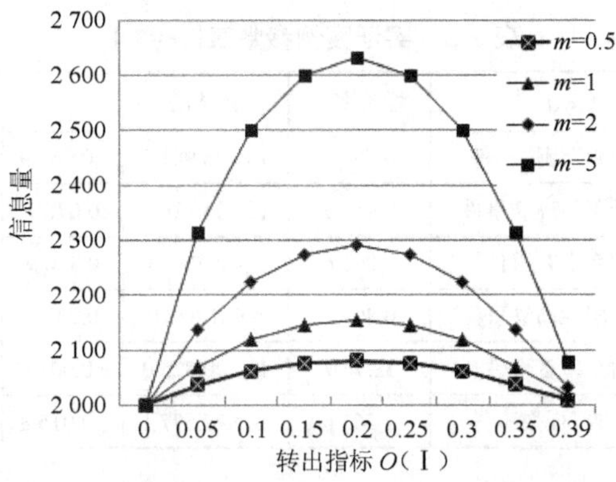

图 2.11　不同调节系数下舆情Ⅱ信息量与转出指标关系图

2.2.4 案例分析

2.2.4.1 数据来源

通过清博舆情监测软件（http://yuqing.gsdata.cn）分别获取雪乡宰客事件、“桑吉”爆燃事件、女子阻拦高铁事件的微博舆情统计数据，数据采集时段为2018年1月9日0点至2018年1月29日23点（详细数据如图2.12所示）。

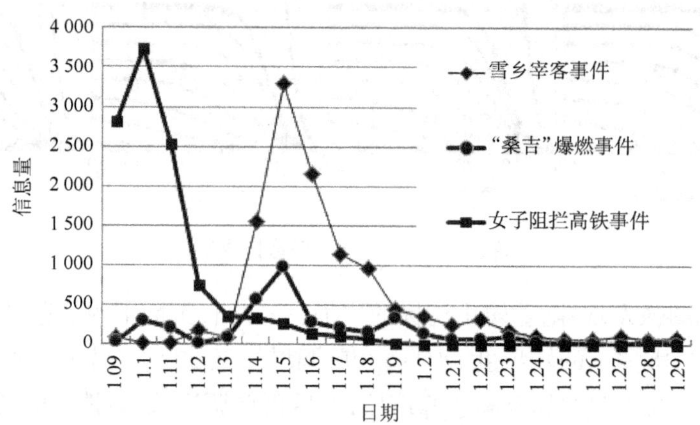

图2.12 3个舆情事件的微博舆情数据图

2.2.4.2 数据分析

由于3个舆情事件均是同一时段的热点舆情，无法事先判断事件信息量的转出和转入，所以，为方便分析舆情事件之间的“竞争”效应，将3个事件中任取两个作为建模事件，故而形成6种结果。通过前文确定模型系数的方法，根据3个舆情事件的微博舆情统计数据可以确定模型的具体参数（表2.3、表2.4）。

表2.3 实证案例参数表（m=1）

$x_1(t)$	$x_2(t)$	增长率r_1	上限K_1	σ	增长率r_2	上限K_2
雪乡宰客事件	“桑吉”爆燃事件	0.767 3	10 328.981 2	−0.069 9	0.636 8	5 770.168 7
雪乡宰客事件	女子阻拦高铁事件	0.913 9	12 303.126 9	0.076 7	1.457 6	10 644.663 6
“桑吉”爆燃事件	雪乡宰客事件	0.892 6	6 489.041 8	0.370 9	0.672 2	9 559.142 7
“桑吉”爆燃事件	女子阻拦高铁事件	0.809 1	5 881.677 0	0.287 3	1.449 0	10 522.716 5
女子阻拦高铁事件	雪乡宰客事件	1.276 7	11 100.825 0	−0.001 1	0.840 9	11 284.454 6
女子阻拦高铁事件	“桑吉”爆燃事件	1.262 6	10 977.677 1	−0.015 3	0.681 8	4 036.275 9

表 2.4　实证案例参数表（ m=2 ）

$x_1(t)$	$x_2(t)$	增长率 r_1	上限 K_1	σ	增长率 r_2	上限 K_2
雪乡宰客事件	“桑吉”爆燃事件	0.802 2	10 799.462 7	−0.069 9	0.636 8	5 770.168 7
雪乡宰客事件	女子阻拦高铁事件	0.875 5	11 786.535 5	0.076 7	1.457 6	10 644.663 6
“桑吉”爆燃事件	雪乡宰客事件	0.707 2	5 141.039 6	0.370 9	0.672 2	9 559.142 7
“桑吉”爆燃事件	女子阻拦高铁事件	0.665 4	4 837.357 2	0.287 3	1.449 0	10 522.716 5
女子阻拦高铁事件	雪乡宰客事件	1.277 3	11 105.790 6	−0.001 1	0.840 9	11 284.454 6
女子阻拦高铁事件	“桑吉”爆燃事件	1.270 2	11 044.216 7	−0.015 3	0.681 8	4 036.275 9

通过数据分析发现：当只有雪乡宰客事件和“桑吉”爆燃事件时，信息量由“桑吉”爆燃事件转移到雪乡宰客事件；只有雪乡宰客事件和女子阻拦高铁事件时，信息量由雪乡宰客事件转移到女子阻拦高铁事件；只有女子阻拦高铁事件和“桑吉”爆燃事件时，信息量由“桑吉”爆燃事件转移到女子阻拦高铁事件。当 3 个舆情事件共存时，其交互情况是“桑吉”爆燃事件的信息量分别转移到另外两个舆情事件中，并且转移到雪乡宰客事件的信息量要多于转移到女子阻拦高铁事件的信息量，而雪乡宰客事件信息量转移到女子阻拦高铁事件中。所以，根据计算结果，3 个事件的竞争结果排序是女子阻拦高铁事件 > 雪乡宰客事件 >“桑吉”爆燃事件。由此，可以通过网民关注度转移建模，分析网络舆情事件的“竞争”效应。

2.3　网络舆情跨平台信息交互预测

2.3.1　网络舆情跨平台信息交互机理

随着移动宽带互联网的普及，庞大的信息数量使得信息传播平台越来越多，网络新闻、网络报刊、微博、微信、新闻客户端、论坛、视频网站等互联网平台已经成为信息传播的主要载体。当网民针对某个网络舆情展开讨论时，文字、图片、音视频等信息在各个网络传播平台传播，并且绝大部分新闻网站、论坛、社交网站、视频网站等网络传播平台的信息均可相互转发、共享、复制，网络信息交互便捷，进而形成一个网络舆情大数据环境（图 2.13）。

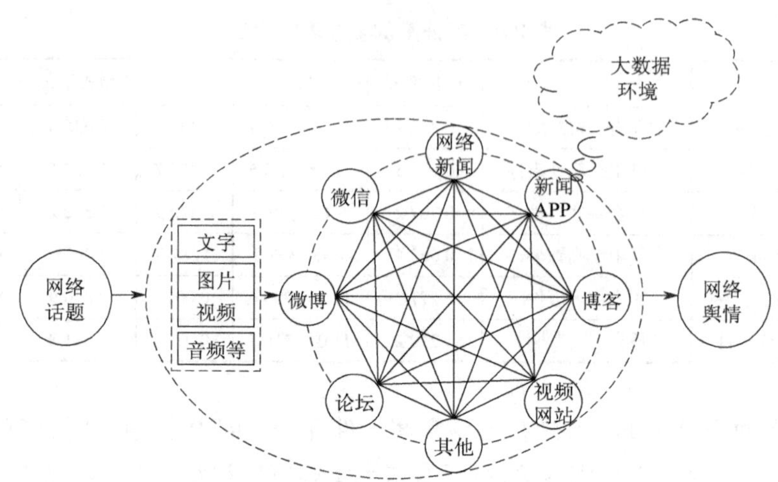

图 2.13 网络舆情传播的大数据环境

2.3.1.1 网络舆情信息交互影响要素

在网络舆情传播过程中,很多因素制约多个网络传播平台之间的信息交互程度,主要包括发布信息权威程度、信息交互便捷程度、情感信息差异性等。常见的信息交互方式有转发、共享、复制,转发多用于网络传播平台内部,复制和共享则是多个平台之间的信息交互的主要方式,其中共享功能相对快捷、方便。然而,不同的网络传播平台的共享功能和范围不一样,例如,百度、搜狐、腾讯、优酷等 4 个视频网站均无一键共享功能,共享范围相对较小,而新浪新闻等新闻网站大部分有一键共享功能,共享范围较大,其中中国新闻网和新浪新闻基本可以将信息共享至绝大部分网络传播平台。部分视频网站和新闻网站的共享范围见表 2.5。

表 2.5 部分视频网站和新闻网站的共享范围

网络平台类型	平台名称	共享范围	一键共享
视频网站	百度视频	微信、微博、QQ 空间、豆瓣、人人网、百度贴吧	无
	搜狐视频	微信、QQ、QQ 空间、微博	无
	腾讯视频	QQ、QQ 空间、微博、豆瓣、微信	无
	优酷视频	微信、QQ 空间、微博、QQ、百度贴吧、人人网、豆瓣、易信	无
新闻网站	新浪新闻	微博、微信、Baidu 空间等 130 多个平台	有
	网易新闻	易信、微信、QQ 空间、微博、Lofter、人人网、有道云笔记	无
	环球新闻	QQ 空间、微博、豆瓣、开心网等 30 多个平台	有
	中国新闻	微博、QQ 空间、饭否、人人网等 130 多个平台	有

2.3.1.2　网络舆情信息交互机理

在生态科学领域，生物种群之间的相互作用形成了生态系统，其中作用关系主要包括竞争关系、依存关系、捕食关系等；而在舆论生态领域，在网络舆情传播过程中，各个网络传播平台之间，由于发布信息权威程度、信息交互便捷程度、情感信息差异性等原因，各个网络传播平台信息交互程度各有不同，影响也各有不同。网络传播平台之间的信息交互机理与生物种群之间的相互作用机理相似，但更为复杂。据此，按照生态科学的建模思路研究网络传播平台之间的信息交互机理。在信息交互过程中，网络传播平台之间的信息交互是双向的，故而将交互程度分为正交互和负交互，正交互会促使舆情信息量增加，而负交互会促使舆情信息量减少。以三平台为例，平台 2 对平台 1 的信息交互影响是正的，则平台 2 的舆情信息量可以促使平台 1 舆情信息量增加；相反，平台 3 对平台 1 的影响是负向的，则平台 3 的舆情信息量会抑制平台 1 舆情信息量增加（图 2.14）。

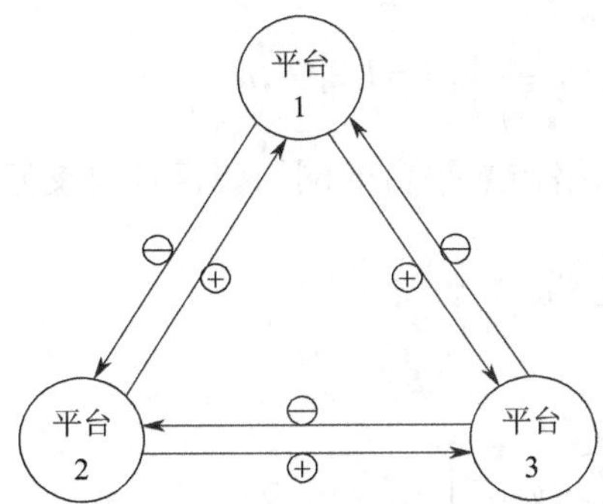

图 2.14　三平台之间信息交互机理

2.3.2　网络舆情跨平台信息交互建模

2.3.2.1　基本假设

根据网络舆情定义，网络舆情即网络用户通过互联网围绕中介事项进行交流的信息总和。据此，假设 $x(t)$ 代表网络用户针对某一网络舆情进行交流而形成网络舆情的信息量的值，初值 $x(0)=x_0$，$x(t)$ 的上限为 K。由于在网络舆情演化过程中，信息量增长率分别与信息量基数和信息量的“剩余空间”$\left(1-\dfrac{x}{K}\right)$呈正比，则网络舆情信息传播的基本模型为

$$\begin{cases}\dfrac{\mathrm{d}x}{\mathrm{d}t}=rx\left(1-\dfrac{x}{K}\right)\\ x(0)=x_0\end{cases}$$

2.3.2.2 网络舆情信息交互模型

网络舆情产生后，假设第 i 个网络传播平台上舆情信息量为 $x_i(t)$，信息增长率为 r_i，信息上限为 K_i，第 i 个网络传播平台对第 j 个网络传播平台的交互系数为 σ_{ij}，其中 $r_i > 0$，$K_i > 0$。当信息交互影响是正向时，$\sigma_{ij} > 0$；当信息交互影响是负向时，$\sigma_{ij} < 0$；当没有交互影响时，$\sigma_{ij} = 0$。由于多个平台之间的信息交互作用，第 j 个网络传播平台舆情信息量变化的“剩余空间”由

$$\left(1-\frac{x_j}{K_j}\right)$$

变为

$$\left(1+\sum_{i=1}^{n}\sigma_{ij}\frac{x_i}{K_i}\right)$$

则第 j 个网络传播平台舆情信息量变化规律为

$$\frac{\mathrm{d}x_j}{\mathrm{d}t} = r_j x_j\left(1+\sum_{i=1}^{n}\sigma_{ij}\frac{x_i}{K_i}\right),\ j = 1,2,\cdots,n$$

基于以上研究，构建 n 个网络传播平台的网络舆情信息交互模型为

$$\begin{cases} \dfrac{\mathrm{d}x_1}{\mathrm{d}t} = r_1 x_1\left(1+\displaystyle\sum_{i=1}^{n}\sigma_{i1}\frac{x_i}{K_i}\right) \\ \quad\vdots \\ \dfrac{\mathrm{d}x_j}{\mathrm{d}t} = r_j x_j\left(1+\displaystyle\sum_{i=1}^{n}\sigma_{ij}\frac{x_i}{K_i}\right) \\ \quad\vdots \\ \dfrac{\mathrm{d}x_n}{\mathrm{d}t} = r_n x_n\left(1+\displaystyle\sum_{i=1}^{n}\sigma_{in}\frac{x_i}{K_i}\right) \end{cases}$$

模型初值分别为 $x_i(0) = x_{i0}$，$i = 1,2,\cdots,n$。

2.3.2.3 网络舆情信息交互模型分析

为研究方程解的性质及网络舆情信息交互趋势，即 $t \to \infty$ 时，$x_1(t), x_2(t), \cdots, x_n(t)$ 的变化趋向，需要研究模型平衡点。

令

$$
\begin{cases}
f_1(x_1,x_2,\cdots,x_n)=r_1x_1\left(1+\sum_{i=1}^{n}\sigma_{i1}\dfrac{x_i}{K_i}\right)=0\\
\qquad\vdots\\
f_j(x_1,x_2,\cdots,x_n)=r_jx_j\left(1+\sum_{i=1}^{n}\sigma_{ij}\dfrac{x_i}{K_i}\right)=0\\
\qquad\vdots\\
f_n(x_1,x_2,\cdots,x_n)=r_nx_n\left(1+\sum_{i=1}^{n}\sigma_{in}\dfrac{x_i}{K_i}\right)=0
\end{cases}
$$

得到模型 2^n 个平衡点，但是考虑到 $x_1(t),x_2(t),\cdots,x_n(t)$ 单调递增，所以模型平衡点只有一个，即 $\boldsymbol{K}^*=(K_1^*,K_2^*,\cdots,K_n^*)$，其中 K_i^*，$i=1,2,\cdots,n$ 是方程组

$$
\begin{cases}
1+\sum_{i=1}^{n}\sigma_{i1}\dfrac{K_i^*}{K_i}=0\\
\qquad\vdots\\
1+\sum_{i=1}^{n}\sigma_{ij}\dfrac{K_i^*}{K_i}=0\\
\qquad\vdots\\
1+\sum_{i=1}^{n}\sigma_{in}\dfrac{K_i^*}{K_i}=0
\end{cases}
$$

的根。

令

$$
\boldsymbol{H}=\begin{pmatrix}
\dfrac{\sigma_{11}}{K_1} & \dfrac{\sigma_{12}}{K_2} & \cdots & \dfrac{\sigma_{1i}}{K_i} & \cdots & \dfrac{\sigma_{1n}}{K_n}\\
\dfrac{\sigma_{21}}{K_1} & \dfrac{\sigma_{22}}{K_2} & \cdots & \dfrac{\sigma_{2i}}{K_i} & \cdots & \dfrac{\sigma_{2n}}{K_n}\\
\vdots & \vdots & & \vdots & & \vdots\\
\dfrac{\sigma_{i1}}{K_1} & \dfrac{\sigma_{i2}}{K_2} & \cdots & \dfrac{\sigma_{ii}}{K_i} & \cdots & \dfrac{\sigma_{in}}{K_n}\\
\vdots & \vdots & & \vdots & & \vdots\\
\dfrac{\sigma_{n1}}{K_1} & \dfrac{\sigma_{n2}}{K_2} & \cdots & \dfrac{\sigma_{ni}}{K_i} & \cdots & \dfrac{\sigma_{nn}}{K_n}
\end{pmatrix},\ \boldsymbol{K}^*=\begin{pmatrix}K_1^*\\K_2^*\\\vdots\\K_i^*\\\vdots\\K_n^*\end{pmatrix},\ \boldsymbol{B}=\begin{pmatrix}-1\\-1\\\vdots\\-1\\\vdots\\-1\end{pmatrix}
$$

则原方程变为

$$\boldsymbol{H}^{\mathrm{T}}\boldsymbol{K}^*=\boldsymbol{B}$$

故方程组的解为

$$\boldsymbol{K}^*=(\boldsymbol{H}^{\mathrm{T}})^{-1}\boldsymbol{B}$$

2.3.3 网络舆情跨平台信息交互预测

大数据的核心是预测，而确定模型系数 $\dfrac{\sigma_{ij}}{K_i}$ 是研究网络舆情信息交互趋势的关键。通过舆情监测软件获取各个网络传播平台上网络舆情传播的时间序列数据后，可以通过差分回归法确定模型系数，计算平衡点，然后通过模拟仿真来预测网络舆情信息交互趋势，具体思路如图 2.15 所示。

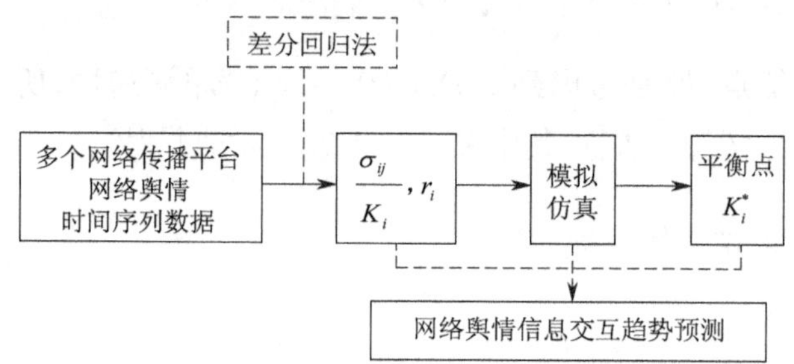

图 2.15　网络舆情信息交互趋势预测思路

将前文构建的网络舆情信息交互模型

$$\begin{cases} \dfrac{\mathrm{d}x_1}{\mathrm{d}t} = r_1 x_1 \left(1 + \sum\limits_{i=1}^{n} \sigma_{i1} \dfrac{x_i}{K_i}\right) \\ \quad\vdots \\ \dfrac{\mathrm{d}x_j}{\mathrm{d}t} = r_j x_j \left(1 + \sum\limits_{i=1}^{n} \sigma_{ij} \dfrac{x_i}{K_i}\right) \\ \quad\vdots \\ \dfrac{\mathrm{d}x_n}{\mathrm{d}t} = r_n x_n \left(1 + \sum\limits_{i=1}^{n} \sigma_{in} \dfrac{x_i}{K_i}\right) \end{cases}$$

变成其对应的差分方程组

$$\begin{cases} \Delta x_1(k) = r_1 x_1(k) + \sum\limits_{i=1}^{n} r_1 \sigma_{i1} \dfrac{x_1(k) x_i(k)}{K_i} \\ \quad\vdots \\ \Delta x_j(k) = r_j x_j(k) + \sum\limits_{i=1}^{n} r_j \sigma_{ij} \dfrac{x_j(k) x_i(k)}{K_i} \\ \quad\vdots \\ \Delta x_n(k) = r_n x_n(k) + \sum\limits_{i=1}^{n} r_n \sigma_{in} \dfrac{x_n(k) x_i(k)}{K_i} \end{cases}$$

其中 $\Delta x_i(k) = x_i(k) - x_i(k-1)$，$k = 1,2,\cdots,m$，$i = 1,2,\cdots,n$，$n$ 为网络传播平台个数，m

为网络舆情监测数据的个数。容易发现，差分 $\Delta x_j(k)$ 与

$$x_j(k), x_j(k)x_1(k), x_j(k)x_2(k), \cdots, x_j(k)x_n(k)$$

呈现 $n+1$ 元线性函数关系。应用多元线性回归分析可以获取回归系数，得到网络舆情信息交互参数 $\frac{\sigma_{ij}}{K_i}$，其中 $j=1,2,\cdots,n$，$i=1,2,\cdots,n$，进而通过平衡点公式及模拟仿真来预测网络舆情信息交互趋势。

2.3.4　案例分析

2.3.4.1　数据来源

通过清博舆情监测软件（yuqing.gsdata.cn）统计 2017.6.5—2017.6.25 期间 6 个网络传播平台涉及“高考”的网络舆情数据 1 607 293 条（按天进行统计，监测关键词为“高考”，网络传播平台涉及论坛、微信、微博、网络新闻、网络报刊和新闻 APP 等），详细数据如下（表 2.6）。

表 2.6　“高考”网络舆情数据

时间	论坛	微信	微博	网络新闻	网络报刊	新闻 APP
6 月 5 日	514	34 779	42 045	11 656	467	323
6 月 6 日	776	59 526	153 842	17 336	877	983
6 月 7 日	1 306	72 679	171 131	48 493	1 749	511
6 月 8 日	1 019	54 165	88 531	43 857	2 209	714
6 月 9 日	731	44 607	46 963	30 810	1 727	981
6 月 10 日	526	23 864	21 527	3 254	36	423
6 月 11 日	288	19 098	15 707	2 315	0	377
6 月 12 日	420	26 454	13 231	5 079	0	183
6 月 13 日	329	23 687	11 316	5 938	117	293
6 月 14 日	460	21 500	10 573	10 772	388	516
6 月 15 日	297	17 171	8 012	16 493	519	786
6 月 16 日	290	16 904	7 983	14 120	447	561
6 月 17 日	206	10 833	4 385	6 907	135	537
6 月 18 日	174	9 156	5 265	6 557	77	472
6 月 19 日	543	13 500	6 247	12 115	300	708
6 月 20 日	250	13 667	7 188	11 525	350	668
6 月 21 日	267	13 808	7 958	11 053	344	780

续表

时间	论坛	微信	微博	网络新闻	网络报刊	新闻 APP
6 月 22 日	285	16 143	20 041	11 147	296	1 147
6 月 23 日	503	24 572	33 519	17 806	456	1 295
6 月 24 日	502	19 276	24 487	10 587	340	485
6 月 25 日	381	16 719	14 756	8 356	193	465

2.3.4.2 数据建模

假设论坛、微信、微博、网络新闻、网络报刊、新闻 APP 上“高考”网络舆情信息量分别为 $x_i(t)$, $i=1,2,3,4,5,6$ 。通过整理原始数据,应用差分回归法确定模型参数。其中信息增长率分别为 0.780 5、0.787 5、0.997 9、0.784 2、0.756 8、0.952 6,参数 $\frac{\sigma_{ij}}{K_i}$ 的值见表 2.7, 6 个方程对应的可决系数分别为 0.955 1、0.963 2、0.979 3、0.897 2、0.844 4、0.943 7,数据拟合效果很好。

表 2.7 参数表

$\frac{\sigma_{ij}}{K_i}\times10^7$	论坛	微信	微博	网络新闻	网络报刊	新闻 APP
论坛	408.39	−21.14	−527.11	−1 445.54	−1 677.44	−792.91
微信	−20.57	−10.04	2.8	−1.5	−7.58	6.71
微博	0.73	−2.37	−8.95	3.24	4.1	−15.91
网络新闻	49.18	16.99	3.23	141.45	176.2	−24.89
网络报刊	−1 602.19	−952.98	−882.02	−3 167.38	−3 430.64	512.36
新闻 APP	144.61	385.65	681.83	−223.63	−416.53	632.75

2.3.4.3 结果分析

(1)通过分析数据建模得出的参数表,得出 6 个传播平台之间的信息交互影响程度(表 2.8)。从表中发现,在“高考”网络舆情传播过程中, 6 个网络传播平台的信息交互影响程度依次为网络新闻、新闻 APP、微博、微信、网络报刊和论坛,其中网络新闻与其他 5 个平台的信息交互程度最高(5 个正交互);网络报刊和论坛的信息交互影响程度最低(5 个负交互)。通过表 2.5 也可以发现,信息交互影响最大的是“一键共享”功能,而这 6 类平台中只有网络新闻具备这个功能。

表 2.8　“高考”网络舆情信息交互影响表

交互影响	论坛	微信	微博	网络新闻	网络报刊	新闻 APP
论坛	正	负	负	负	负	负
微信	负	负	正	负	负	正
微博	正	负	负	正	正	负
网络新闻	正	正	正	正	正	负
网络报刊	负	负	负	负	负	正
新闻 APP	正	正	正	负	负	正

（2）通过表 2.7 数据可以计算模型平衡点，进而对网络舆情信息交互趋势进行预测。根据平衡点公式

$$\boldsymbol{K}^* = (\boldsymbol{H}^{\mathrm{T}})^{-1}\boldsymbol{B}$$

代入相关参数得到

$$\boldsymbol{K}^* = \left[\begin{pmatrix} 408.39 & -20.57 & 0.73 & 49.18 & -1602.19 & 144.61 \\ -21.14 & -10.04 & -2.37 & 16.99 & -952.98 & 385.65 \\ -527.11 & 2.8 & -8.95 & 3.23 & -882.02 & 681.83 \\ -1445.54 & -1.5 & 3.24 & 141.45 & -3167.38 & -223.63 \\ -1677.44 & -7.85 & 4.1 & 176.2 & -3430.64 & -416.53 \\ -792.91 & 6.71 & -15.91 & -24.89 & 512.36 & 632.75 \end{pmatrix} \times 10^{-7}\right]^{-1} \begin{pmatrix} -1 \\ -1 \\ -1 \\ -1 \\ -1 \\ -1 \end{pmatrix} = \begin{pmatrix} 2\,655 \\ 1\,369\,928 \\ 1\,196\,675 \\ 830\,724 \\ 25\,532 \\ 45\,038 \end{pmatrix}$$

进而得到 6 类网络传播平台“高考”舆情信息量预测值（表 2.9），据此，可以根据舆情信息量的多少，有针对性地制定网络舆情治理对策。

表 2.9　六类网络传播平台“高考”舆情信息量预测值

传播平台	论坛	微信	微博	网络新闻	网络报刊	新闻 APP
预测值	26 555	1 369 928	1 196 675	830 724	25 532	45 038

延伸思考

1. 针对网络舆情要素的交互问题，如何分析要素内部的多元交互机理（例如多主体并存、多事件并存等）？

2. 如何分析不同要素类型之间（例如主体与事件、主体与平台等）的交互机理？

3. 如何分析网络舆情系统内要素与系统外因素的交互机理？

第 3 章　网络舆情分类建模与预测

本章主要介绍网络舆情分类建模与预测，基于已有舆情数据进行建模，确定分类标准，据此对新数据的分类归属进行预测。包括以突发事件网络民意为例，运用朴素贝叶斯算法、支持向量机算法和 K- 近邻算法等分类算法，进行网络民意类型的分类识别；通过聚类分析、多项 Logistic 回归分析和判别分析，根据事件类型进行舆情特征的分类预测；通过聚类分析和判别分析进行反转网络舆情的分类预测；通过灰色关联分析和聚类分析，进行网络谣言的分类识别。针对具体舆情信息或事件，分类预测重在预判网络舆情要素的分类归属，属于微观预测。

本章要点如下。

3.1　网络民意分类预测

3.1.1　网络民意分类过程

大数据环境下的网络民意，是民意与新信息技术、传播技术、网络技术互联结合的产物，是民意通过新技术在网络空间的新表达形式，作为民意在网络上的特殊聚合体，集合了网络舆情中最多样化的利益诉求并日趋成熟，逐渐成为对政府决策具有重要参考价值的宝库。网络民意不同于网络舆情，网络舆情是庞杂的信息集合，而网络民意是网络舆情中针对公共事件或公共政策的具有共同倾向性和一定规模的观点和态度。准确识别网络民意,快速把握民意类型,是网络舆情治理的关键问题。

考虑到网络民意通常针对某一公共事件或公共政策,具有鲜明的指向性,因此在解决网络民意分类问题时,选择一类公共事件为例。由此,本节以突发事件民意为例,进行网络民意分类建模与预测。

3.1.1.1 突发事件民意形成过程

基于上文对于网络民意的理解,分析突发事件民意的形成过程。在大数据环境下,网民在突发事件发生后通过论坛、微信、微博和其他社交平台收集信息,并通过该社交平台发布或转发大量表达网民个人观点的文字、图像、视频和其他信息,同时由于网民主观因素和客观因素的影响,产生不同的网民情绪,众多民意相互影响、聚合、对冲,并与政府应急决策之间形成交互,如图 3.1 所示。

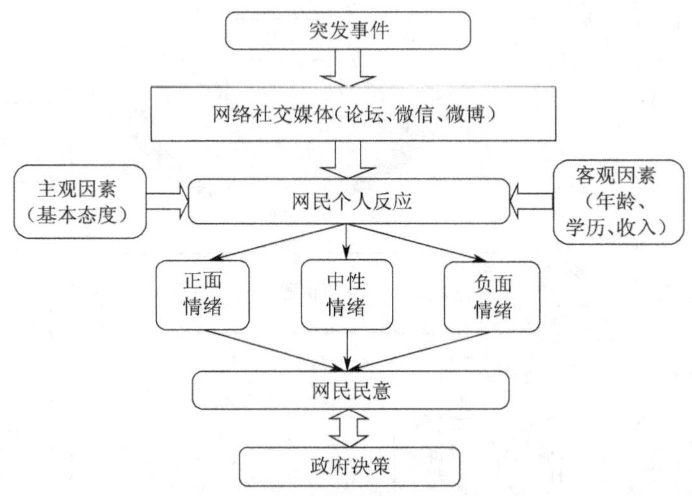

图 3.1 突发事件民意形成过程

3.1.1.2 突发事件民意分类形成过程

通过分析突发事件民意形成过程,可以将突发事件民意分类过程分为 3 个阶段:网络话题集结阶段、网络民众争辩阶段、网络民意归类阶段,如图 3.2 所示。

1)网络话题集结阶段

突发事件民意分类过程中首先要经历网络话题集结阶段,其主要包括两部分:第一部分是网络话题形成,第二部分是网络话题凝聚。

首先,网络话题根源于现实中的突发事件,突发事件发生后涉及的事件诱因、事件主体、事件类别、关联因素等都为网络话题提供了素材,网络话题就此形成[①]。

① 王来华 . 舆情研究与民意研究的差异性 [J]. 天津大学学报 (社会科学版),2009 (04): 336-340.

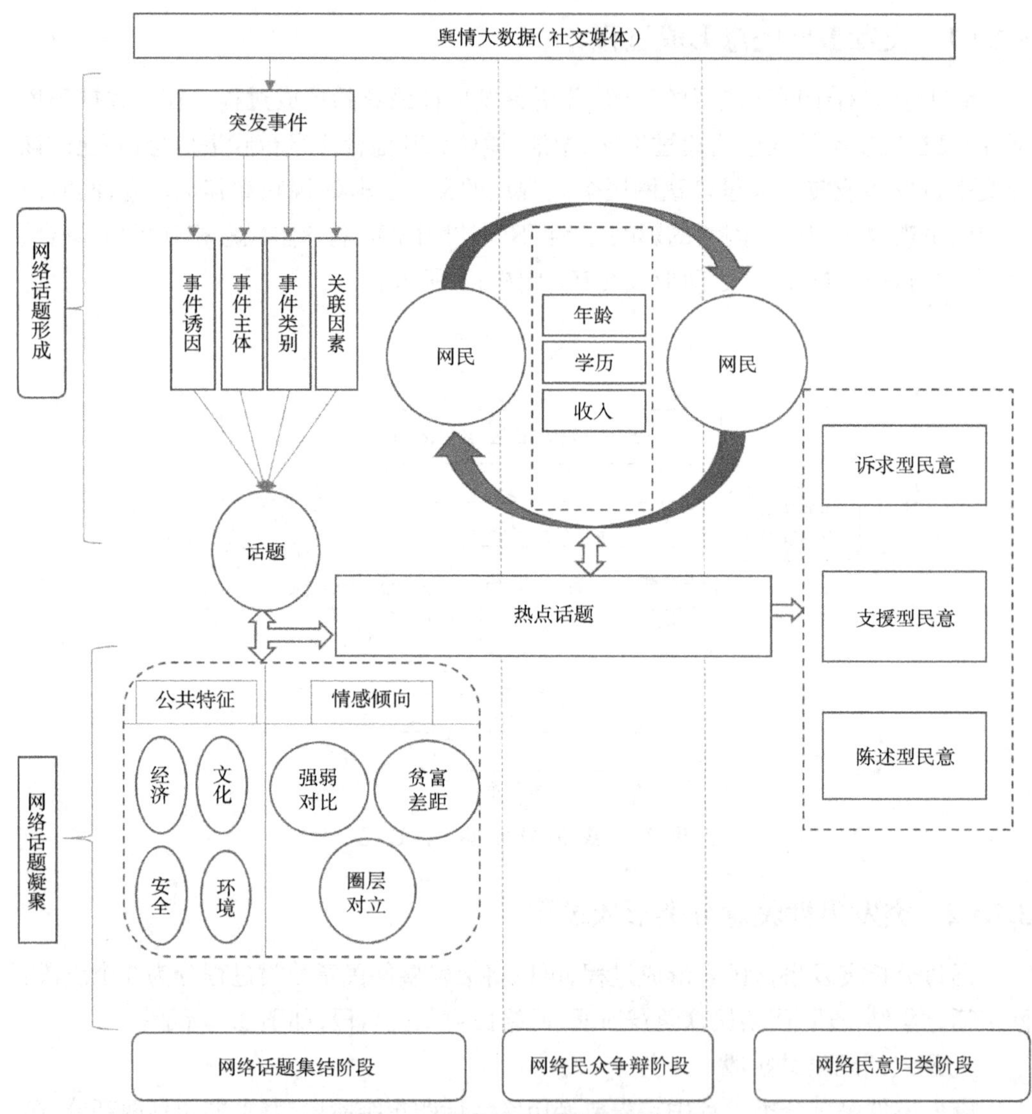

图 3.2 突发事件民意分类形成过程

其次，网络话题虽然形成了，但并不是所有的网络话题都能得到网民的关注，一是网络话题要具有公共特性。公共特性说明突发事件及其影响具有一定的普遍性，关系着经济、文化、环境、安全等公共利益，引发对社会公共问题的讨论。这样的网络话题，网民的关注度比较高。二是网络话题要具有强烈的情感倾向性。情感倾向性说明突发事件能够触动网民的情绪，使得网民能够引发情绪上的共鸣、同情等而关注事件①。一般这种情感的倾向性主要涉及社会的强弱对比、贫富差距、圈层对立等，然后经过发酵的情感就会上升到整个社会的公平正义、伦理道德等。在这一阶段明显的特征就是网民的回应一般没有经过理性化的考虑，情感表达的感性化和表面性比较突出。这一阶段的主要作用是筛选出公共热点话题。

2）网络民众争辩阶段

在网络话题集结阶段中，公共热点话题已经凸显，接下来对话题感兴趣的网民就会进行争辩。在网络民众争辩阶段，网民会从自身角度出发自由发表对热点话题的看法，表达自己的观点和态度，多种观点和态度呈现在网络公共空间中②。不同网民观点、态度的差异性致使在热点话题之间出现激烈的讨论和碰撞，进而不断涌现出新的网民观点和态度，并持续推动突发事件民意的演化。众多网民从多元视角、多种渠道提供有关突发事件的信息，并不断对信息进行质疑和探究，在这一过程中，突发事件的起因、过程、结果及其相关的方方面面都会展现出来，相应的热点话题不断深化和拓展，网民对突发事件的认识也会由浅及深，同时变得更加理性，网民发表的观点和态度具有较高的真实性和代表性。在这一阶段，一些虚假信息和不实言论失去网民的关注，产生去伪存真的效果③。

3）网络民意归类阶段

经过网络民众争辩阶段，突发事件民意演化趋于平稳。在此基础上，由于突发事件成因复杂、影响广泛等特性，以及网民本身的年龄、学历、收入等因素影响，网民会在不同层面、不同立场对突发事件进行考量，并根据突发事件发生发展情况表达自己的观点和态度，最后形成 3 种类型的突发事件民意：诉求型民意、支援型民意、陈述型民意④。

3.1.1.3　突发事件民意类型

按照突发事件民意与政府决策的互动关系，即民意对政府提出需求和民意满足政府需求，可以将突发事件民意分为诉求型民意和支援型民意。其中，诉求型民意是

① 何志武，陈呈．公共决策视域下的网络民意分析：主体性、科学性与倾向性 [J]. 电子政务，2020(02):66-75.

② 王连喜．网络舆情领域相关概念分布及其关系辨析 [J]. 现代情报，2019,39(06):132-141.

③ 王来华，林竹，毕宏音．对舆情、民意和舆论三概念异同的初步辨析 [J]. 新视野，2004(05):64-66.

④ 毕宏音．网络语言与网民社会心态的折射 [J]. 社科纵横，2007，22(03):151-152.

民众表达诉求，期望政府决策予以回应，是向政府提出需求。支援型民意是民众提出建议，对政府决策有支持作用，是满足政府决策需求。此外，还有一类民意不具有需求指向性，是民众客观陈述突发事件过程，是陈述型民意。由此，将突发事件民意分为诉求型民意、支援型民意、陈述型民意3类。

1）诉求型民意

诉求型民意是突发事件发生后，直接相关民众（即作为致灾因素或承灾载体直接参与突发事件过程，如自然灾害灾民、事故灾难受害者、公共卫生事件感染者等）和间接相关民众（即通过网络、媒体等参与、关注突发事件）借助网络平台表达需求、寻求帮助的信息。

诉求型民意可以分为物质诉求和精神诉求，包括救援资源诉求（物资救助、人员救助、心理救助、法律救助等）、信息公开诉求、调查处理诉求等。在突发事件发生发展的不同阶段（救援阶段、善后阶段、调查阶段），诉求型民意在寻求帮助、解决问题、起因调查等方面各有侧重①。对于诉求型民意，民意表达的重心多是希望得到物资的支持和精神的慰藉，所以负面的情感倾向很少，多为直接相关民众为自己寻求帮助的中性情感倾向和间接相关民众为受影响民众寻求救助、加油鼓劲等正面情感倾向。

2）支援型民意

支援型民意是民众对于突发事件应急管理的意见建议，例如对于救援方法的建议，对于救援资源的提供等。支援型民意主要是具有专业知识背景的网民发布的专业建议，对于政府应急决策具有支持作用，发挥着民间智库的作用。从挖掘突发事件民意情报的视角②，支援型民意可以理解为辅助政府应急决策的情报。在不同类型突发事件发生发展的不同阶段，支援型民意在智力支持、资源支持、技术支持、法律支持等方面各有侧重。对于支援型民意，民众的表达多是为政府应急管理提供专业建议、为突发事件受影响民众提供救助资源等，所以负面的情感倾向很少，多为帮助政府传达正能量、提供解决问题办法的中性情感倾向。

3）陈述型民意

陈述型民意是对于突发事件的描述性信息。民众通过网络平台对突发事件的时间、地点、规模、影响、政府及社会各方面应急措施等进行描述。这类民意的表达方式一般比较温和，会帮助不明情况的民众了解突发事件的起因、发展过程、处理结果等③，并从不同角度补充政府发布的信息。这类民意在达到一定程度后，有可能引发前两类民意的出现，提升突发事件的热度，促进突发事件民意的进一步演化。

---

① 托马斯．公共决策中的公民参与[M].孙柏瑛，译．北京：中国人民大学出版社，2014.

② 张宇．公共政策制定视域中民意有效聚合探究[J].贵州社会科学，2013(09):14-17.

③ 刘波亚，陈新汉．公共决策视域下的网络民意表达[J].贵州社会科学，2015(09):21-25.

对于陈述型民意，民众的表达多是对突发事件的起因、经过、结果的描述，其间夹杂着较多个人看法和情绪，包括对涉事主体的做法、民众对事件的反应、政府处理方式及应急措施的评价等，所以情感倾向中正面、负面和中性都存在，比较复杂。

3.1.2　网络民意分类建模

3.1.2.1　总体设计

依据上述突发事件民意分类，定义突发事件民意类型，构建突发事件民意语料库，对突发事件民意进行分类。以微博、贴吧、论坛等社交平台的网民在线评论数据作为数据来源，基于突发事件民意文本的特征，人工标注构建突发事件民意语料库，划分训练集和测试集，运用朴素贝叶斯算法（NB）、支持向量机算法（SVM）和 K- 近邻算法（KNN）3 类分类算法，构建分类器，得到突发事件民意分类结果。本节提出的突发事件民意分类模型的总体设计如图 3.3 所示，其中包含 3 个方面的工作。

（1）突发事件民意文本获取及预处理。文本数据是民意在网络上最直观的体现，通过网络爬虫自动爬取网民评论数据，并对其进行预处理，将其存储到数据库中。

（2）突发事件语料库的构建。构建突发事件民意语料库是对突发事件民意准确分类的前提，基于文献综述、数据分析、专家支持等得到诉求型民意、支援型民意和陈述型民意的特征，在此基础上对突发事件民意文本进行人工标注，构建突发事件民意语料库，为后续突发事件民意分类做准备。

（3）突发事件民意分类。在突发事件民意语料库的基础上，结合多种文本分类算法实现突发事件民意分类，并将分类结果和评价进行可视化处理。本模型应用的民意分类算法主要包括朴素贝叶斯算法（NB）、支持向量机算法（SVM）和 K- 近邻算法（KNN）。

3.1.2.2　构建语料库

以“突发公共卫生事件”为主题构建语料库。根据上文对于突发事件民意的分类标准，对这些民意文本进行分析发现，网民对于突发事件更多的是对事件过程的描述和对政府应对策略的评价，这些都属于陈述型民意，在总体数据中占主要地位；而诉求型民意和支援型民意作为两大特殊的民意类型，在总体数据中占次要地位。

基于上文突发事件民意文本数据的规律，对数据的人工分类流程应该为：首先专家团队对于数据较少的诉求型民意和支援型民意进行人工标注，划分类别，然后将剩余的民意文本数据归到陈述型民意这一类。根据这一流程人工标注后，对于民意文本数据进行初步统计，如图 3.4 所示。

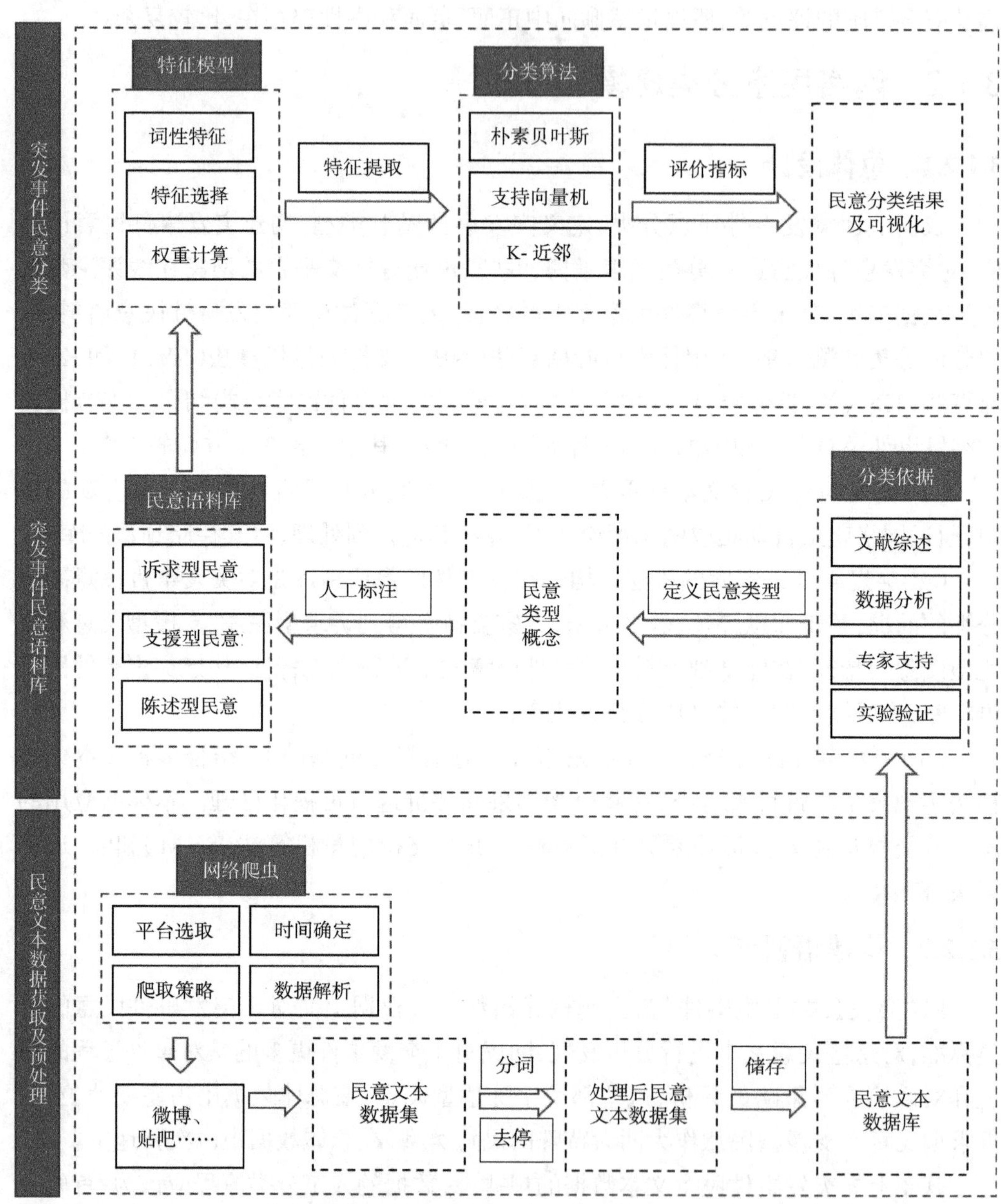

图 3.3 突发事件民意分类模型的总体设计

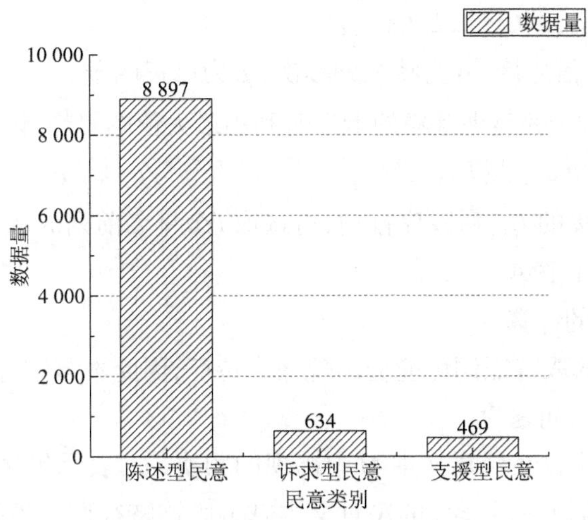

图 3.4　突发事件民意文本分布

3.1.2.3　特征提取

1)特征词选择

突发事件民意特征选择的目标是从原始的突发事件民意特征集合中选择最具代表性的特征子集。在文本分类领域中特征选择方法主要分为 3 类:过滤式特征选择(filtering)、融合式特征选择(wrapper)、嵌入式特征选择(embed)。其中过滤式特征选择方法,具有计算成本低、操作简便、分类效果好等特点,在文本分类领域中广泛应用。常见的特征词选择的算法有:卡方统计量(chi-square, CHI)、信息增益(information gain, IG)、文档频率(document frequency, DF)、期望交叉熵(expected cross entropy, ECE)等。

突发事件民意文本中陈述型、诉求型和支援型等 3 种类别间存在分布不均衡的特点,常规分类方法存在分类器向多数样本集倾斜的问题,并可能引发特征覆盖,针对这一特点,采用卡方统计量算法,并且引入特征词频度、修正因子、信息熵来改进卡方统计量算法。

假设突发事件民意语料库中训练集文本总数为 N,并设特定类别文本为 M、特征词为 t,包含 t 并从属于 M 的民意文本频次为 f_i,包含 t 但不属于 M 的民意文本频次为 f_j,不包含 t 但属于 M 的民意文本频次为 f_k,既不包含 t 也不属于 M 的民意文本频次为 f_0。传统的卡方统计计算公式为

$$\chi^2(t,M)=\frac{N(f_i f_0-f_j f_k)^2}{(f_i+f_k)(f_j+f_0)(f_i+f_j)(f_k+f_0)}$$

引入特征词频度、修正因子、信息熵 3 种概念改进的计算公式为

$$I_{\text{CHI}}(t,M)=\chi^2(t,M)\alpha E(t,M)\beta$$

式中$E(t,M)$为类内信息熵，α为特征词频次，β为修正因子。

计算特征词t对于完整训练集的卡方时利用最大值的思想，计算公式为

$$I_{\text{CHI}_{\max}}(t)=\max_{i=1}{}^{v}\{I_{\text{CHI}}(t,M_i)\}$$

得出整个训练集的I_{CHI}后降序排列，再选取i个排名前列的特征词来表示民意文本并构成最终的特征子集。

2）特征词权重的计算

运用I_{CHI}方法选取特征词可能会出现噪声特征，因此本节结合 TF-IDF 特征词权重计算方法解决这一问题①。

设T_F表示特征词t在民意文本M中出现的频次，D_F表示包含t的总民意文本数量，IDF表示反文档频率，包含t的民意文本越多则该特征词分类能力越差。IDF计算公式为

$$IDF(t_k)=\lg\left(\frac{N}{n_k}+l\right)$$

式中N为训练集民意文本总数，n_k表示包含t_k的民意文本数，l为设定的常数。TF-IDF 算法将词频与反文档频率相结合以弥补各自的不足，对计算公式进行归一化后可得公式为

$$P_{\text{TF-IDF}}(w_{ik})=\frac{\lg\left(\frac{N}{n_k}+l\right)T_{Fik}(t_k)}{\sqrt{\sum_{k=1}^{n}\left[\lg\left(\frac{N}{n_k}+l\right)D_{Fik}(t_k)\right]^2}}$$

式中w_{ik}为特征词t_k在民意文本M_i中的权重，n为民意文本M_i中特征词的数量。

3.1.2.4 构建突发事件民意分类模型

1）数据预处理

文本数据预处理过程主要是构建停用词表，再进行分词处理。首先，在停用词表构建过程中，充分考虑突发事件民意文本特点，并进行停用词剔除；其次，使用 LTP 分词系统，该系统具有语义、词法、句法、词频统计、词性标注等中文处理关键技术。结合突发事件民意文本特点，数据预处理流程如图 3.5 所示。

① 丁晟春，王小英，刘梦露．基于本体和加权朴素贝叶斯的网络舆情主题分类 [J]. 现代情报，2018,38(08):12-17,34.

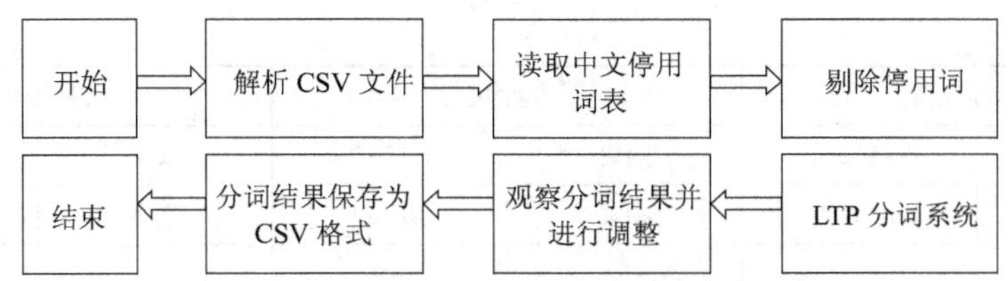

图 3.5　突发事件民意文本数据预处理流程

经分词系统处理后，可人工观察分词结果并进行适当调整。

2）特征词提取及表示

突发事件民意文本经过上文的分词处理后得到的民意词条数较多，规模较大，而且在进行突发事件民意文本数据处理后，消除重复的词条，整体词条数大幅下降，对随后采取的突发事件民意分类训练的准确率会有较大的提升，如图 3.6 所示。

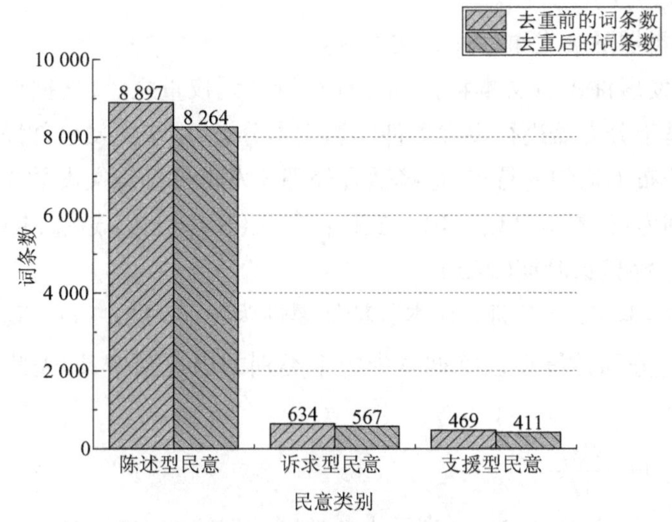

图 3.6　去重前后词条数对比

因此，结合 I_{CHI} 方法和 TF-IDF 加权算法对其进行特征词向量的选择和表示。根据上述方法处理后，取各类别文本排名前 5 的特征词，见表 3.1。

表 3.1　各类别排名前 5 的特征词

诉求型民意		支援型民意		陈述型民意	
特征词	TF-IDF	特征词	TF-IDF	特征词	TF-IDF
保护	0.153 3	加油	0.212 3	动态	0.124 5
请求	0.149 9	治疗	0.179 5	检测	0.114 7
求助	0.145 6	措施	0.132 3	原因	0.112 1

续表

诉求型民意		支援型民意		陈述型民意	
帮助	0.142 3	隔离	0.126 2	政策	0.096 3
上报	0.132 2	物资	0.124 1	规定	0.094 4
……	……	……	……	……	……

从表 3.1 可以看出，诉求型民意中“保护”“请求”“求助”等特征词最具代表性，符合该类型民意的特点；支援型民意中“加油”“治疗”“措施”等特征词排名靠前；而在数据量最大的陈述型民意中“动态”“检测”“原因”等特征词排在前列。总体来看，突发事件民意文本数据集中各类别排名前 5 的特征词没有出现交集。因此，使用改进的 TF-IDF 加权计算方法和 I_{CHI} 特征提取的方法选择突发事件民意文本数据集的特征词具有较好的区分性。

3）基于分类器的突发事件民意文本分类

在提取突发事件民意文本特征词并计算特征词权重之后，根据划分的训练样本和测试样本，基于分类器进行突发事件民意文本分类，由于突发事件民意文本具有数据规模较小、分布不均匀的特点，选择适合处理突发事件民意文本的 3 种分类器算法进行分类，分别为：朴素贝叶斯（NB）、支持向量机（SVM）、K- 近邻（KNN）。

分类器 1　朴素贝叶斯（NB）

已知训练样本 X，对于训练样本的特征属性为 $a_j(j=1,2,\cdots,m)$，其分类的类别为 $y_i(i=1,2,\cdots,n)$，分别计算在训练样本中每个类别的出现频率，即先验概率 $P(y_i)$，其公式为

$$P(y_i)=\frac{N(y_i)}{N}$$

在先验概率的公式中：$N(y_i)$ 表示为 y_i 类别的训练样本数；N 表示为训练样本中的总样本数。

然后计算得到在各类别下各个特征属性的条件概率为 $P(a_j \mid y_i)$；获取测试样本 x，计算 $P(y_i \mid x)$。假设各特征属性之间条件独立①，则运用贝叶斯定理进行公式推导，在测试样本 x 的条件下属于某种类别 y_i 的概率是后验概率 $P(y_i \mid x)$，公式为

$$P(y_i \mid x)=\frac{P(x \mid y_i)P(y_i)}{P(x)}=\frac{P(y_i)\prod_{j=1}^{m}P(a_j \mid y_i)}{P(x)}$$

如果 $P(y_k \mid x)=\max\{P(y_i \mid x)\}$，则 $x \in y_k$。

① MAITI S, SAMANTA D. Clustering web search results to identify information domain [C]. Process of the Emerging Trends in Computing and Communication. Springer, 2014: 291-303.

运用朴素贝叶斯分类算法，进行突发事件民意分类的具体过程如下。

输入：训练样本和测试样本；

输出：基于朴素贝叶斯分类器突发事件民意的分类结果。

①获取训练样本；②计算每个突发事件民意类别在训练样本中的出现频率 $P(y_i)$；③计算每个突发事件民意特征属性划分对每个突发事件民意类别的概率估计 $P(a_j \mid y_i)$；④获取测试样本；⑤突发事件民意聚合；⑥计算每个分类后验概率 $P(x \mid y_i)P(y_i)$；⑦以后验概率中最大的项作该类的x所属突发事件民意类别，完成突发事件民意分类。

分类器 2　支持向量机（SVM）

输入训练样本向量 $(X_i, y_i)(i=1,2,\cdots,N)$。$X_i$ 为 n 维样本数据，y_i 为样本标签；为了得到最优 Lagrange 乘子 a_i，引用二次规划方法来求解目标函数式的最优解；为了处理多分类问题，引入核函数 $k(X_i,y_i)$，得到判别函数式为

$$f(\boldsymbol{X}) = \operatorname{sign}(\sum y_i a_i k(X_i,X)+b)$$

左值 $f(\boldsymbol{X})$ 为其判别值，可得到偏差值 b；获取测试样本 Z，根据引用二次规划并训练好的核函数 k、Lagrange 乘子 a_i 和偏差值 b，最终运用最优判别函数公式来求解判别函数 $f(\boldsymbol{Z})$，判断突发事件民意类别。

运用支持向量机分类算法，进行突发事件民意分类的具体过程如下。

输入：训练样本向量和测试样本向量；

输出：基于支持向量机分类器的突发事件民意分类结果。

①获取突发事件民意训练样本；②确定核函数类型；③利用二次规划方法求解目标函数式的最优解，得到最优 Lagrange 乘子；④利用民意样本库中的一个支持向量 $\boldsymbol{X}$，将支持向量 $\boldsymbol{X}$ 代入判别函数式 $f(\boldsymbol{X})$，其左值 $f(\boldsymbol{X})$ 为其判别值，由此可得到偏差值 b；⑤获取突发事件民意测试样本；⑥反复训练后，根据训练好的 Lagrange 乘子 a_i、偏差值 b 和核函数 $k(X_i,y_i)$，并且运用最优判别函数公式求解判别函数 $f(\boldsymbol{Z})$；⑦根据 $f(\boldsymbol{Z})$ 的值，输出类别，完成突发事件民意分类。

分类器 3　K- 近邻（KNN）

已知训练集 A 的训练样本 a（a_1，a_2，$\cdots$，a_i），测试样本 B 的训练样本 $b(b_1, b_2, \cdots, b_i)$，a_i、b_i 分别表示对应的数据特征，最近邻数目 k，样本数据分类 t；对于样本不同特征，应该采取归一化处理，归一化所有的特征数据：

$$newValue = \frac{oldValue - min}{max - min}$$

然后计算各个训练集数据与测试集数据之间的距离：

$$d=\sqrt{\sum_{i=1}^{n}(a_i-b_i)^2}$$

按照距离的递增关系进行排序;选取距离最小的K个点;确定前K个点所在类别的出现频率$P(t_i)$;由频率最大值$P(t_j)$,取t_j作为分类结果。

运用K-近邻分类算法,进行突发事件民意分类的具体过程如下。

输入:突发事件民意训练样本A、突发事件民意测试样本B、突发事件民意样本数据的特征m、突发事件民意样本数据的分类t、最近邻数目k;

输出:基于K-近邻分类算法突发事件民意的分类结果。

①归一化所有的特征数据$newValue=\dfrac{oldValue-min}{max-min}$确保特征值取值范围为[0, 1];②计算已知突发事件民意类别样本数据集中的点与需要计算的点之间的距离;③按照距离大小进行递增排序;④选取距离最小的K个突发事件民意样本;⑤得出前K个突发事件民意样本数据所在类别的频率,并且输出频率最高的类别,完成突发事件民意分类。

3.1.3 案例分析

3.1.3.1 样本划分

在突发事件民意领域,由于没有通用的面向突发事件民意文本分类的实验语料库,为此采用人工标注组合通用训练集、测试集的方法。选取突发公共卫生事件的微博热门评论10 000条。根据上文的数据处理流程,将提取特征后的民意文本数据分为训练集和测试集两部分,训练集为6 000,测试集为4 000,并且根据突发事件民意文本的特征将突发事件民意文本数据分为:诉求型民意、支援型民意、陈述型民意,见表3.2。

表3.2 训练集与测试集文本数

民意类别	训练集	测试集	总计
诉求型民意	380	254	634
支援型民意	282	187	469
陈述型民意	5 338	3 559	8 897
总计	6 000	4 000	10 000

3.1.3.2　突发事件民意分类

1)突发事件民意分类流程

将民意文本数据样本划分为训练集和测试集之后,运用朴素贝叶斯(NB)、支持向量机(SVM)和 K- 近邻算法(KNN)3 种文本分类器进行分类,如图 3.7 所示,步骤如下。

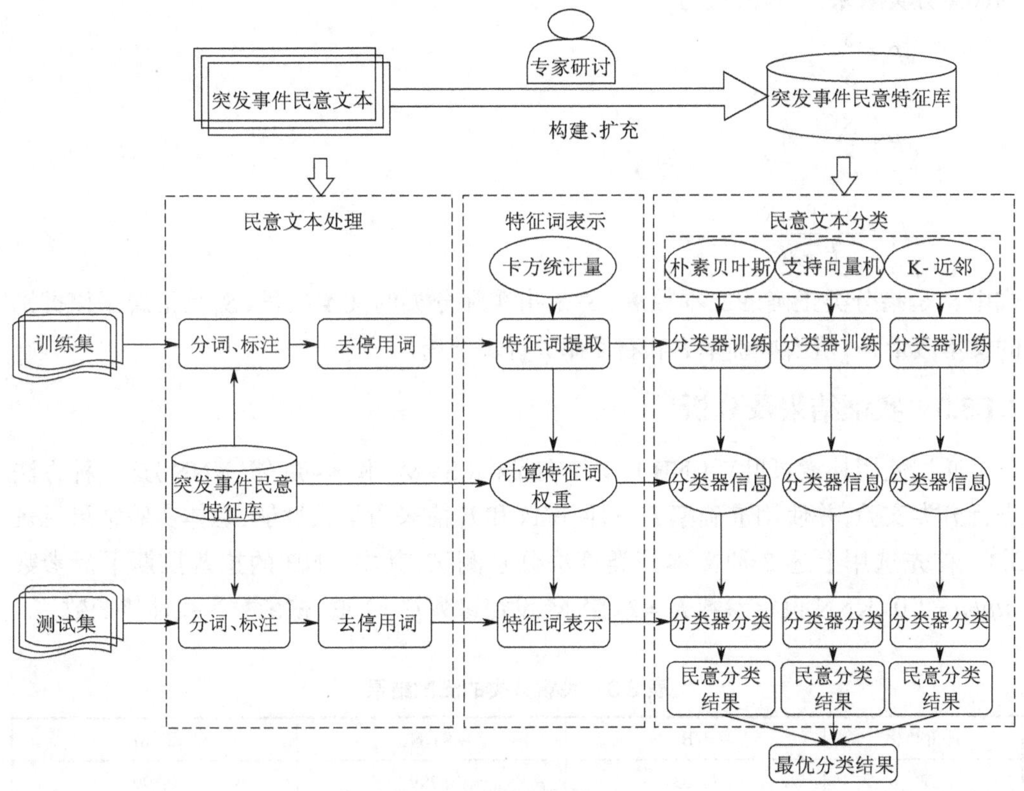

图 3.7　民意分类流程

(1)根据前期文献研读和专家研讨,构建、扩充突发事件民意特征库。

(2)将分好的民意文本的训练集和测试集输入。

(3)根据突发事件民意特征库将民意文本的训练集和测试集进行人工标注。

(4)对民意文本进行预处理:包括分词和去停用词,以去除对分类不起作用的噪声词语;对通用的分词系统进行改进,将突发事件民意的特定词语加入分词系统进行分词,以提高分词的准确率。

(5)对处理好的民意文本,提取特征词,计算特征词权重,进行特征词表示。

(6)分别使用朴素贝叶斯、支持向量机和 K- 近邻算法训练民意文本的训练集,构建基于上述 3 种算法的文本分类器。

（7）利用训练完成的文本分类器信息，对民意文本的测试集进行分类，从而得到 3 个分类器对应的分类结果。

2）评价指标

对于文本分类算法的评价指标，选用准确率 P 、召回率 R 和 F_1 值来评估实证案例的民意分类效果[①]，其公式为

$$P=\frac{S_r}{S_a}$$

$$R=\frac{S_r}{S_0}$$

$$F_1=\frac{2\times P\times R}{P+R}$$

式中 S_r 是指分类正确的文本数量，S_a 是指实际分类的文本数量，S_0 是指属于该类别的文本数量，F_1 值由准确率 P 和召回率 R 计算获得。

3.1.3.3 实证结果及分析

通过使用朴素贝叶斯（NB）、支持向量机（SVM）和 K- 近邻（KNN）这 3 种方法进行分类实验，并使用准确率 P 、召回率 R 和 F_1 值来衡量其性能，总体实验结果见表 3.3。首先选用上述 3 种文本分类算法分别测试，其中，NB 的拉普拉斯平滑参数 $alpha=1.0$ ，KNN 设定参数 $K=3$ ，SVM 设定参数 $C=100$ ，核函数为线性核函数。

表 3.3 民意分类的测试结果

评价指标	NB	KNN	SVM
P	0.763	0.799	0.890
R	0.755	0.750	0.876
F_1	0.758	0.735	0.878

由表 3.3 得出，SVM 分类算法的准确率达到了 0.890，召回率达到了 0.876，F_1 达到了 0.878，虽然 SVM 需要的训练时间较长，但 3 项分类评价指标都明显高于 NB 和 KNN 分类算法，SVM 分类算法明显比 KNN、NB 分类效果理想，而且 KNN 还要考虑 K 值的选取问题，分类效果的波动性较大。其次，绘制了 3 种分类算法在不同民意类别中的实验对比表和对比图，如表 3.4、图 3.8 所示。

① DI MARCO A, NAVIGLI R. Clustering web search results with maximum spanning trees [C] .Process of the Artificial Intelligence Around Man and Beyond. Berlin: Springer, 2011: 201-212.

表 3.4　3 种分类算法的民意分类结果

类别	准确率			召回率			F_1值		
	NB	KNN	SVM	NB	KNN	SVM	NB	KNN	SVM
陈述型民意	0.713	0.703	0.825	0.743	0.758	0.803	0.722	0.731	0.806
诉求型民意	0.802	0.803	0.883	0.809	0.816	0.853	0.807	0.812	0.873
支援型民意	0.824	0.813	0.907	0.817	0.821	0.899	0.815	0.811	0.894

由表 3.4、图 3.8 的实验结果可知：① 3 种分类算法对于诉求型民意和支援型民意的准确率、召回率和 F_1 值较高，都在 0.80 以上，因为描述诉求型民意和支援型民意的词语特征非常明显（例如："帮助""请求""治疗""措施"），更容易识别，所以诉求型民意和支援型民意的准确率、召回率和 F_1 值的评价指数较高，分类效果比较好。②在陈述型民意的语料库中，虽然民意特征词数量多，与其他两类突发事件民意语料库相比占整体的 88.97%，但是关键词的特征性不明显，例如"加油""求助"等，在诉求型民意和支援型民意的语料库中也都有出现，这些词汇不能很好地区别不同突发事件民意类别，分类效果不好。③ SVM 分类算法与其他算法相比评价指数最高，这是由于在突发事件民意分类中，由于突发事件民意语料噪声大、文本短、口语化严重等原因，NB 和 KNN 分类效果较差，处理远距离信息的优势发挥不明显，导致民意分类效果不理想，准确率、召回率和 F_1 值的评价指数远低于 SVM 模型，这说明对于突发事件民意分类这种细粒度分类，SVM 分类算法更为适合。

以上对比分析结果验证了本节通过建立突发事件民意语料库，运用朴素贝叶斯、支持向量机和 K- 近邻 3 类分类器进行突发事件民意分类的优势和可行性。其中，精确度最高的是支持向量机分类器，使用该分类器进行突发事件民意分类效果最好。此外，通过人工标注建立突发事件民意语料库，意味着突发事件民意语料库中含有的个人主观因素相对较大，但也更符合人性化需求。未来通过增大输入数据量，并根据民意文本数据的特点对分类器进行改进，将会获得更好的突发事件民意分类结果。

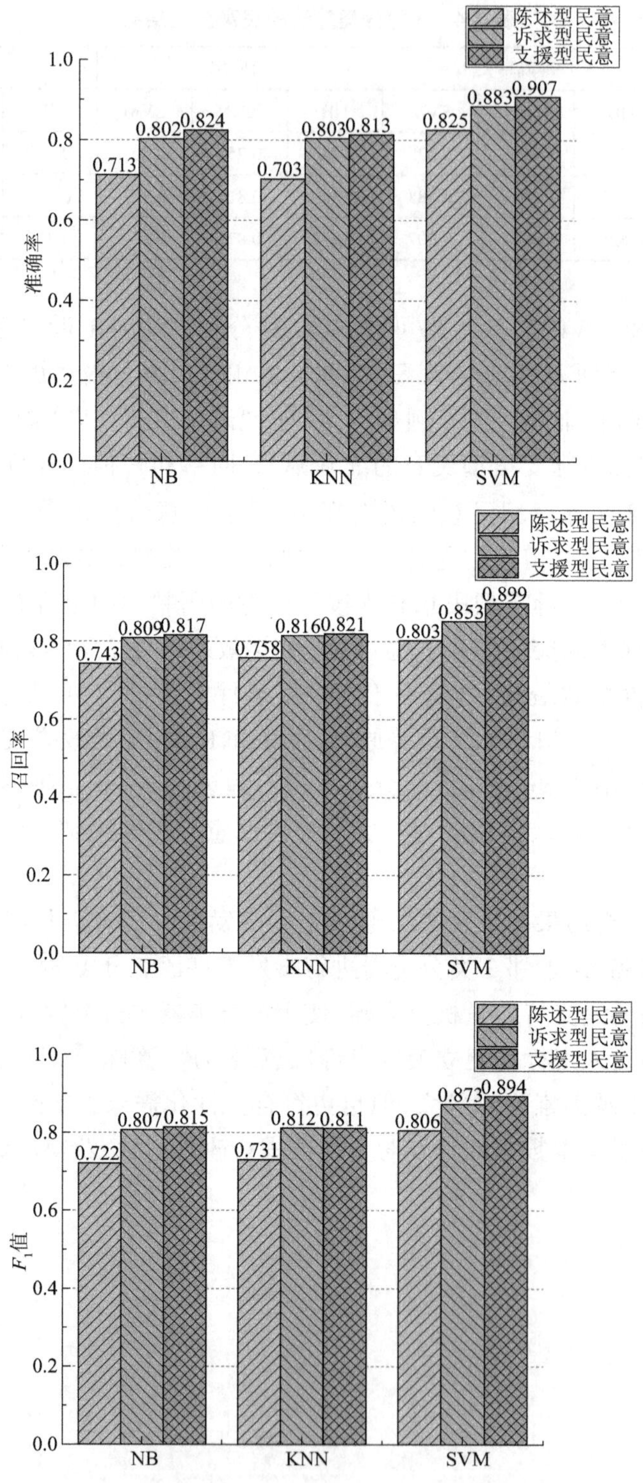

图 3.8　3 种分类算法在不同民意类别中的实验对比

3.2　网络舆情特征分类预测

网络舆情围绕一定的中介事项而产生并发展，不同类型的中介事项所引发的网络舆情亦存在不同特征。探求网络舆情事件类型与舆情特征之间的关系，在事发初期依据事件类型预测其未来可能的舆情特征，对于网络舆情治理具有重要意义。本节从事件类型和舆情特征两个维度建立多维分类体系，提高对舆情案例评价的全面性和客观性，并基于该指标体系对网络舆情的事件类型进行聚类分析，基于多项 Logistic 回归分析探求网络舆情事件类型与舆情特征的潜在联系，进而可以在舆情潜伏期的贫数据环境下，依据事件类型展开舆情特征的分类预测，实现于舆情微澜之时对可能产生的舆情风潮进行预测，以更好地把握舆情脉搏。

3.2.1　网络舆情特征分类因素识别

网络舆情传播规律符合 Logistic 曲线，按照该 Logistic 曲线增长率的变化，可以将网络舆情传播周期分为潜伏期、扩散前期、扩散后期、消退期。根据议程设置理论，网络信息更新换代迅速，仅有少部分议题被激活，从潜伏期进入扩散期。大部分议题在潜伏期中被稀释（其作用机理见图 3.9）。所以在舆情潜伏期的贫数据环境下，找到具有扩散潜能的舆情议题格外重要，将舆情演进简化为潜伏期与扩散期阶段，以事件类型和舆情特征两个维度为视角，全面考虑各阶段影响舆情发展的主要特征因素，构建分类指标体系。

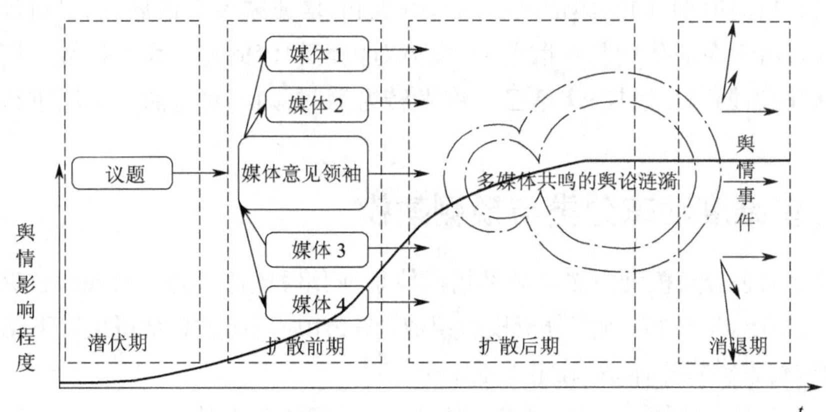

图 3.9　网络舆情演进过程展示图

3.2.1.1 潜伏期的事件类型维度

在潜伏期，网络舆情议题开始形成，网民公开发表或者转述网络议题，但是由于其他信息的不断推送，该议题如果没有得到一定程度的扩散则会消失。在生长阶段的网络舆情议题存活率很低，表明大量低能量的网络舆情被社会系统吸收掉，而具有社会普遍价值意义、真正为公众所关切的议题，才会在极短的时期内快速吸引网络使用者的关注，从而产生网络舆情。因此，潜伏期网络舆情能引起网民共鸣是网络舆情产生的关键。据此，提炼出事件特征维度，包括事件常态要素和事件异常要素两个特征。

3.2.1.2 扩散前期的舆情特征维度

在扩散期前期，网络舆情的影响范围不断扩大，信息增长速度较快。网络舆情的关注主体逐渐从边缘媒体过渡到主流媒体，某些事件已经引起主流媒体的关注，因而导致主流媒体在这些事件中成为意见领袖，不断影响其他外部媒体的注意，所以主流媒体能够直接影响其他媒体的关注方向、奠定舆情基本情感基调，最后这种媒体之间的共鸣使得舆情有了涟漪一样的溢散效果。所以在扩散前期，议题的演化决定了网络舆情放大的程度。据此，提炼出舆情特征维度，包括信息平台特征、信息叙述特征、信息传播特征 3 个特征。

3.2.1.3 扩散后期与消退期的舆情特征维度

在扩散期后期，舆情受众已经充分了解发酵的事件，并展开广泛的讨论和发表各自的观点。在消退期，网络舆情议题的影响饱和，增速减缓至最低，网民对议题的注意力耗散。由于在潜伏期与扩散前期，媒体对舆情的传播力度大于扩散后期与消退期，且在扩散后期与消退期，舆情已由爆发转为消散，则不对这两个阶段进行特征因素提取。

3.2.2 多维度动态分类与预测建模

多维度动态分类模型由多维分类指标体系、网络舆情案例库、K-means 聚类分析模型、多项 Logistic 分析、判别分析模型组成（图 3.10）。通过总结得出以下结论。

（1）构建聚类指标体系，确定关键指标。

（2）组建网络舆情案例库，将案例库案例的事件分类特征量化，并且使数据标准化。

（3）利用 K-means 聚类方法对事件类型进行聚类分析，观测其聚类结果，大体划分网络舆情事件类型，而后将划分的事件类型进行编码。

（4）将案例的舆情特征值量化，对网络舆情事件类型进行编码处理，即分为 1、2、3、4 等类。将该类别编码作为多项 Logistic 分析的自变量，将舆情特征维度下的指标作为因子，探求事件类型对各个舆情特征指标的影响，以此作为实时案例分类后的舆情特征预估值。

（5）结合实时案例进行实证分析，将实时舆情事件类型指标结合聚类分析所得分类进行判别分析。得到实时案例的事件类型后，观察实时案例是否具有预期的舆情特征。

（6）将实时案例的分析结果归类至案例库中，并依据新添加的数据特征来修正 K-means 聚类参数。同时可根据 K-means 聚类的凝结点提取新特征，完善和补充分类指标体系。

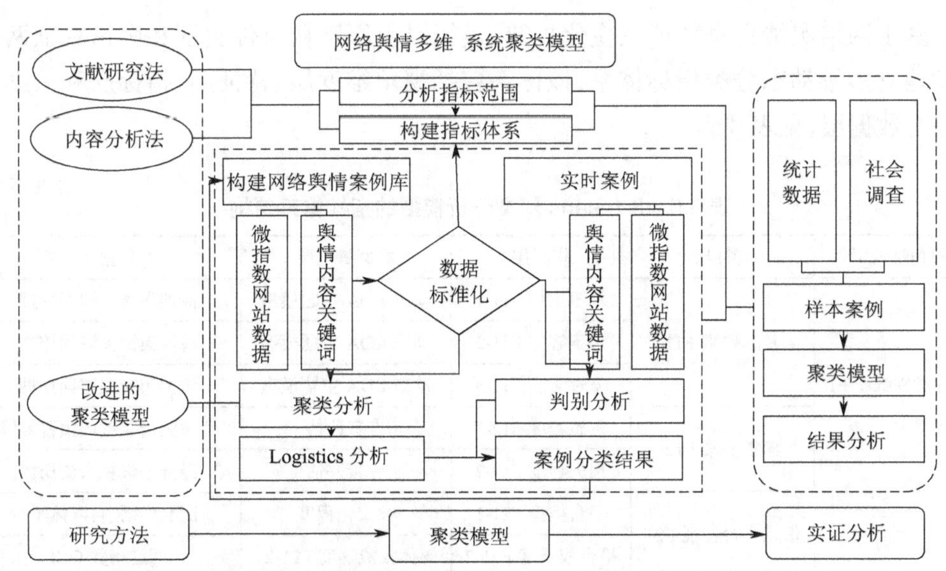

图 3.10 网络舆情多维 K-means 聚类模型展示图

3.2.2.1 多维动态分类指标体系

当前针对网络舆情的指标体系主要是从面向传播和面向内容两方面构建的。面向传播方面，有网络舆情安全评估体系（戴媛）、五维舆情监测体系（金兼斌）、网络舆情预警等级指标体系（吴绍忠）等。面向内容方面，有标准互联网舆情指数（赵旭东）、“十度”指标体系（谢海光）等。另外，较为权威的舆情软件针对不同平台、不同用户，也有自己的评估指标体系，如百度指数、新浪热搜排行榜、清博舆情指数、微舆情指数等。

目前，网络舆情的监测手段以全网搜索为主，虽然原始数据基本相同，但是舆情指标体系各异，导致舆情评估结果存在偏差，仍需根据舆情数据特质而综合不同指标所长，统一各种指标的度量方法。本节构建多维动态分类指标体系，从事件类型与舆情特征两个维度出发，结合前人研究与实时数据特征，将舆情特征细化成可以进行量化的 3 级指标来对特征内涵进行阐述。

1. 指标体系的特性

K-means 聚类分析模型是通过对网络舆情的事件特征、传媒信息特征和应对特征的各项指标进行分析评估，利用聚类分析将舆情案例库中收纳的舆情案例进行分类，并对各个特征进行描述。该体系应当框架完整，便于特征索引和新指标的补充，应当具有严密的科学性、简便的操作性、分类指标的针对性和体系的层级性。

2. 指标体系的结构

基于网络舆情自身特征及变化规律，遵循以上原则从事件类别和舆情特征两个维度建立多维动态分类指标体系，该体系包括视角维度层、特征层、指标层和数据量化层与数据层，见表 3.5。

表 3.5 K-means 聚类分析模型的指标体系结构

<table>
<tr><th>视角维度层</th><th>特征层</th><th>指标层</th><th>数据量化层</th><th>数据层</th></tr>
<tr><td rowspan="5">事件类别维度 F1</td><td rowspan="3">常态要素 F11</td><td>涉事主体 F11-1</td><td>动态 LDA 主题模型</td><td>清博舆情关键词挖掘</td></tr>
<tr><td>涉事客体 F11-2</td><td>动态 LDA 主题模型</td><td>清博舆情关键词挖掘</td></tr>
<tr><td>事件类型 F11-3</td><td>动态 LDA 主题模型</td><td>清博舆情关键词挖掘</td></tr>
<tr><td rowspan="2">异常要素 F12</td><td>敏感程度 F12-1</td><td>专家评估</td><td>清博舆情关键词预警等级</td></tr>
<tr><td>损失程度 F12-2</td><td>专家评估</td><td>经济损失和人员伤亡</td></tr>
<tr><td rowspan="11">舆情特征维度 F2</td><td rowspan="2">信息平台特征 F21</td><td>平台类型 F21-1</td><td>社交化程度</td><td>社交、广播、自媒体平台</td></tr>
<tr><td>平台权威度 F21-2</td><td>媒体权威程度 F21-21</td><td>网红指数 OCI</td></tr>
<tr><td rowspan="9">信息叙述特征 F22</td><td rowspan="4">媒体关注度 F22-1</td><td>普及率 F21-22</td><td>微指数用户（粉丝）总数</td></tr>
<tr><td>作品数量 F22-11</td><td>微指数平台累计发文量</td></tr>
<tr><td>热度排名 F22-12</td><td>清博平台热度排名</td></tr>
<tr><td>焦度 F22-13</td><td>清博舆情热度位次排名</td></tr>
<tr><td rowspan="2">网民关注度 F22-2</td><td>频度 F22-21</td><td>百度指数高相关词频搜索量</td></tr>
<tr><td>潜伏期耗散度 F22-22</td><td>百度指数高相关词频数量</td></tr>
<tr><td rowspan="3">信息异化度 F22-3</td><td>舆情突变度 F22-31</td><td>清博舆情热度位次排名</td></tr>
<tr><td>舆情反转度 F22-32</td><td>百度指数高相关词频数量</td></tr>
<tr><td>舆情衍生度 F22-33</td><td>百度指数高相关词频数量</td></tr>
</table>

续表

视角维度层	特征层	指标层	数据量化层	数据层
舆情特征维度 F2	信息传播特征 F23	舆情流通量 F23-1	网络分布度 F23-11	百度指数舆情发文总量
			时间分布度 F23-12	百度指数舆情持续时长
			地理分布度 F23-13	百度指数舆情讨论地区
		舆情流通率 F23-2	爆发强度 F23-21	百度指数舆情发文量变化率

3. 特征层指标的含义

1）事件常态要素

事件常态要素能够清晰阐述整个事件的基本方向。事件主体，包括主体的身份与影响力。不同主体的行为准则和社会容忍度不同。事件客体，主要是指事件影响的客体，包括人员、财产、群体利益等。事件客体中拥有一定的知名度或者相对较高的社会地位的人，在社会中所引起的关注程度越大。事件常态要素的主题模型采用常规的 LDA 主题模型来提炼主题，新浪、搜狐等门户网站也依据此模型将舆情信息归类，常见的类别包括经济生活、社会民生、公共管理、司法政治、科学文化、群体事件、地区、企业等。

2）事件异常要素

事件异常要素主要是指在事件常态要素的基础上，和同类事件比较找出其特征点。敏感程度，是指事件是否涉及当时的敏感问题，主要与事件政治环境有关。损失程度，指事件在社会上所引起的危害和损失，比如是否发生伤亡事件、是否造成财产损失、个人或企业的公众形象是否受到损害等。

3）信息平台特征

信息平台特征，主要描述某网络舆情爆发的环境特性。信息平台是网络舆情的引爆者，不同的平台有其不同的受众群体，其观点态度、影响能力为舆情扩散奠定基调。不同的平台类型功能不同，评价的方法不同，如广播类平台人际交互作用弱，根据互粉关系来测量舆情的人际网络关系则难以反映事实，社交类平台人际交互作用强，但是影响力受限，根据点赞量等测量舆情热度则失之偏颇。平台权威度主要是衡量平台影响力，媒体通过在行业内的领导效应和对粉丝的影响引导舆情，不同影响力的媒体对舆情的传播力度不同。

4）信息叙述特征

信息叙述特征是描述舆情质量的指标。信息叙述特征主要是从受众的角度描述公众所对舆情事件的关注程度与认知水平。从舆情关注度上看，商家炒作、媒体有意引导、网络推手等人为作用的存在，会造成不少舆情的虚热。从舆情内容上看，由于网络信息繁杂,网民情感倾向多变,所以容易出现衍生舆情、伪舆情与反转舆情。故从媒体、网民、舆情异化3个角度出发,构建媒体关注度、网民关注度与信息异化度3个指标。

5)信息传播特征

信息传播特征是衡量舆情传播规模、爆发速度的指标,重在描述已经形成的网络舆论环境的影响。很多传播行为是基于他人"传染"产生的,在某用户传播某信息时,如果网络上已经有了大量的类似信息,则其模仿这种转发行为的可能性提高。该特征应当包括舆情流通量与流通率两个指标,以及描述舆情传播规模、时间、地理范围、爆发强度的末级指标。

4. 指标赋值方法

末级指标量化对于指标体系建立的科学性、计算精确性、评价可靠性至关重要。对于网络舆情的数据量化层来说,性状变量可分为连续型变量、离散型变量中的有序多态变量和无序多态变量(表3.6)。不同类型的变量在定义距离和相似系数时有很大的差异,所以需要依据数据特征,对原数据进行标准化数据变换,才可进行下一步的聚类分析和Logistic分析。同时拥有多个测量数据的指标,还需要通过神经网络分析,确定各个数据权重,综合打分。

表3.6 网络舆情数据量化层指标数据类型表

指标名称	指标类型	指标名称	指标类型	指标名称	指标类型
涉事主体	无序多态变量	潜伏期耗散度	连续型变量	普及率	连续型变量
涉事客体	无序多态变量	舆情突变度	连续型变量	网络分布度	连续型变量
事件类型	无序多态变量	舆情反转度	连续型变量	时间分布度	连续型变量
平台社交化程度	有序多态变量	舆情衍生度	连续型变量	焦度	连续型变量
敏感程度	有序多态变量	爆发强度	连续型变量	地理分布度	连续型变量
损失程度	有序多态变量	媒体权威程度	连续型变量	热度排名	连续型变量

1)无序多态变量的LDA主题命名方法

事件类别视角下的F11-1涉事主体、F11-2涉事客体、F11-3事件类型3个指标的数据为定性数据,需要从舆情文本信息中提炼其关键词所属主题。利用LDA算法的信息可扩充性优势,将其和舆情的多维度信息特征结合在一起,对舆情信息中的关键词主题进行有效挖掘,最终对事件类型维度下的指标进行定性量化。流程图如图3.11所示。

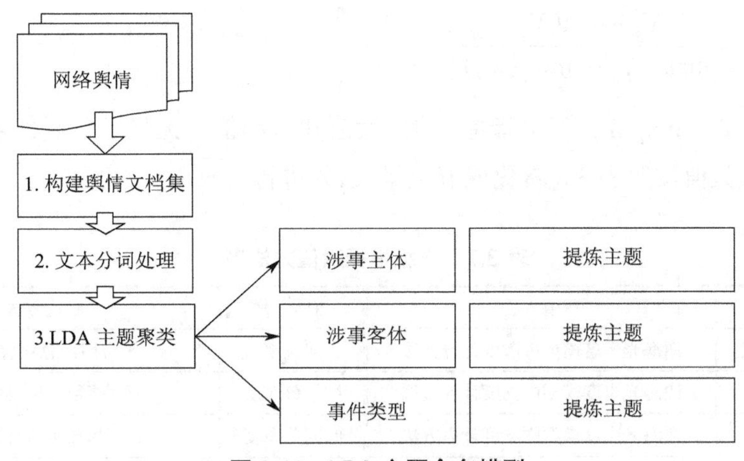

图 3.11　LDA 主题命名模型

步骤一,网络舆情信息的采集。利用网络爬虫技术,获得某舆情话题下,所有帖子的文本。步骤二,网络舆情信息的预处理。将广告等无关信息剔除,过滤掉过短的无效信息与表意不明的字符标点,最后对文本利用清博舆情等软件进行分词处理。步骤三,进行 LDA 主题建模。将分词后形成的语料库按照涉事主体、涉事客体、事件类型、反常程度 4 个方面进行 LDA 挖掘,找出每条舆情的关键词在此 4 个维度中所属类别,以及提炼该类别最恰当的名称。步骤四,将主题分类进行数字编码。

2)有序多态变量的专家调查方法

对于 F21-1 舆情平台的归类、F12-1 舆情敏感程度、F12-2 损失程度主要通过开放式问卷获得,开放式问卷主要采用五级量表形式对问题进行打分,最高为 5 分,最低为 1 分。例如,在计算 F12-2 损失程度时,问卷形式为:请问您认为 ××× 事件的损失程度如何:A. 低,B. 较低,C. 一般,D. 较高,E. 高。调查对象为专家。选项 A-E 编码为“1-5”。

3)连续型变量的计算方法

由于多项 Logistic 回归分析适用于多分类变量之间的关系计算,所以,为了便于计算而适当减少分类,将采用指标层的 6 个指标进行舆情特征分析。对于指标 F21-21 到 F23-21 中的 12 个末级所需采集的数据为连续型变量时,应对末级指标进行无量纲化,并转化成五级量表,以此来将各个舆情特征分为 5 档,分别编码为“1-5”,以便于计算。

首先,对于 F21-21 到 F23-21 中的 12 个指标按照表 3.7 中计算方法进行数值计算。其次,按照图 3.12 所示的权重计算比值,计算出上级指标 F21-2 到 F23-2 等 6 个指标的具体数值。再次,按照计算样本变量其平均值之差和标准差的比值的方法进行无量纲化。采用指标无量纲化的方法如下:

$$Y_{ij}=\frac{X_{ij}-\min(X_{ij})}{\max_i(X_{ij})-\min_i(X_{ij})} \quad (1)$$

式中，$\max_i(X_{ij})$,$\min_i(X_{ij})$评价指标j的最大值和最小值。无量纲化后的数值为 0 到 1 之间,将该数值按照表 3.8 转化成五级量表,并进行编码。

表 3.7 末级指标赋值方法表

指标名称	赋值方法	指标名称	赋值方法
潜伏期耗散度	谢海光十度模型中散度计算方法	普及率	平台用户总数、粉丝数
舆情突变度	谢海光十度模型中拐度计算方法	网络分布度	百度指数舆情发文总量
舆情反转度	谢海光十度模型中难度计算方法	时间分布度	百度指数舆情持续时长
舆情衍生度	兰月新舆情衍生率计算方法	焦度	谢海光十度模型中焦度计算方法
爆发强度	谢海光十度模型中热度计算方法	地理分布度	百度指数舆情讨论地区
媒体权威程度	网红指数 OCI	热度排名	百度热搜排名

表 3.8 特征指标五级量化表

数值	0~0.2	0.2~0.4	0.4~0.6	0.6~0.8	0.8~1
等级	低	较低	中	较高	高
编码	1	2	3	4	5

5. 权重计算

指标层 F21-2 到 F23-2 等指标具有多个数据,在预测中并非所用到的数据越多越好,而是需要找出能够反映研究对象本质的数据,所以需要根据数据特征依据权重进行取舍。选择 BP 神经网络方法,利用 BP 神经网络来确定各项指标的权重, 就是通过对已知样本的学习, 获得专家的经验知识及对目标重要性的权重协调能力,尽可能消除以往权重确定方法中的人为因素影响带来的漂移值。通过神经网络衡量权重测试问卷对 20 位专家进行调研,采用 Matlab 仿真中神经网络工具箱计算权重,其权重计算结果如图 3.12 所示。

3.2.2.2 事件类型维度层指标聚类分析

K-means 聚类方法有利于综合各种不同维度以获取各维度之间的关联程度,找出总体最优的分类方案,并且可以根据样本量的扩充而进行调整,从而使划分的标准更加清晰、明确。

1. 统计量的确定

聚类统计量是表示样本之间相似或者相关程度的度量单位，是聚类分析的基础，将表 3.9 中每个案例不同属性的观测值作为聚类分析中的聚类统计量。设有 n 个案例，X_1 到 X_5 为 F11-1 到 F12-2 等 5 项的观测值。

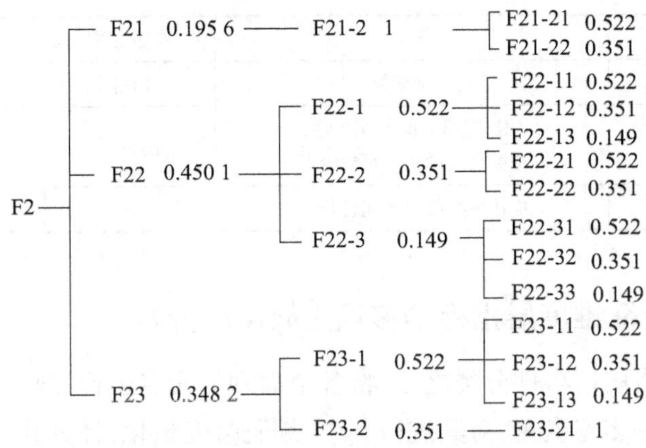

图 3.12　舆情特征指标权重计算表

表 3.9　样本事件类型指标

样本号	F11-1	F11-2	F11-3	F12-1	F12-2
1	X_{11}	X_{12}	X_{13}	X_{14}	X_{15}
2	X_{21}	X_{22}	X_{23}	X_{24}	X_{25}
⋮	⋮	⋮	⋮	⋮	⋮
n	X_{n1}	X_{n2}	X_{n3}	X_{n4}	X_{n5}
标准差	S_1	S_2	S_3	S_4	S_5

2. 输入层的运算参数设置

采用 SPSS1.8 版本进行聚类计算。第一步，应当将所有涉及的案例分析出对应的特征值，第二步对每项特征值进行量化，然后输入系统，采用 K-means 聚类的方法。参数设置见表 3.10。

表 3.10　聚类分析参数设置表

参数名称	设置	参数名称	设置
变量	所有特征值	聚类	个案
输出	谱系图、statistic	K-means 聚类分析	合并进程列表
图例	谱系图、冰柱图	处理方法	K 型聚类

3. 结果分析

在聚类分析后，对输出结果进行解读，将相关性大的属性进行合并，根据特征值确定谱系图的分类距离得出分类方案。各个参数含义见表 3.11。

表 3.11 聚类结果解读表

参数名称	含义	参数名称	含义
报告	运用展示聚类结果	冰柱图	呈现聚类趋势
proximity matrix	描述变量之间的相关性， 相关性大的指标可以合并	谱系图	描述聚类结果
聚类中心表	描述聚类结果各属性特征	—	—

3.2.2.3 舆情特征维度层指标的多项 Logistic 分析

在划分好网络舆情事件分类之后，将各个类别的命名进行编码，为 1、2、3、4 等组。该编码为无序多态变量，对其进行 0、1 编码哑变量化，计算其出现概率，所得数值为 0-1 之间。然后将其作为自变量，依次求其与 F21-2 与 F23-2 之间的相关关系。

1. 计算统计量确定

将表 3.12 中每个案例的舆情特征值进行五级量表转化后，作为多分类 Logistic 分析的统计量。设有 n 个案例，X_1 到 X_7 为 F21-1 到 F23-2 等 7 个指标的分类编码。

表 3.12 样本舆情特征指标

样本号	F21-1	F21-2	F22-1	F22-2	F22-3	F23-1	F23-2
1	X_{11}	X_{12}	X_{13}	X_{14}	X_{15}	X_{16}	X_{17}
2	X_{21}	X_{22}	X_{23}	X_{24}	X_{25}	X_{26}	X_{27}
⋮	⋮	⋮	⋮	⋮	⋮	⋮	⋮
n	X_{n1}	X_{n2}	X_{n3}	X_{n4}	X_{n5}	X_{n6}	X_{n7}
标准差	S_1	S_2	S_3	S_4	S_5	S_6	S_7

2. 输入层的运算参数设置

采用 SPSS1.8 版本进行多项 Logistic 计算。将所有涉及的案例分析出对应的特征值，进行量化，然后输入系统，采用多项 Logistic 分析的方法。参数设置见表 3.13。

表 3.13　Logistic 分析参数设置表

参数名称	设置	参数名称	设置
自变量	舆情事件类别	因子	舆情各特征值
进入	Enter	输出	平行性检验

3. 结果分析

在聚类分析后，对输出结果进行解读，将相关性大的属性进行合并，根据特征值确定谱系图的分类距离得出分类方案。各个参数含义见表 3.14。

表 3.14　聚类结果解读表

参数名称	含义	参数名称	含义
Classification table	正确率	Exp(B)	相关系数
sig	是否具有统计学意义	OR	因子重要程度

3.2.2.4　实时舆情数据的判别分析

判别分析主要通过分析事件的性质，采用科学的研究技术创建函数式，并对未知和待确认的事件进行预估，最终将它划分至可知的事件类别当中。建立网络舆情分类的判别函数对舆情治理不仅有理论上的指导作用，更有实际工作上的指导作用。

1. 统计量的确定

将实时案例的事件类型特征进行量化(表 3.15)，以每个案例不同属性的观测值作为判别分析的统计量。设有n个实时案例，X_1到X_5为 F11-1 到 F12-2 等 5 项的观测值。

表 3.15　实时案例数据的事件类型指标

样本号	F11-1	F11-2	F11-3	F12-1	F12-2
1	X_{11}	X_{12}	X_{13}	X_{14}	X_{15}
2	X_{21}	X_{22}	X_{23}	X_{24}	X_{25}
⋮	⋮	⋮	⋮	⋮	⋮
n	X_{n1}	X_{n2}	X_{n3}	X_{n4}	X_{n5}
标准差	S_1	S_2	S_3	S_4	S_5

2. 输入层的运算参数设置

首先,将实时案例事件类型特征值量化,记载于案例库中。其次创建“组别”变量,将案例库案例聚类分类结果依次命名为 1、2、3、4 等,将实时案例的组别设置为“*c*”,即空白变量,选择 Analyze-Classify-Discriminant。将分组变量组别送入 Grouping Variables,点击 Define Range,分别填入 1 和最大分组数,再将变量全部放入 Independents 框中。将实时案例的特征值选入 Selection Variable。选择 Classify。

3. 结果解读

在判别分析后,对输出结果进行解读,看新案例的所属类别。各个参数含义见表 3.16。

表 3.16 聚类结果解读表

参数名称	含义	参数名称	含义
案例及数据处理摘要表	有效处理哪些案例	类型结果矩阵	阐述聚类趋势
特征值表	描述分类方案的判别力	分类图	描述聚类结果
判别系数表	描述用于分析的判别系数	—	—

3.2.3 案例分析

3.2.3.1 数据样本与处理

随机选取人民网舆情案例库中 2013 年至 2016 年发生的 46 个案例,选取 41 个案例构建案例库进行聚类分析,并分析相关分类的舆情特征,对剩余 5 个案例进行判别分析,并通过观察其舆情特征来检验是否符合预期中的舆情特征。

3.2.3.2 特征值量化

为更加准确地对网络舆情事件进行分类,选择 LDA 模型对案例的主体、客体、事件类型进行主题词命名,对敏感程度、损失程度利用问卷调查法进行赋值,见表 3.17、表 3.18。

表 3.17 LDA 主题词命名表

指标	数据量化	编码
F11-1	导游、法官、检察官、教师、学生、企业、群众、人大代表、事业单位等	分别以 1-16 进行编码
F11-2	安全、教育、司法、医疗、执法等	分别以 1-11 进行编码
F11-3	法律、教育、社会	分别以 1-3 进行编码

表 3.18　问卷调查赋值表

指标	数据量化	编码
F12-1	采用开放式问卷，以五级量表形式对问题进行打分	分别以 1-5 进行编码
F12-2	采用开放式问卷，以五级量表形式对问题进行打分	分别以 1-5 进行编码

依据各个维度所有指标，将 41 个案例的事件类型特征进行赋值。具体赋值结果见表 3.19。

表 3.19　案例库各项特征值对应量化表

案例	F11-1	F11-2	F11-3	F12-1	F12-2	案例	F11-1	F11-2	F11-3	F12-1	F12-2
1	1	1	1	1	1	22	8	1	2	2	2
2	1	2	2	2	2	23	9	1	2	3	3
3	2	3	2	3	3	24	7	8	2	3	3
4	2	5	2	1	1	25	10	7	2	4	4
5	3	6	2	1	1	26	7	8	2	4	4
6	4	2	2	1	1	27	1	11	1	4	4
7	1	2	3	4	4	28	4	1	2	1	1
8	4	7	3	4	4	29	10	4	2	3	3
9	3	2	2	1	1	30	11	4	3	5	5
10	5	8	3	1	1	31	12	7	3	5	5
11	1	6	2	1	1	32	13	2	2	3	3
12	4	5	2	3	3	33	14	9	2	5	5
13	6	1	2	1	1	34	2	1	2	1	1
14	6	9	2	5	5	35	3	1	2	2	2
15	4	1	2	2	2	36	1	2	2	5	5
16	4	4	2	3	3	37	16	5	2	5	5
17	4	1	2	3	3	38	16	5	2	5	5
18	1	4	2	4	4	39	4	4	2	5	5
19	7	8	2	3	3	40	15	4	2	4	4
20	5	8	3	3	3	41	11	4	2	3	3
21	5	8	3	3	3						

3.2.3.3　多维聚类分析

将案例特征值输入 SPSS，进行分析。“变量”选择 F11-1 到 F12-2；“输出”选择谱系图、Statistic；“绘图”选择谱系图；“聚类”依据具体案例，“K-means 聚类分析”采取合并进程列表的方案，“聚类方法”则选取 K-means 聚类评估模型。为更直观地展示案例之间的相关程度，选取谱系图进行解读，以里斯距离 10 为网络舆情事件切分点，可以简要划分为 4 大类，结果如图 3.13 所示。将“A”“B”“C”“D”4 类分别编码为“1-4”。

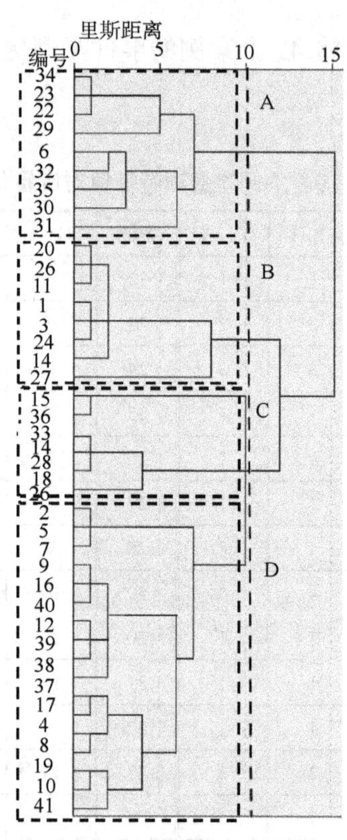

图 3.13　分类结果树状图

3.2.3.4　多项 Logistic 舆情特征分析

如表 3.20 所示，采集案例的舆情特征相应的数据，并对末级指标进行计算。由于便于计算的需要而适当减少计算指标数量，按照指标权重将末级指标换算成 F21-1 到 F23-2 等 7 个三级指标，对其进行数据标准化与无量纲化，输入 SPSS，进行分析。“自变量”输入前文计算得出的案例分类，“因子”选择 F21-1 到 F23-2。案例 1-41 末级指标计算所需采集的数据见表 3.21 和 3.22。无量纲化结果见表 3.23。由于样本量较小，在进行多项 Logistic 计算后，显著性不明显，不具有统计学意义，所以剔除 *sig* 值大于 0.05 的计算结果，得到舆情事件类型与舆情特征之间的关系。多项 Logistic 的分析结果中，*OR* 值是表示各个指标之间相关关系，*OR* 值大于 1，则为促进因素，小于 1 则为保护因素，例如事件类型 1 的 F21-1 的 *OR* 值为 1.135，则事件类型 1 对舆情特征 F21-1 的影响是其他类型的 1.135 倍，分析结果见表 3.24。

表 3.20　舆情特征赋值表

特征	采集数据	末级指标计算公式	指标权重计算	数据标准化	无量纲化
F21-1	参与讨论该舆情的平台数	—	1	将样本变量值除以该变量的最大值，所得数值为 0~1 之间	五级量表
F21-2	平台总发文量、有效用户量、原创量、评论量、点赞量	OCI 网红指数模型微指数粉丝量模型	0.522*F21-21+0.351*F21-22	计算样本变量、其平均值之差和标准差的比值。所得数值为 0~1	五级量表
F22-1	微指数累计发文量、清博平台热度排名、百度指数搜索量	谢海光十度模型	0.522*F22-11+0.202*F22-12+0.149*F22-13	计算样本变量、其平均值之差和标准差的比值。所得数值为 0~1	五级量表
F22-2	该舆情百度指数搜索量	谢海光十度模型	0.522*F22-21+0.351*F22-22	计算样本变量、其平均值之差和标准差的比值。所得数值为 0~1	五级量表
F22-3	该舆情百度指数搜索量	谢海光十度模型	0.522*F22-31+0.202*F22-32+0.149*F22-33	计算样本变量、其平均值之差和标准差的比值。所得数值为 0~1	五级量表
F23-1	该舆情的发文总量、持续时长、参与讨论省份数	—	0.522*F23-11+0.202*F23-12+0.149*F23-13	将样本变量值除以该变量的最大值，所得数值为 0~1 之间	五级量表
F23-2	该舆情百度指数搜索量	谢海光十度模型	1	计算样本变量、其平均值之差和标准差的比值。所得数值为 0~1	五级量表

表 3.21　案例 1-41 数据采集表

案例	发布平台	等级	类型	粉丝量	发帖量	案例	发布平台	等级	类型	粉丝量	发帖量
1	高骥中文网	4	4	3 710	3 251	22	苏州消防	1	1	15	11 616
2	记者张治中	1	4	3 346	4 757	23	国际在线新闻	1	2	4 140 000	29 852
3	甘肃网站备案	3	2	242	521	24	中国小康网	6	2	100 000	13 224
4	首都专家微博群	3	1	80	14 049	25	财经首席研究员	6	1	350 000	2 069

续表

案例	发布平台	等级	类型	粉丝量	发帖量	案例	发布平台	等级	类型	粉丝量	发帖量
5	重庆晨报	2	2	840 000	17 663	26	股金女王	2	1	27 879	11 514
6	中国新闻周刊	1	2	37 670 000	93 380	27	金鼎策略魔方	1	1	20 527	59
7	江苏新闻	8	2	2 780 000	82 933	28	古圣论今	1	4	427	1 352
8	南京零距离	3	2	3 460 000	59 521	29	水水刘轩	3	4	5 521	38 956
9	苏州微生活	1	2	810 000	17 753	30	四川公安	11	1	290 000	9 060
10	法制网	2	2	470 000	25 764	31	成都发布	2	2	6 320 000	60 681
11	现代快报	1	2	1 900 000	90 976	32	央视新闻	3	1	48 900 000	81 996
12	合肥生活通	1	2	180 000	4 682	33	个人	3	3	530 000	55 182
13	新浪江苏	1	2	820 000	38 293	34	辟谣与真相	1	4	350 000	23 120
14	个人	1	3	7 040 000	74 446	35	个人	2	3	8 479	10 127
15	浙江晚报	2	2	100 000	13 224	36	个人	2	3	5 350	2 540
16	华西都市报	1	2	4 020 000	140 921	37	新浪教育	2	2	4 500 000	27 438
17	新浪江西	4	2	52 000	27 810	38	北京晨报	7	2	3 238	1 338
18	个人	1	3	128	228	39	新浪司法	1	2	34 493	6 792
19	个人	1	3	10	17	40	中国新闻网	8	2	3 143	78 875
20	印象烟台	1	1	110 000	1 615	41	新浪股票	1	2	2 640 000	10 303
21	今日微博头条	2	2	45	74 075						

表 3.22 案例 1-41 数据采集表

案例	用户数	搜索量	转发量	评论量	点赞量	案例	用户数	搜索量	转发量	评论量	点赞量
1	236	418	138	1 555	587	22	42	195	1	0	9
2	710	1 827	2 994	21 798	12 475	23	76	926	15	15	42
3	93	208	370	95	1 404	24	366	1 254	10	69	15
4	261	244	624	4 073	2 641	25	60	104	15	29	66
5	116	1 577	37	129	88	26	22	2 995	88	95	188
6	76	2 339	163	481	315	27	15	92	53	26	102
7	480	852	3 899	8 594	11 457	28	69	165	1	5	10
8	36	1 075	46	76	20	29	291	301	67	22	297
9	64	1 570	9	18	7	30	744	396	46 235	67 014	66 234
10	54	753	13	23	12	31	957	860	82	798	138
11	71	1 049	92	137	73	32	50	1 975	1 618	8 917	4 042

续表

案例	用户数	搜索量	转发量	评论量	点赞量	案例	用户数	搜索量	转发量	评论量	点赞量
12	46	150	0	1 679	2	33	51	2 606	6 324	23 473	12 852
13	58	3 834	32	51	16	34	33	1 628	68	154	81
14	62	2 340	32	82	298	35	69	2 064	38	260	132
15	116	1 254	3	55	148	36	118	535	123	124	945
16	51	2 004	22	169	201	37	66	1 910	3 048	16 826	9 465
17	148	2 974	110	594	130	38	196	1 831	1 509	5 910 000	50 354
18	28	120	556	26	17	39	406	3 702	13	252	83
19	44	14	175	140	557	40	35	647	1 062	3 757	1 513
20	49	495	4 345	1 554	5 556	41	688	1 621	53	97	129
21	58	1 101	1 090	7 565	1 641						

表 3.23　案例 1-41 舆情特征赋值结果

案例	类别	F21-1	F21-2	F22-1	F22-2	F22-3	F23-1	F23-2	案例	类别	F21-1	F21-2	F22-1	F22-2	F22-3	F23-1	F23-2
1	4	5	5	5	1	3	2	3	22	1	4	3	2	2	1	2	1
2	3	5	5	5	5	4	5	4	23	1	4	3	2	2	1	2	1
3	2	3	3	4	5	5	1	5	24	2	3	3	4	5	5	1	5
4	3	5	5	5	5	4	5	4	25	4	5	5	5	1	3	2	3
5	4	5	5	5	1	3	2	3	26	2	3	3	4	5	5	1	5
6	1	4	3	2	2	1	2	1	27	4	5	5	5	1	3	2	3
7	4	5	5	5	1	3	2	3	28	4	5	5	5	1	3	2	3
8	3	5	5	5	5	4	5	4	29	1	4	3	2	2	1	2	1
9	4	5	5	5	1	3	2	3	30	1	4	3	2	2	1	2	1
10	3	5	5	5	5	4	5	4	31	4	5	5	5	1	3	2	3
11	2	3	3	4	5	5	1	5	32	1	4	3	2	2	1	2	1
12	3	5	5	5	5	4	5	4	33	1	4	3	2	2	1	2	1
13	4	5	5	5	1	3	2	3	34	1	4	3	2	2	1	2	1
14	4	5	5	5	1	3	2	3	35	1	4	3	2	2	1	2	1
15	4	5	5	5	1	3	2	3	36	4	5	5	5	1	3	2	3
16	3	5	5	5	5	4	5	4	37	3	5	5	5	5	4	5	4
17	3	5	5	5	5	4	5	4	38	3	5	5	5	5	4	5	4
18	4	5	5	5	1	3	2	3	39	3	5	5	5	5	4	5	4
19	3	5	5	5	5	4	5	4	40	3	5	5	5	5	4	5	4

续表

案例	类别	F21-1	F21-2	F22-1	F22-2	F22-3	F23-1	F23-2	案例	类别	F21-1	F21-2	F22-1	F22-2	F22-3	F23-1	F23-2
20	2	3	3	4	5	5	1	5	41	4	5	5	5	1	3	2	3
21	4	5	5	5	1	3	2	3									

表 3.24 多项 Logistic 分析结果

案例类型	特征	*OR*	案例类型	特征	*OR*	案例类型	特征	*OR*	案例类型	特征	*OR*
1	F21-1	1.135	2	F21-1	0.754	3	F22-1	9.876	4	F21-1	9.876
	F22-1	0.988		F22-3	3.135		F22-3	13.211		F22-1	6.462
	F22-2	0.990		F23-1	2.687		F23-2	4.578		F22-2	1.244
	F23-2	1.112								F23-1	17.541
										F23-2	11.258

3.2.3.5 结果解读

通过前文计算,将案例 1-41 简要分为 A、B、C、D 4 类,并通过多项 Logistic 分析其舆情特征。分析结果如下。

1)A 类

案例 33 为一类。该类舆情将涉事主体进行标签化吸引眼球,煽动网民情绪。根据表 3.24 分析结果,该类舆情对于特征 F21-1、F22-1、F22-2、F23-2 有统计意义,但是其 *OR* 值集中在 0.988~1.135 之间,表明该类舆情对舆情各个特征影响较小。此类事件由于故事性弱,缺乏持续的冲突对抗性,很少会有媒体继续跟进报道。于是迅速被其他同类事件冲击、代替,从而影响力下降,淡出网民视野。

2)B 类

案例 26 为一类。此类舆情具有较高的故事性,对其进行的深挖报道中,网民观点交锋,从而推动舆情愈演愈烈。根据表 3.24 分析结果,该类舆情对于特征 F21-1、F22-3、F23-1 有统计意义,其中 F21-1 的 *OR* 值为 0.754,表明该类舆情对于权威媒体的吸引力不强;F22-3 的 *OR* 值为 3.135,表明该类舆情异化程度较高;F23-1 的 *OR* 值为 2.687,表明该类舆情对网民有一定吸引力。此类事件的故事性、对抗性往往暗合某种社会现象,极易成为网民情绪的宣泄口,此类舆情在微博中形成争论焦点,在推动过程中形成临时性舆论领袖,得到大量点赞和回应,引起广泛讨论后被权威媒体重视,形成全民讨论。

3)C 类

案例 2 为一类。该类舆情主要描述某类社会冲突和带有争议的行为,使得该类舆情故事性强。根据表 3.24 分析结果，该类舆情对于特征 F22-1、F22-3、F23-2 有统计意义，其中 F21-1 的 *OR* 值为 9.876，表明该类舆情对权威媒体吸引力较强；F22-3 的 *OR* 值为 13.211，表明该类舆情异化程度高；F23-2 的 *OR* 值为 4.578，表明该类舆情爆发力度强。此类事件由于事态严重，权威媒体往往就此事件进行相关报道从而引发媒体共鸣，又因为此类事件富有争议性而余震不断，形成舆情排浪。

4）D 类

案例 2、26、33 为一类。该类舆情本身为重大公共事件，涉及面广，容易引起恐慌。根据表 3.24 分析结果，该类舆情对于特征 F21-1、F22-1、F22-2、F23-1、F23-2 有统计意义，其中 F21-1、F22-1、F23-1、F23-2 的 *OR* 值均在 5 以上，而 F22-2 的 *OR* 值为 1.244，表明该类舆情对媒体、网民吸引力都比较强，爆发力强，容易引起全国范围内较长时间的大讨论，而该类舆情异化程度较低，这种全网大讨论表达的情绪较为单一，舆情过后不易衍生。

3.2.3.6　判别分析

1. 案例简介

以人民网舆情案例库最新更新的 5 个案例为例进行判别分析。对该 5 个案例事件类型的各个指标进行赋值，见表 3.25。

表 3.25　案例事件类型赋值表

案例	F11-1	F11-2	F11-3	F12-1	F12-2
1	5	4	2	3	3
2	16	4	2	4	4
3	14	10	2	5	5
4	7	4	2	4	4
5	1	4	2	5	5

2. 判别分析

首先将 5 个案例的特征值输入 SPSS 软件，与前文所述分类后的 41 个案例进行判别分析。组别选择 4，将 F11-1 至 F12-2 输入自变量。判别方法中，描述关系选择单变量与均值，函数关系选择 Fisher。分类方法中，先验概率中选择所有组相等，使用协差方法中选择在组内。在判别分析结果中，以第 1 组为标准，4 组分类可以得到 3 组典型判别函数的方程系数与检验结果，以及分组变量的组中心坐标。最后把所得数据输出到 Excel 里制作散点偏好图（图 3.14）。

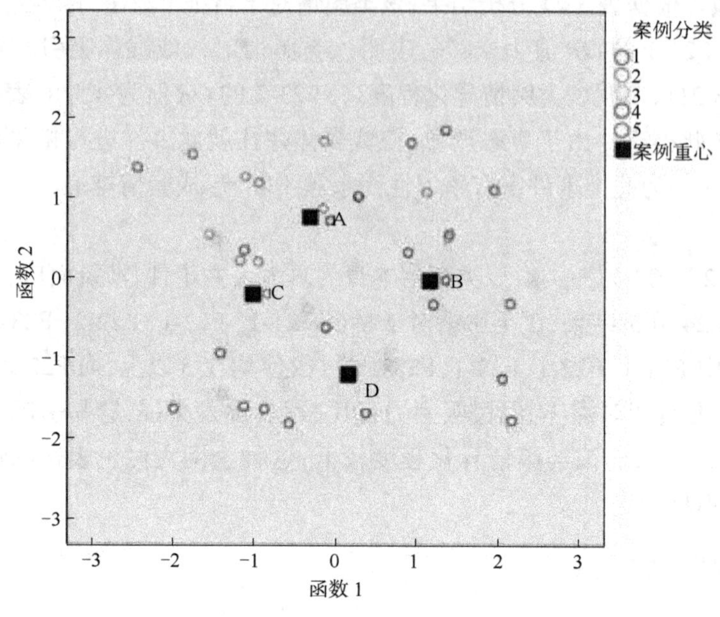

图 3.14 分类方案散点图

从图 3.14 中,可以看到 4 个组中心也就是案例类型,以及围绕着组中心的样本,案例大体上围绕着中心分布但不够紧密。其中,案例 1 属于 A 类舆情,案例 2 属于 B 类舆情,案例 4 属于 C 类舆情,案例 3、5 属于 D 类舆情, 5 个案例的舆情特征与 A~D 类舆情的预期特征大体相同,表明多维动态分类与预测模型对根据事件类型以预测其舆情特征有一定效果。

3.3 反转网络舆情分类预测

3.3.1 网络舆情反转影响因素识别

反转网络舆情是借助互联网传播的一种震荡型网络舆情,与一般性多次反复的网络舆情不同的是,网民对于此类网络舆情的是非判断较为极端,反转前后常出现反差巨大的评价。但是反转网络舆情是网络舆情的表现形式之一,符合网络舆情传播的基本规律。因此,从网络舆情的基本理论出发,识别反转网络舆情的影响因素。

识别网络舆情反转的影响因素就是辨识网络舆情在发生反转过程中存在的风险,通过等级全息建模(HHM)辨识风险是风险评估中常用的方法,它通过划分一个系统的层级，捕捉一个系统的内在特征和本质。对网络舆情反转现象的风险因素识别本质上就是对这一现象的发展过程进行分析和评价。

根据网络舆情的基本理论，网络舆情的基本组成要素包括主体、客体和本体，主体包括网民和当事主体，客体指事件，本体指舆论导向和公众情绪。从其生成机制看，网络舆情的引爆力量是推动舆情升温的重要因素。着眼于网络舆情爆发的初始阶段，通过案例分析反转网络舆情的发生特点。由此，借助 HHM 方法和网络舆情基本理论，识别网络舆情反转的三层五维风险要素如图 3.15 所示，同时将识别出的要素作为下文聚类分析的指标体系。

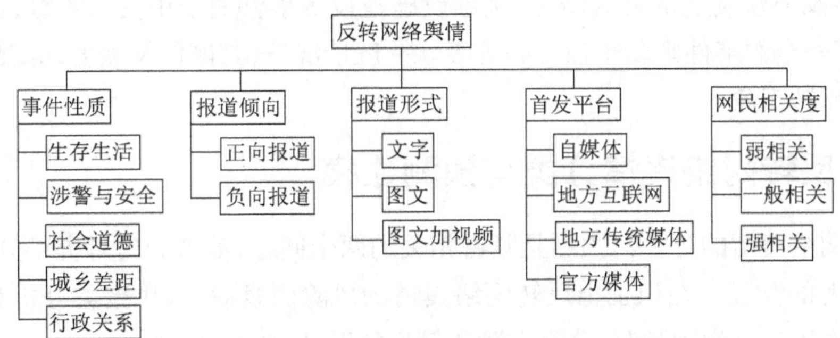

图 3.15　网络舆情反转风险因素识别的 HHM 框架

1）事件性质

事件性质即区分事件本身是否与公众生存生活相关，例如教育问题、房产问题、其他生活中经常遇到的情况等，是否涉及生命财产安全，例如公众非正常死亡、财产被欺诈等现象，是否属于行政纠纷，是否属于社会道德类的舆情，例如性别歧视等偶发特殊事件，或是城乡差距主题的舆情，例如触及城乡经济差距、文化素质差距的事件。事件性质的不同，影响着事件的复杂性，是影响事件本身是否发生反转和如何发生发展的潜在因素。

2）报道倾向

报道倾向指媒体报道的整体偏向。通过分析网络舆情反转事件，发现关于此类事件的媒体报道具有明显的情感偏向，引导着民众关注点的变化，因此，媒体报道倾向是影响网络舆情是否发生反转的重要影响因素，划分为正向报道和负向报道。

3）报道形式

报道形式用于描述首发网络舆情信息的传播方式，分为纯文字类、图文并茂类和图文加视频类。互联网和移动终端快速发展，其本身具有传播迅速、方式灵活的特点，因此公众越来越相信眼见为实，因此，“有图有真相”被公众奉为圭臬，而有“视频为证”的事件更是加强了公众对事件报道的信任。不少网络舆情反转事件的报道都利用了公众的这种心理，通过断章取义、制造伪假视图迷惑公众，从而引导网络舆情发展态势。

4）首发平台

首发平台是首发舆情信息出现的平台，包括自媒体平台、地方营利性互联网平台、地方传统媒体和官方媒体（含官方网络媒介）。以上4种平台由于权威性不同，因此对网络舆情是否会发生反转有较大影响。

5）与网民相关度

网民相关度是评价舆情事件与网民利益相关度的标准，普通社会现象属于弱关联等级，涉及公众利益的公共服务、基础设施建设等事件属于中关联等级，涉及公众生命、财产安全的事件则属于强关联等级。一般情况下，与网民关联度越高的事件越容易出现反转现象。

3.3.2 反转网络舆情分类与预测建模

反转网络舆情的分类与预测是紧密相关的两个问题，前者为后者提供分类依据，后者是前者的验证。在识别出反转网络舆情的风险因素后，采用聚类分析和判别分析法对样本进行分类和预测，分类和预测模型如图3.16所示。

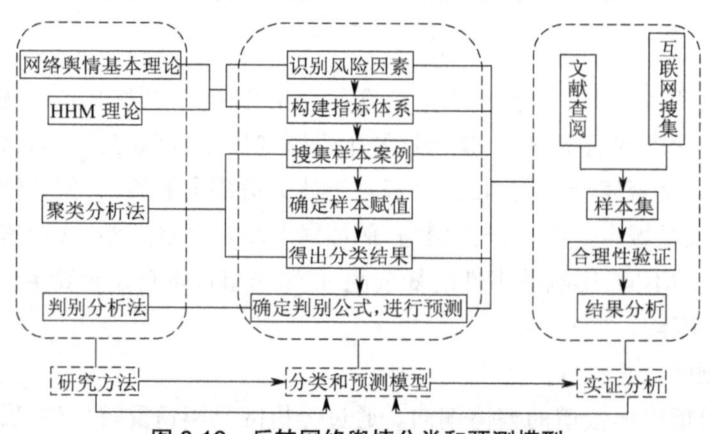

图3.16 反转网络舆情分类和预测模型

3.3.2.1 多维度聚类分析模型

系统聚类法可将反转网络舆情根据其不同的性质进行类别划分，其中Q型聚类是可以基于反转网络舆情观测记录（cases）进行分类的一种方法，根据末级指标的属性把性质相似的反转网络舆情案例分在同一个类，性质差异较大的则分在不同的类。由于数据样本均为实际观测案例，因此选用Q型聚类分析方法。

1)聚类统计量的确定

聚类统计量是表示样本之间的相似或相关程度的度量,是对样本进行分类的基础。将表3.26中每个案例不同属性的观测值作为聚类分析过程中的聚类统计量。

表3.26　样本指标

样本号	x_1	x_2	x_3	…	x_p	$x'_{(1)}$
1	x_{11}	x_{12}	x_{13}	…	x_{1p}	$x'_{(i)}$
2	x_{21}	x_{22}	x_{23}	…	x_{2p}	$x'_{(2)}$
⋮	⋮	⋮	⋮	⋮	⋮	⋮
n	x_{n1}	x_{n2}	x_{n3}	…	x_{np}	$x'_{(n)}$
均值	$\bar{x}_1$	$\bar{x}_2$	$\bar{x}_3$	…	$\bar{x}_p$	—
标准差	s_1	s_2	s_3	…	s_p	—

设$x_1,x_2,\cdots,x_p$为p个分类特征指标,则n个样本的观测值可表示为

$$\vec{x}_{(i)}=(x_{i1},x_{i2},\cdots,x_{ik},\cdots,x_{ip})';\ i=1,2,3,\cdots,n;k=1,2,3,\cdots,p$$

其中,x_{ik}表示第i个样本的第k个指标值。

2)距离计算

在系统聚类分析的计算过程中,拟采用离差平方和法对反转网络舆情案例进行聚类。离差平方和法思想源于方差分析,若分类得当,类内样本的离差平方和应该较小,而类间的离差平方和应该较大,因此该方法所做的聚类能够实现组间距离最大,组内距离最小,从而比较适合本节对指标分类的实际需要。

运用平方和距离计算反转网络舆情案例样本间距

$$d_{ij}^2=\sum_{k=1}^{p}(x_{ik}-x_{jk})$$

运用离差平方和法计算类间距离,设将n个反转网络舆情案例分成k类,记为$G_1,G_2,\cdots,G_k$,x_i^l表示G_L中的第i个样本,N_L表示G_L中的样本个数。其递推公式为

$$d_{ij}^2=\frac{n_r+n_k}{n_m+n_r}d_{rl}^2+\frac{n_r+n_l}{n_m+n_r}d_{rl}^2-\frac{n_r}{n_m+n_r}d_{kl}^2$$

3.3.2.2　基于案例的判别分析模型

判别分析是可以在反转网络舆情分类已经确定的条件下,根据待分类案例的各种特征值判别其类型归属的一种多变量统计分析方法。其原理是根据数据确定待定系数,形成判别函数,据此对样本进行归类。通过聚类分析对反转网络舆情分类后,

以此为依据，可根据样本数据进一步得出定量化的判别函数式，随后对要进行分类验证的反转网络舆情案例根据属性进行赋值，将数值代入反转网络舆情分类判别式，即可对新发生的反转网络舆情进行归类，以期为相关部门快速采取针对性强、效果显著的舆情应对措施提供帮助。此方法能较好控制舆情反转现象，防范舆情反转现象给社会带来的动荡和危害。

分类判别的关键就是采用一个合适的判别方法。反转网络舆情案例的赋值为名义标度，而 Fisher 判别法对数据分布没有特殊要求，其基本思路是投影，根据一个线性函数 $y(x)$;$y(x)=\sum C_jX_j$ 将 P 维空间中的点 $x=(x_1,x_2,\cdots,x_p)$ 降为一维数值，然后应用这个线性函数把 P 维空间中的已知类别总体以及求知类别归属的样本都变换为一维数据，再根据其间的亲疏程度把未知归属的样本点判定其归属。其判别函数为

$$Y=c_1x_1+c_2x_2+\cdots+c_px_p$$

其中 $c_1,c_2,\cdots,c_p$ 为采用 Fisher 准则得出的判别系数。对于待验证的反转网络舆情事件 $X^{(0)}=(X_1^{(0)},\cdots,X_{p1}^{(0)})'$，代入判别函数，求出其相应指标值

$$Y^{(0)}=\hat{C}^{'X^{(0)}}=\hat{c}_1X_1^{(0)}+\cdots+\hat{c}_pX_p^{(0)}$$

（1）若 $Y^{(0)}<\bar{Y}(1^*)$，判$X^0\in 1^*$(新1类);$\bar{Y}(1^*)\leqslant Y^{(0)}<\bar{Y}_c<\bar{Y}_c(1^*)$,判$X^0\in 1^*$(新1类);

（2）若 $\bar{Y}_c(g)\leqslant Y^{(0)}<\bar{Y}_c(g+1)$，判$X^{(0)}\in(g+1)^*$(新$g+1$类)，其中$g+1\leqslant G-1$;

（3）若 $Y^{(0)}\geqslant\bar{Y}_c(G-1)$,判$X^0\in$新$G$类。

3.3.3 案例分析

3.3.3.1 样本选取及赋值

从人民网选取 2014 年至 2016 年间 30 件具有代表性的网络舆情反转案例，利用 Q 型聚类方法进行聚类分析，划分网络舆情反转案例的类别，再根据分类结果，对 30 个案例进行判别分析，得出判别函数，最后选取另外 6 件案例进行实证分析。

使用个案聚类分析，列出的指标均为名义标度变量，其观测值仅代表不同状况、类别，无大小次序关系，采用编制序号的方式对每个案例的相关要素进行赋值，赋值依据见表 3.27。

表 3.27 赋值依据

分类指标	末级指标及赋值
事件性质	生存生活 1；涉警与安全 2；社会道德 3；社会风俗 4；行政关系 5
报道倾向	正向 1；负向 2

续表

分类指标	末级指标及赋值
报道形式	文字 1;图文 2;图文加视频 3
首发平台	自媒体 1;地方互联网平台 2;地方传统媒体 3;官方媒体 4
网民相关度	弱 1;一般 2;强 3

根据以上依据,对 30 个案例(D1-D30)进行赋值。见表 3.28。

表 3.28　案例赋值表

事件	X1	X2	X3	X4	X5	事件	X1	X2	X3	X4	X5	事件	X1	X2	X3	X4	X5
D1	1	2	2	1	2	D11	1	1	2	1	1	D21	2	2	3	2	3
D2	1	2	3	1	1	D12	5	2	2	2	3	D22	2	2	3	3	3
D3	4	2	2	1	2	D13	1	2	2	3	3	D23	1	1	2	2	1
D4	4	2	2	2	2	D14	2	2	3	1	3	D24	1	2	2	1	2
D5	5	2	3	3	2	D15	5	2	1	2	3	D25	3	1	2	3	3
D6	1	2	1	2	2	D16	1	2	1	2	1	D26	1	2	2	1	2
D7	1	1	2	2	2	D17	2	2	3	2	3	D27	1	2	3	2	3
D8	3	2	3	1	2	D18	3	1	2	1	2	D28	5	2	2	2	3
D9	2	1	2	2	2	D19	2	1	2	3	2	D29	2	2	3	2	3
D10	2	1	2	3	3	D20	3	2	3	2	2	D30	1	1	2	2	2

3.3.3.2　反转网络舆情的分类

1. 聚类分析过程及结果

使用 SPSS21 软件对以上数据进行聚类分析。根据表 3.29 的处理结果得出，30 个案例的赋值均有效。通过 Q 型聚类,采用平方 Euclidean 距离计算,得出树状图如图 3.17 所示。

表 3.29　案例处理结果

案例					
有效		缺失		总计	
N	百分比	*N*	百分比	*N*	百分比
30	100.0	0	0	30	100.0

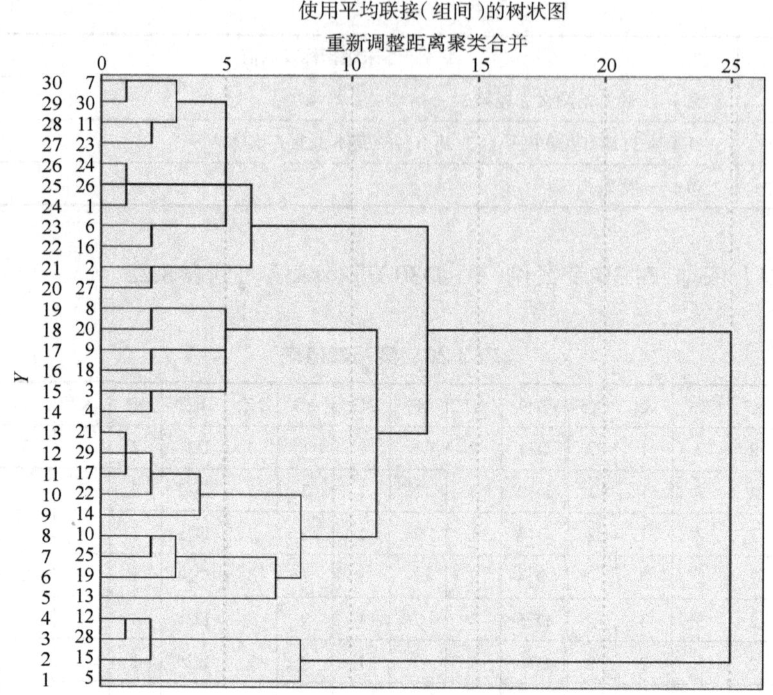

图 3.17　聚类分析树状图

根据树状图,将 30 个聚类案例分为 4 类,分类情况见表 3.30。

表 3.30　分类情况表

类别	事件序号
第一类	1.2、6、7、11、16、23、24、26、27、30
第二类	10.13、14、17、19、21、22、25、29
第三类	3.4、8、9、18、20
第四类	5.12、15、28

2. 命名规则及应对策略

依据聚类分析结果,将反转网络舆情分为 4 类,通过分析这四类舆情事件,给出各类反转网络舆情应对策略,为政府部门快速高效采取应对措施提供支持。

1)各抒已见类

经过分析,第一类反转网络舆情均发生于公众的日常生存生活中,是与公众日常生活息息相关、经常会遇到的事件,易引发公众就自己的所见所闻各抒己见。例如与子女教育有关的事件,老生常谈的“扶老人”问题,房价、房产等问题。

面对此类问题,要求媒体信息发布及时完整,涉事主体及时发声,普通网民理性求证。媒体记者要恪守新闻真实性原则与新闻专业性原则,保持一定的定力,超脱于浮躁的情绪之外,在发酵的新闻中坚持冷静思考。同时,在引用其他新闻时,要先进行求证,弄清因果再转发。还应积极查找新的证据确保新闻真实性,避免生搬硬套加“标签”以争噱头的行为,从而为公众提供客观积极的舆论引导。涉事主体均应迅速在互联网发声,讲述客观事实,避免一方先行讲述,另一方隔较久时间后再争辩的情形。普通网民面对此类舆情,应尽力避免将自己生活中遇到问题后的情绪带入事件本身,先理性求证,再发表观点。

2)严肃慎对类

第二类反转网络舆情事件涉及公众的生命、财产安全。具体来说,可以包括社会安全事件、公共卫生事件、事故灾难、自然灾害等,此类事件的危害性和公共性较强,与公众关联程度高且报道媒体的可信度较高。

此类事件均较敏感,应严肃谨慎对待。媒体在报道此类事件时,必须尊重客观事实,注重实地调查,不能刻意捏造“标签”“敏感词”来进行文学化的报道。由于此类事件通常有视频记录,警方、个人应负责任地及时公开全部视频,呈现事实真相。对于安全类事件,网民在关注此类事件的同时,要保持理性态度,要增强法制观念,同时注重用法律武器保护自己。此外,对于财产安全类的舆情事件,应当完善官方验真机制,例如通过社交平台募集钱款物资的事件,应当获得全国统一机构的认证许可。

3)戾气扩散类

第三类反转网络舆情事件通常具有刺激公众神经的引爆点,隐含社会发展过程中长期存在的问题,但是通常事实模糊不清,散发平台权威性差,与公众个人的关联程度不强。

此类事件突出表现社会矛盾,极易引发公众对社会矛盾进行抨击的情绪,成为社会戾气的出气口。媒体需避免望文生义,理性引导网民情绪,而非利用文字技巧夸大渲染社会问题。网民要正确认识社会发展过程中出现的问题,避免负面情绪的传染和极化。此外,此类舆情事件极易引发谣言,因此应加强法律手段,惩治谣言传播。

4)督错维权类

第四类反转网络舆情事件,从性质上看,多为涉及行政关系的事件,此外,还有一些社会影响力较小的个别案例也可归于此类,这些事件的热度通常不会持续太久,且一般不会在社会发展过程中重复出现,多属于督查事件主体行为错误,维护公众自身权利的事件。

此类事件涉及政府的公信力,行政机构和行政主体需首先及时作出关切声明,同时先行调查并进行情况处置,避免错误处置、矫枉过正。媒体在报道过程中,需秉持实事求是原则,承担社会责任。网民在面对此类事件时要防止出现以偏概全的情绪和心态,避免区域问题扩大化,个别问题夸张化。

3.3.3.3 反转网络舆情的预测

1. 样本判别

使用 Fisher 判别法,通过 SPSS21 计算得出降维结果,如图 3.18 所示,说明选取 Fisher 判别法进行数据归类可行。

根据上文聚类分析的结果,对 30 个案例进行判别分析。所选 30 个案例均通过验证,属于有效数据,见表 3.31。

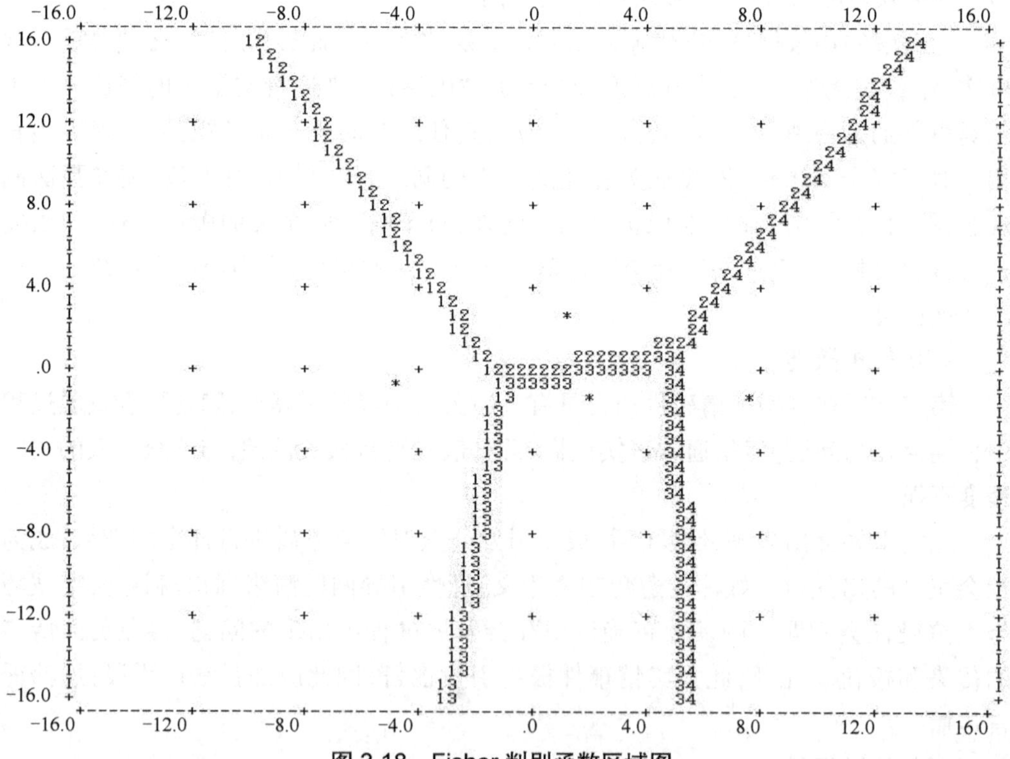

图 3.18 Fisher 判别函数区域图

表 3.31　分析案例处理摘要

案例		N	百分比
有效		30	100.0
排除的	缺失或越界组代码	0	0.0
	至少一个缺失判别变量	0	0.0
	缺失或越界组代码还有至少一个缺失判别变量	0	0.0
合计		30	100.0

通过 SPSS21 得出 Fisher 的线性判别式函数，见表 3.32，主要通过 Fisher 线性判别式函数来构建判别方程。理论上，如果知道某个案例在 5 个指标上的得分，就可以预估出该案例属于哪种类型的舆情。

表 3.32　Fisher 的线性判别式函数

分类	1.00	2.00	3.00	4.00
VAR00001	15.249	27.199	33.208	46.863
VAR00002	10.046	11.159	11.819	16.032
VAR00003	11.685	18.707	16.756	19.320
VAR00004	14.270	21.593	17.798	22.932
VAR00005	19.379	34.566	28.351	37.482
（常量）	−54.917	−139.619	−129.312	−231.234

根据表 3.32，得出判别式函数如下：

$$F_1 = 15.249X_1 + 10.046X_2 + 11.685X_3 + 14.270X_4 + 19.379X_5 - 54.917$$
$$F_2 = 27.199X_1 + 11.159X_2 + 18.707X_3 + 21.593X_4 + 34.566X_5 - 139.619$$
$$F_3 = 33.208X_1 + 11.819X_2 + 16.756X_3 + 17.798X_4 + 28.351X_5 - 129.312$$
$$F_4 = 46.863X_1 + 16.032X_2 + 19.320X_3 + 22.932X_4 + 37.482X_5 - 231.234$$

4 个判别函数分别代表 4 种反转网络舆情的分类，VAR00001-VAR00005 是 5 个影响因素，自变量前的系数为每个影响因素对每种反转舆情类别的影响力，从得到的判别函数可以看出事件性质是判别的最主要的因素，同时相对于其他的因素，报道倾向的影响比重最小。

2. 合理性验证

首先对已知案例（D1-D30）进行判别验证见表 3.33。

比照表 3.30 对 30 组案例（D1-D30）的分类结果，可知判别结果与案例实际情况完全相符。同时，根据组质心处函数得出分类图如图 3.19 所示。

表 3.33 已知案例判别表

事件	F1	F2	F3	F4	分类
1	56.822	38.037	35.624	−15.771	1
2	49.128	22.178	24.029	−33.933	1
3	102.569	119.634	135.248	124.818	3
4	116.839	141.227	153.046	147.75	3
5	158.043	208.726	220.808	236.865	4
6	59.407	40.923	36.666	−12.159	1
7	61.046	48.471	41.603	−8.871	1
8	99.005	111.142	118.796	97.275	3
9	91.544	102.869	108.019	84.855	3
10	109.944	131.829	120.96	98.406	2
11	27.397	−7.688	−4.546	−69.285	1
12	151.467	202.992	214.605	232.095	4
13	104.741	115.789	99.571	67.575	2
14	103.135	118.509	113.939	87.894	2
15	139.782	184.285	197.849	212.775	4
16	40.028	6.357	8.315	−49.641	1
17	117.405	140.102	131.737	110.826	2
18	91.544	102.869	108.019	84.855	3
19	90.565	97.263	92.609	60.924	2
20	113.275	132.735	136.594	120.207	3
21	117.405	140.102	131.737	110.826	2
22	131.675	161.695	149.535	133.758	2
23	41.667	13.905	13.252	−46.353	1
24	56.822	38.037	35.624	−15.771	1
25	125.193	159.028	154.168	145.269	2
26	56.822	38.037	35.624	−15.771	1
27	63.398	43.771	41.827	−11.001	1
28	151.467	202.992	214.605	232.095	4
29	117.405	140.102	131.737	110.826	2
30	61.046	48.471	41.603	−8.871	1

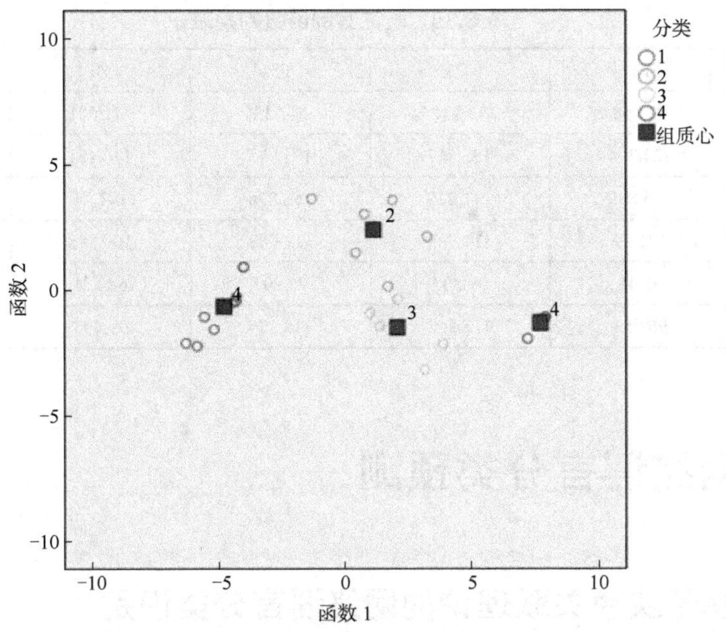

图 3.19　典则判别函数图

由图可知，4 类样本案例均围绕 4 个组质心分布，说明该分类方案较为合理，可以依据以上判别式对新发生的舆情反转事件进行分类。

3. 实例预测

通过 6 组其他网络舆情反转案例对判别结果进行验证。对 6 组验证案例（D31-D36）的打分赋值见表 3.34。

表 3.34　验证案例打分表

案例	X1	X2	X3	X4	X5
D31	1	2	3	2	1
D32	5	2	3	2	1
D33	4	2	2	2	2
D34	3	2	2	2	2
D35	2	2	3	2	1
D36	3	1	2	1	3

将每组案例数值带入 4 组函数进行计算，得出结果见表 3.35，事件类别属于计算结果最大的那一类。

表 3.35 验证案例函数判别表

案例	F1	F2	F3	F4	类别
D31	63.398	43.771	41.713	-11.001	第一类
D32	124.394	152.567	174.545	176.451	第四类
D33	116.839	141.227	152.896	147.75	第三类
D34	101.59	114.028	119.688	100.887	第三类
D35	91.45	99.802	96.997	68.574	第二类
D36	96.653	115.842	118.386	99.405	第二类

3.4 网络谣言分类预测

3.4.1 基于灰色关联理论的网络谣言分类识别

3.4.1.1 灰色关联理论与网络谣言识别

在灰色系统中,对于多个不同的系统而言,它们的影响因素数据随着空间、时间等的不同而动态变化,为了更好地分析各个系统彼此间的关系,需要将抽象的系统量化、模型化处理。灰色关联分析理论是灰色理论研究方法的一个分支,它认为多个系统间随着因素指标的量值不同,它们的变化趋势也不同,而它们之间发展变化的趋势相似程度称为"关联度"。灰色关联分析的基本思想是通过将各个系统的离散的值转为连续的曲线,根据序列数据的几何曲线的相似程度,判断其关联的紧密程度[①],如图3.20 所示:a、b、c 分别为三条数据量度曲线。以 a 为参考数列,b、c 为比较数列为例,在一定范围内 a、b、c 三条曲线递增区间和递减区间大致是相同的。通过灰色关联分析法可以得出 a、b、c 三者的关联程度,进而分析 a、b、c 三条曲线的关系。

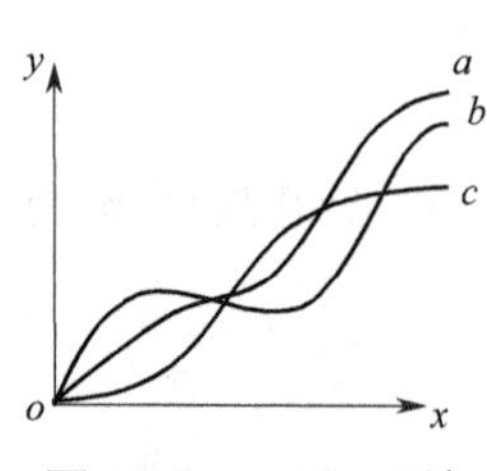

图 3.20 a、b、c 系统数据曲线图

网络谣言事件的产生是由多个因素共同作用生成的,每个网络谣言事件在相同的因素作用下具有关联性,通过将具有网络谣言倾向的事件与参考数列进行比较,得出网络谣言事件比较数列与参考数列的关联度的大小,可以将网络谣言事件进行识别分类,确定网络谣言事件等级,有助于相关部门在网络谣言监测中依据严重程度及时采取合理的应对措施。运用灰色关联分析进行网络谣言分类识别,根据现有的信

① 邓聚龙. 灰色系统基本方法 [M].2 版. 武汉:华中科技大学出版社,2005:13-15.

息条件,可以解决在概率统计方法中因数据样本少、数据分布散、非线性、数据规律性不强等因素导致的分析结果与实际不符等问题。

3.4.1.2　网络谣言分类识别因素分析

准确判断识别因素是网络谣言识别的关键,借鉴已有研究,按照范围广、种类全的原则,选取 54 件引发网民热议和关注,造成一定社会影响及损害的网络谣言案例,构建谣言案例数据库,涵盖社会民生、社会矛盾、公共安全等谣言易发高发领域,从话语分析、谣言认知等多角度对网络谣言识别因素进行分析,建立网络谣言识别因素层次全息模型。其中网络谣言为目标层,网络谣言主体、性质和效应为活动维度层,识别因素为主题层,将网络谣言的识别因素归纳为:信息来源、信息量、互文性、模糊性、暗示性、攻击性及破坏性。如图 3.21 所示。

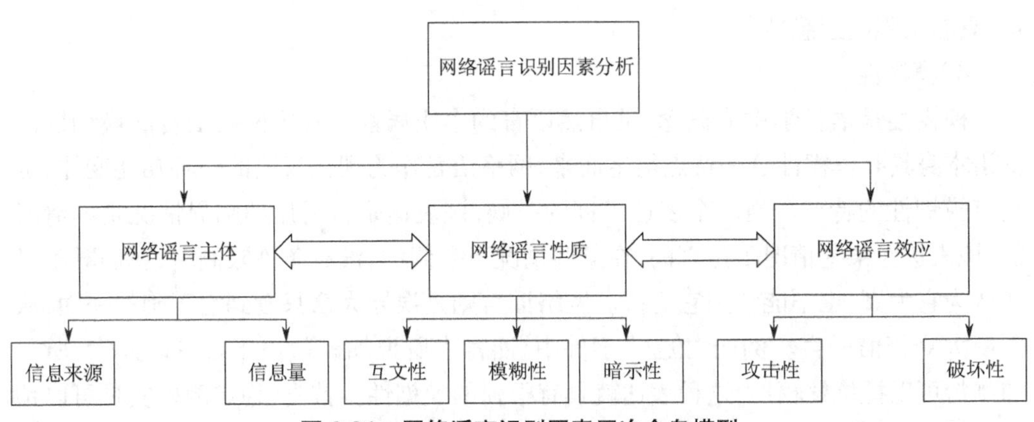

图 3.21　网络谣言识别因素层次全息模型

1)信息来源

通过对案例库中 54 件谣言信息来源的分析可知,网络谣言的主要来源渠道为微博、微信、论坛等网络社交平台。在谣言文本中常冠以国内国际报刊、媒体或网站,甚至是国内国外官方或非官方权威机构组织的名称等,其目的在于假借权威媒体、官方机构组织、知名人士的名义及语气口吻,增强谣言的真实性与可信度。对信息来源本身而言:一方面实名认证的微博、微信及论坛等仅是相关组织机构信息发布的一种渠道,而绝非唯一渠道;另一方面网络谣言重灾区的微博、微信及论坛账号与网络谣言所指事件本身、事件处理职能权限等往往不具备可靠的关联性。

2)信息量

信息量是重要的网络谣言识别因素之一,它包括显性信息量和隐性信息量。显性信息量是直观可见的,包括音频、图片、视频等网民通过网络谣言事件直观获取的资料。而隐性信息量需要网络谣言受众通过联想、推理等方式间接获取,它通常指的是网民由网络谣言事件引申到其他事件的信息,需要网民加以分析研究获取。网络谣言为了引起关注,通常会将大量的信息量加入网络谣言事件中,引导网民认知,达到造谣诽谤的目的。

3)互文性

互文性是主体间的表现形式,反映了主体之间的对话互动。网络谣言的互文性主要是指网络谣言与其他相关新闻报道等文本的关联程度。分析网络谣言的互文性主要从互文表现的两方面,即转述语和仿拟入手。通过仿拟来增加谣言的猎奇性,吸引大众的目光,同时又使用直接转述语来增强谣言的真实感,但是这些直接转述语通常为断章取义的转述或者直接为无中生有的话语,同时也无法保证其消息来源是否可靠。例如某些西方媒体为了达到其特定宣传目的,通常引用个别普通参与者的话语进行报道,而普通民众的个人意见不具备代表性,却被西方媒体以偏概全地进行报道,具有很强的迷惑性。

4)模糊性

模糊性是语言学中的概念,是自然语言的本质属性。我国网络语言的模糊性由汉语本身具有模糊性这一特点衍生而来,网络语言作为现代汉语的一种功能变体,也具有模糊性的特点。当一个表达模糊的时候,该表达是否适用的临界情况是不清晰的,该表达在某些情况下是真的,在某些情况下是假的,没有条件限制时,我们既不可能认为它为真,也不能认为它为假。网络谣言则是误导大众只看到它正确的一面,从而使大众相信谣言。例如"抢盐"事件中,谣言中所说加碘盐由于含有碘元素,所以加碘盐可以抵抗核辐射,这种表达就具有很强的模糊性。首先,稳定碘确实是可以预防放射性碘损坏甲状腺的,但是它的作用也仅限于此,不能防护身体其他部位;其次,食用盐中的碘含量很低,不能预防辐射,如果要达到防辐射效果,成年人至少要一次性摄入 3 千克加碘盐。此谣言模糊了碘盐中碘元素的含量,只强调碘元素可以防辐射,误导网民信谣。

5)暗示性

暗示指的是人们在非直接接触的情况下受到某事件及其信息对心理和行为产生影响的方式,从而导致人们按照暗示的方式思考和行动。在复杂的网络传播环境下,受众会由于信息传播的重复性以及广泛度等多方面原因而受到有关信息的暗示。网络谣言通常具有较强的暗示性,利用受众对主流媒体信任度降低和从众心理等心理因素,使得大众更倾向于盲目相信网络谣言,失去理智判断,思维和行为都被谣言所引导。

6)攻击性

攻击性是一种有意伤害他人(包括心理伤害和身体伤害)的行为倾向,即主动、有意识伤害他人的行为,它侧重的是行为。判断网络谣言是否具有攻击性主要是通过辨别谣言中是否有对某机构、团体以及个人造成名誉上和心理上的损害的内容。网络谣言的攻击性主要表现为恶意造谣、中伤某个体或某群体。网络谣言一旦具有攻击性,将具有很大的潜在破坏力,在网上传播会形成网络语言暴力,并造成巨大的心理负担和名誉损害。因此,语言暴力也是判断谣言是否具有攻击性的一个重要因素。

7)破坏性

破坏性侧重于谣言进行攻击之后对个人和整个社会所带来的负面影响,它侧重的是结果。网络谣言的破坏性包括心理破坏和行为扩散破坏。具有破坏性的网络谣言通过网络传播,轻者会造成个人或者群体的名誉和心理受到损害,重者甚至会引发行为扩散破坏。心理破坏是网络谣言的传播冲击了网民积极健康的世界观、人生观、价值观,对网民造成不同程度的心理伤害。行为扩散指的是网民通过网络参与社会管理,经由网络引起各种行为扩散进入现实生活。行为扩散破坏指的是网络谣言传播鼓动网民作出非理性行为、参与非法集会游行、危害社会治安和公共安全等引发恶性群体事件,甚至导致社会恐慌、引起社会动荡。

3.4.2　网络谣言分类识别建模

运用灰色关联分析进行网络谣言识别建模,模型构建步骤如下:第一步,建立灰色关联分析模型;第二步,将数据库案例数据进行量化处理;第三步,将处理好的数据代入到识别模型中得出结果;第四步,将计算结果进行权重处理,运用聚类分析对结果进行统计分析。

(1)设置待识别网络谣言的识别因素向量为

$$\boldsymbol{X}_0=\left(x_0(1),x_0(2),\cdots,x_0(n)\right) \tag{3-1}$$

设数据库案例数据识别因素向量为

$$\boldsymbol{X}_1=\left(x_1(1),x_1(2),\cdots,x_1(n)\right) \tag{3-2}$$

(从 $\boldsymbol{X}_2$ 到 $\boldsymbol{X}_{m-1}$)

$$\boldsymbol{X}_m=\left(x_m(1),x_m(2),\cdots,x_m(n)\right) \tag{3-3}$$

(2)计算待识别网络谣言的识别因素向量与数据库识别因素向量各指标关联因子。

则数据库识别因素向量 $\boldsymbol{X}_i\left(i=1,2,\cdots,m\right)$ 与待识别网络谣言的识别因素向量 $\boldsymbol{X}_0$ 的关联因子定义为

$$\eta_i(k)=\frac{\min\limits_i\min\limits_k\left|\boldsymbol{X}_0(k)-\boldsymbol{X}_i(k)\right|+\rho\max\limits_i\max\limits_k\left|\boldsymbol{X}_0(k)-\boldsymbol{X}_i(k)\right|}{\left|\boldsymbol{X}_0(k)-\boldsymbol{X}_i(k)\right|+\rho\max\limits_i\max\limits_k\left|\boldsymbol{X}_0(k)-\boldsymbol{X}_i(k)\right|}) \tag{3-4}$$

式中 $\rho \in (0,+\infty)$ 称为分辨率。ρ 越小，分辨力越大。

（3）待识别网络谣言的识别因素向量与数据库识别因素向量的关联度计算。

从关联因子的计算来看，得到的是数据库识别因素向量与待识别网络谣言的识别因素向量在各分量的关联因子值，结果较多，信息过于分散，不便于比较，因此有必要将每一数据库识别因素向量各个指标的关联因子集中在一个值上，这一数值就是关联度。

设待识别网络谣言的识别因素向量 $\boldsymbol{X}_0$，数据库识别因素向量 $\boldsymbol{X}_i(i=1,2,\cdots,m)$，则 $\boldsymbol{X}_i(i=1,2,\cdots,m)$ 与 $\boldsymbol{X}_0$ 关联度定义为

$$r_i = \frac{1}{n}\sum_{k=1}^{n}\eta_i(k) \tag{3-5}$$

然后将数据库信息按关联度由大到小进行排列，得出数据库信息与待识别网络谣言的关联程度。

（4）网络谣言识别因素的权重处理。

网络谣言识别因素中包含信息来源、信息量、互文性、模糊性、暗示性、攻击性、破坏性 7 个因素，对于网络谣言的识别来说，虽然 7 个因素共同构成了网络谣言的识别体系，但每个因素所具有的影响和作用力不是均等化的，所以对 7 个因素的重要程度进行赋值量化，更加科学、客观地实现网络谣言的识别。

利用德尔菲法确定因素指标重要程度判断矩阵，$\boldsymbol{A}=(a_{ij})_{n\times n}(i,j=1,2,\cdots,n)$ 表示表 3.36 中的数字。判断矩阵权重判定标准表见表 3.36。以层次分析法（AHP）为基础，将网络谣言识别因素划分为 4 个指标，见表 3.37 至表 3.40。通过将网络谣言确立为目标层，网络谣言主体、性质和效应为准则层，网络谣言 7 种识别因素为指标层建立两两比较的判断矩阵，最终计算得出 7 种识别因素相对于网络谣言的权重。

表 3.36　判断矩阵权重判定标准表

序号	重要性程度	赋值
1	i,j 两个元素同样重要	1
2	i 元素比 j 元素的 S 值高（0.1，0.2]（i 比 j 稍微重要）	3
3	i 元素比 j 元素的 S 值高（0.3，0.4]（i 比 j 明显重要）	5
4	i 元素比 j 元素的 S 值高（0.5，0.6]（i 比 j 强烈重要）	7
5	i 元素比 j 元素的 S 值高（0.7，0.8]（i 比 j 极其重要）	9
6	分别赋值在区间（0.0，0.1]、（0.2，0.3]、（0.4，0.5]、（0.6，0.7]	2.4、6、8

表 3.37　网络谣言识别因素分析判断矩阵

1. 网络谣言识别因素分析一致性比例：0.000 0； 对“识别因素分析”的权重：1.000 0；λ_{max}：3.000 0				
网络谣言识别因素分析	网络谣言主体	网络谣言性质	网络谣言效应	W_i
网络谣言主体	1	3	1	0.428 6
网络谣言性质	0.333 3	1	0.333 3	0.142 9
网络谣言效应	1	3	1	0.428 6

表 3.38　网络谣言主体判断矩阵

2. 网络谣言主体一致性比例：0.000 0； 对“识别因素分析”的权重：0.428 6；λ_{max}：2.000 0			
网络谣言主体	信息来源	信息量	W_i
信息来源	1	2	0.666 7
信息量	0.5	1	0.333 3

表 3.39　网络谣言性质判断矩阵

3. 网络谣言性质一致性比例：0.000 0； 对“识别因素分析”的权重：0.142 9；λ_{max}：3.000 0				
网络谣言性质	互文性	模糊性	暗示性	W_i
互文性	1	1	1	0.333 3
模糊性	1	1	1	0.333 3
暗示性	1	1	1	0.333 3

表 3.40　网络谣言效应判断矩阵

4. 网络谣言效应一致性比例：0.000 0； 对“识别因素分析”的权重：0.428 6；λ_{max}：2.000 0			
网络谣言效应	攻击性	破坏性	W_i
攻击性	1	2	0.666 7
破坏性	0.5	1	0.333 3

由此可得识别因素要素相对于决策目标网络谣言的排序权重，见表 3.41。

表 3.41 识别因素总层次排序权重

识别因素要素对决策目标的排序权重							
识别因素要素	攻击性	信息来源	破坏性	信息量	模糊性	互文性	暗示性
权重 W_i	0.285 7	0.285 7	0.142 9	0.142 9	0.047 6	0.047 6	0.047 6

（5）网络谣言识别因素关联度加权合成计算。

在进行关联分析时，识别因素向量各分量的重要程度需要进行区分。因此，设识别因素向量 $\boldsymbol{X}_0$，数据库信息向量 $\boldsymbol{X}_i(i=1,2,\cdots,m)$，则 $\boldsymbol{X}_i(i=1,2,\cdots,m)$ 与 $\boldsymbol{X}_0$ 关联度定义为

$$r_i=\sum_{k=1}^{n}\alpha(k)\eta_i(k) \tag{3-6}$$

关联权重处理后，计算关联度。

最后，通过比较每个数据库识别因素向量与待识别因素向量的加权关联度，可以得出各个数据库案例的严重程度。基于灰色关联分析的网络舆情识别模型的构建过程如图 3.22 所示。

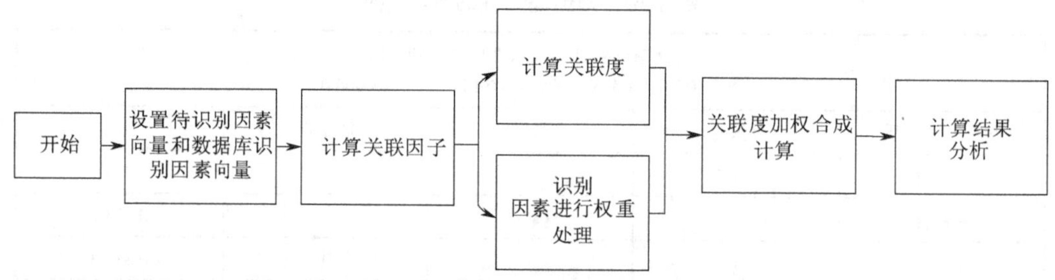

图 3.22 网络谣言识别模型构建过程图

3.4.3 案例分析

3.4.3.1 网络谣言识别因素量化及原始数据处理

由于各个网络谣言识别因素内容和含义不同，它们的数量级和量纲也不相同。为了更好地将各个识别因素进行相互比较，找出各因素在网络谣言下的相互影响关系，需要将识别因素进行量化处理。本节采用“0-1”判断法进行量化处理，这种方法具有可操作性强、直观高效等优点。

对谣言案例数据库中 54 件谣言事件进行细致分析，分别对谣言事件中涉及的 7 种识别因素进行 0、1 量化处理，处理方法见表 3.42。

表 3.42　识别因素“0-1”处理表

<table>
<tr><td rowspan="2">序号</td><td rowspan="2">识别因素</td><td colspan="2">判断标准</td></tr>
<tr><td>1</td><td>0</td></tr>
<tr><td>1</td><td>信息来源（A1）</td><td>发布信息的媒体种类较多或者发布信息媒体的威信较高</td><td>单一的小媒体</td></tr>
<tr><td>2</td><td>信息量（A2）</td><td>大——即谣言描述的事件发生的可能性大</td><td>小</td></tr>
<tr><td>3</td><td>互文性（A3）</td><td>强——即大量引用其他文本中的话语或他人所说的话</td><td>弱</td></tr>
<tr><td>4</td><td>攻击性（A4）</td><td>强——伤害他人的心理和名誉的倾向大</td><td>弱</td></tr>
<tr><td>5</td><td>模糊性（A5）</td><td>强——使用了故意误导受众的模糊性语言</td><td>弱</td></tr>
<tr><td>6</td><td>暗示性（A6）</td><td>强——暗示民众接受某种观点或者采取某些行动</td><td>弱</td></tr>
<tr><td>7</td><td>破坏性（A7）</td><td>强——伤害民众的心理，对社会造成损害</td><td>弱</td></tr>
</table>

根据表 3.42 中判断标准（根据灰色理论模型），我们将参考数列中因素向量 $\boldsymbol{X}_0$ 记为

$$\boldsymbol{X}_0 = (1,\ 1,\ 1,\ 1,\ 1,\ 1,\ 1)$$

之后从谣言案例数据库中得到 54 个比较数列向量，如图 3.23 所示。

	A1	A2	A3	A4	A5	A6	A7		A1	A2	A3	A4	A5	A6	A7		A1	A2	A3	A4	A5	A6	A7
X1	0	1	0	0	0	0	1	X19	1	1	1	1	1	1	1	X37	1	1	0	1	1	1	1
X2	1	1	1	1	1	1	1	X20	0	1	1	1	1	1	1	X38	1	1	1	1	1	1	1
X3	0	1	1	1	1	1	1	X21	1	1	1	1	1	1	1	X39	1	1	1	1	1	1	1
X4	1	1	0	0	1	0	1	X22	1	1	1	0	1	1	1	X40	1	0	1	1	1	1	1
X5	1	1	1	0	1	0	1	X23	1	0	1	0	1	1	1	X41	0	1	0	1	1	0	1
X6	1	1	1	1	1	1	1	X24	0	1	1	1	1	1	1	X42	1	1	1	0	1	1	1
X7	1	1	0	1	1	1	1	X25	0	1	1	0	1	1	1	X43	1	1	1	0	1	1	1
X8	1	1	1	0	1	1	0	X26	1	1	1	0	1	0	1	X44	0	1	1	1	1	1	1
X9	1	1	1	1	1	1	1	X27	1	1	1	0	1	0	1	X45	1	1	1	0	1	1	1
X10	1	0	0	0	1	0	0	X28	0	1	0	1	1	0	0	X46	1	0	1	1	1	1	1
X11	0	1	1	1	0	1	1	X29	0	0	1	0	0	1	0	X47	1	1	1	0	1	1	1
X12	1	1	1	0	1	1	0	X30	0	0	0	1	1	1	1	X48	1	1	1	0	1	1	1
X13	1	1	1	1	0	1	1	X31	0	0	1	1	1	1	1	X49	1	1	0	1	1	1	1
X14	1	1	1	1	1	1	1	X32	1	1	0	0	1	0	0	X50	1	1	1	1	1	1	1
X15	1	1	1	1	1	1	1	X33	0	1	1	0	1	1	0	X51	1	1	1	1	1	1	1
X16	1	1	1	1	1	1	1	X34	0	0	1	1	1	1	1	X52	1	1	1	1	0	1	1
X17	0	1	1	1	0	1	1	X35	1	1	1	1	0	1	1	X53	1	1	0	1	1	1	1
X18	0	1	1	1	1	1	1	X36	1	1	1	1	1	1	1	X54	1	1	0	1	1	1	1

图 3.23　数据库案例比较数列向量图

3.4.3.2　数据库数据关联度计算

采用均值化变换对原始数据进行无量纲化处理，计算公式如式（3-7）所示：

$$F(X_i(k)) = X_i(k) / \sum_{k=1}^{n} X_i(k) \tag{3-7}$$

得到 54 组无量纲化处理的数据，表 3.43 仅展示由 X1、X2、X3、X4、X5、X6 的 6 个数据库案例数据信息的计算结果（下文 6 个数据信息与此一致）。

将原始数据进行无量纲化处理后得出结果见表 3.43；根据表 3.43 无量纲化数据

计算得到数据库案例关联因子见表 3.44；由关联因子计算得出关联度见表 3.45。

表 3.43 原始数据的无量纲化

$X0'$	0.142 9	0.142 9	0.142 9	0.142 9	0.142 9	0.142 9	0.142 9
$X1'$	0.000 0	0.500 0	0.000 0	0.000 0	0.000 0	0.000 0	0.500 0
$X2'$	0.142 9	0.142 9	0.142 9	0.142 9	0.142 9	0.142 9	0.142 9
$X3'$	0.142 9	0.142 9	0.142 9	0.142 9	0.142 9	0.142 9	0.142 9
$X4'$	0.250 0	0.250 0	0.000 0	0.000 0	0.250 0	0.000 0	0.250 0
$X5'$	0.200 0	0.200 0	0.200 0	0.000 0	0.200 0	0.000 0	0.200 0
$X6'$	0.142 9	0.142 9	0.142 9	0.142 9	0.142 9	0.142 9	0.142 9

表 3.44 关联因子

$X1'$	0.555 6	0.333 3	0.555 6	0.555 6	0.555 6	0.555 6	0.333 3
$X2'$	1	1	1	1	1	1	1
$X3'$	1	1	1	1	1	1	1
$X4'$	0.625 0	0.625 0	0.555 6	0.555 6	0.625 0	0.555 6	0.625 0
$X5'$	0.757 6	0.757 6	0.757 6	0.555 6	0.757 6	0.555 6	0.757 6
$X6'$	1	1	1	1	1	1	1

表 3.45 关联度

$X1'$	$X2'$	$X3'$	$X4'$	$X5'$	$X6'$
0.492 064	1	1	0.595 238	0.699 856	1

如表所示，$X2' = X3' = X6' > X5' > X4' > X1'$ 表示 $X2'$、$X3'$、$X6'$ 与参考数列最贴切，属于十分严重的网络谣言，其次分别是 $X5'$、$X4'$ 和 $X1'$。

3.4.3.3 数据库数据关联度权重处理及结果分析

由表 3.45 案例数据库关联度结果和公式（3-7）计算可得加权后的数据库案例关联度，见表 3.46。

表 3.46 数据库案例数据信息的部分计算结果

$X1'$	$X2'$	$X3'$	$X4'$	$X5'$	$X6'$
0.481 489	1	1	0.601 847	0.719 091	1

将关联度权重计算的 54 个网络谣言案例关联值通过系统聚类得到树状图，如图 3.24 所示。

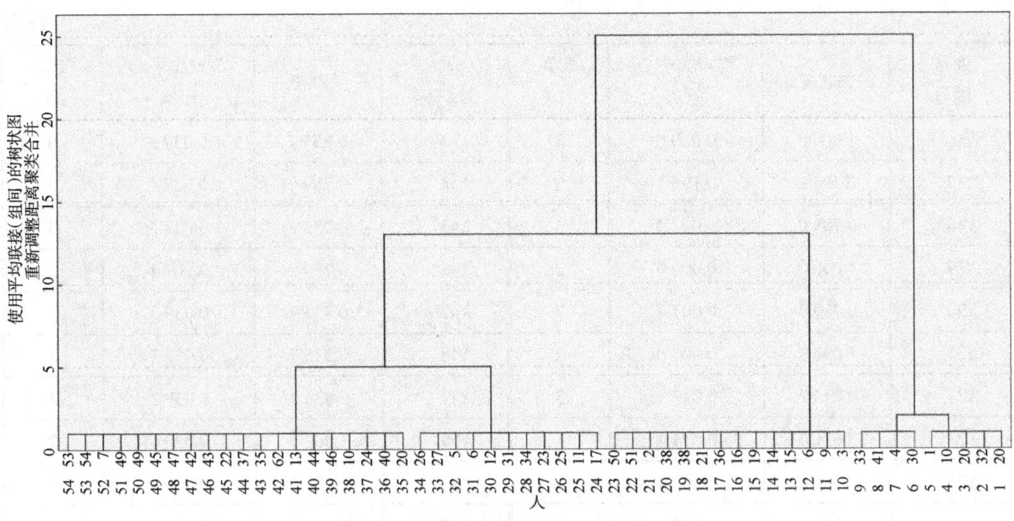

图 3.24　数据库案例系统聚类树状图

根据树状图将谣言分为 3 类,利用快速聚类得到每个谣言的分类情况和与聚类中心的距离情况见表 3.47。

表 3.47　数据库案例关联度聚类表

谣言编号	关联度	与聚类中心距离	聚类成员	谣言编号	关联度	与聚类中心距离	聚类成员
$X1'$	0.481 5	0.095 1	1	$X28'$	0.521 4	0.055 2	1
$X2'$	1.000 0	0.000 0	2	$X29'$	0.513 2	0.063 4	1
$X3'$	1.000 0	0.000 0	2	$X30'$	0.575 4	0.001 2	1
$X4'$	0.601 8	0.025 2	1	$X31'$	0.642 1	0.065 5	1
$X5'$	0.719 1	0.077 3	3	$X32'$	0.511 2	0.065 5	1
$X6'$	1.000 0	0.000 0	2	$X33'$	0.591 9	0.015 3	1
$X7'$	0.835 7	0.039 3	3	$X34'$	0.642 1	0.065 5	1
$X8'$	0.719 1	0.077 3	3	$X35'$	0.866 8	0.070 4	3
$X9'$	1.000 0	0.000 0	2	$X36'$	1.000 0	0.000 0	2
$X10'$	0.481 5	0.095 1	1	$X37'$	0.835 7	0.039 3	3
$X11'$	0.690 2	0.106 1	3	$X38'$	1.000 0	0.000 0	2
$X12'$	0.719 1	0.077 3	3	$X39'$	1.000 0	0.000 0	2
$X13'$	0.866 8	0.070 4	3	$X40'$	0.789 0	0.007 4	3
$X14'$	1.000 0	0.000 0	2	$X41'$	0.591 9	0.015 3	1
$X15'$	1.000 0	0.000 0	2	$X42'$	0.835 7	0.039 3	3

续表

谣言编号	关联度	与聚类中心距离	聚类成员	谣言编号	关联度	与聚类中心距离	聚类成员
X16′	1.000 0	0.000 0	2	X43′	0.835 7	0.039 3	3
X17′	0.690 2	0.106 1	3	X44′	0.789 0	0.007 4	3
X18′	0.789 0	0.007 4	3	X45′	0.835 7	0.039 3	3
X19′	1.000 0	0.000 0	2	X46′	0.789 0	0.007 4	3
X20′	0.789 0	0.007 4	3	X47′	0.835 7	0.039 3	3
X21′	1.000 0	0.000 0	2	X48′	0.835 7	0.039 3	3
X22′	0.835 7	0.039 3	3	X49′	0.835 7	0.039 3	3
X23′	0.671 0	0.094 4	1	X50′	1.000 0	0.000 0	2
X24′	0.789 0	0.007 4	3	X51′	1.000 0	0.000 0	2
X25′	0.671 0	0.094 4	1	X52′	0.866 8	0.070 4	3
X26′	0.719 1	0.077 3	3	X53′	0.835 7	0.039 3	3
X27′	0.719 1	0.077 3	3	X54′	0.835 7	0.039 3	3

最终得到 3 个聚类中心，第一个为 0.576 628；第二个为 1；第三个为 0.796 387。由此将谣言按照关联度数值大小分为 3 类：轻度谣言，一般谣言，严重谣言。再利用快速聚类确定出 3 个聚类中心，之后利用个案到聚类中心的距离得出 3 类谣言的取值范围。由此得出轻度谣言的关联度取值范围为 [0，0.6]，一般谣言的关联度取值范围为 [0.6，0.8]，严重谣言关联度取值范围为 [0.8，1]。

第一类为轻度谣言，即较容易识别或者危害较小的谣言，例如 X10。这种谣言影响人群较少，对于社会影响程度较低。政府相关部门需要对该类谣言适度管控，避免对社会造成较大的负面影响。第二类为一般谣言，例如 X5，此类谣言对社会有一定程度的影响，如果不加以控制可能会造成社会进一步恐慌，需要政府相关部门引起重视，并对该谣言采取相应措施，同时注意采取合理的方式方法引导舆论。第三类属于严重谣言，这类谣言具有难以识别、危害范围广等特点，政府相关部门需要高度重视此类网络谣言，科学合理辟谣，并积极对传播方式和途径进行控制，廓清事实真相和提升民众认知。

延伸思考

1. 网络舆情事件类型与舆情特征之间具有相关性，可以依据前者预测后者。除此之外，还有什么因素与舆情特征之间具有相关性，可用于预测舆情未来发展态势？

2. 如何优化识别因素的选择方法和权重确定方法？

3. 不同分类方法在识别准确性上各有什么优势和不足？

第 4 章　网络舆情风险建模与预测

本章主要介绍网络舆情风险建模与预测,风险预测的要义在于风险未萌未有之际,对未来进行预判,因此基于萌芽阶段少量信息进行预测是风险预测的重点,亦是难点。本章选择网络舆情的最初始信息——首发信息,针对首发信息,提供一种从源头上对舆情风险进行评估、预测的方法。主要内容包括:首先针对首发信息和首发信息可能引发的舆情热度,进行风险预测和预警,以首发信息为切入点,基于初期少量数据预测舆情的未来发展和影响程度,为网络舆情预测提供了一种新思路。其次,针对衍生、反转、谣言等代表性的网络舆情风险,进行风险预测和预警。风险预测的目的是预警,重在通过预测预警,防范化解网络舆情系统发展过程中的不确定性因素。

本章要点如下。

首发信息风险预测	•层次分析法
热度风险预测	•Logistic 模型 •Logistic 回归分析
衍生风险预测	•Logistic 模型、指数平滑模型、灰色预测模型 •灰色关联分析
衍生舆情情感预测	•情感词典 •ARIMA 模型
反转风险预测	•Logistic 模型 •差分回归法
谣言危机预测	•BP 神经网络 •遗传算法

4.1　网络舆情首发信息风险预测

4.1.1　首发信息对网络舆情的影响因素

首发信息是某一网络舆情首次发布于网络的信息,其内容、形式等特征在一定程度上决定了网络舆情的未来态势。由此,可以围绕首发信息建立风险评估指标体系,从而基于首发信息对网络舆情的未来走向和潜在风险进行评估、预测。网络舆情的中介事项包含多种类型,其中突发事件是一类具有代表性的事件类型,突发事件具有明确的发生时间节点，易于在事件发生后确定其网络首发信息，因此，以突发事件为例，进行首发信息风险预测。

突发事件首发信息是指某一突发事件第一次被发布人发布于互联网络并且能够被公众所认知的相关文字、图片、声音及视频信息。首发信息对突发事件网络舆情未来的发展和走向起着至关重要的作用，突发事件首发信息对网络舆情的主要影响因素有以下两方面。

1）信息特性方面

首发信息特性是指首发信息构成要素和内容要素的总和，构成要素包括：信息发布的主体、载体、时效，内容要素包括：信息格式、激发程度、吻合程度、模糊程度。这些掺杂着发布者主观或客观因素及自身认知理解的信息很大程度上影响着网民的认知和情绪，进而影响着突发事件网络舆情未来的发展和走向以及传播的动力。

2）事件特性方面

突发事件特性包含着首发信息中描述的突发事件的各类客观要素，包括：事件主体、事件客体、事发时间、地理位置、事件类型、事件规模、损失程度、反常程度、敏感程度等要素，它们决定着突发事件网络舆情的潜在规模、热度、破坏力、敏感度和涉及相关群体范围，这些要素都直接或间接地影响着突发事件网络舆情的潜在影响力。

4.1.2 首发信息风险预警建模

4.1.2.1 首发信息风险评估指标体系

1）构建指标体系

突发事件首发信息风险评估指标体系是通过对过去和当前的突发事件首发信息的各项指标进行评估和分析，从而对首发信息的风险程度进行评估。基于此种目的，该指标体系必须具有 4 种特性。

第一，严密的科学性，建立的指标体系必须能够科学、真实地反映突发事件首发信息的风险程度，并最终进行科学定性。

第二，实际的易用性，选取指标时尽量选取便于抽取和分析的指标，保证评估方法简单、实际、易用。

第三，指标的全面性，建立的每项指标均能反映突发事件首发信息某个方面的潜在风险程度，整个指标体系能够全面反映突发事件首发信息风险程度的各个主要、次要方面。

第四，体系的层级性，选取指标的层级清晰，同级指标应具有独立性，上下级指标隶属关系应明确。

基于突发事件首发信息的风险变化机制及规律,遵循以上 4 种特性原则,从首发信息特性和相关事件特性两个维度建立了突发事件首发信息风险评估指标体系。指标体系分为 3 个层级,包含一级指标 2 个,二级指标 5 个,三级指标 16 个,以用于评估突发事件首发信息的风险度,见表 4.1。

表 4.1　突发事件首发信息风险评估体系

一级指标	二级指标	三级指标	备注
首发信息特性 F1	信息构成要素 F11	发布主体 F111	定量
		信息格式 F112	定量
		发布时效 F113	定量
		发布载体 F114	定量
	信息内容要素 F12	激发程度 F121	定性
		吻合程度 F122	定性
		模糊程度 F123	定性
突发事件特性 F2	事件常态要素 F21	事件主体 F211	定量
		事件客体 F212	定量
		事发地点 F213	定量
		事发时间 F214	定量
	事件表征要素 F22	事件类型 F221	定量
		损失程度 F222	定量
		事件规模 F223	定量
	事件激化要素 F23	敏感程度 F231	定性
		反常程度 F232	定性

2)末级指标的含义

(1)发布主体,即突发事件首发信息的发布人,不同的发布人影响力的差异也很大,组织机构、社会团体、专家、社会名人、意见领袖和一般网民发布的同一信息影响力也有着极大的差异,本项指标旨在区分不同的发布主体对首发信息影响力的作用,因此本项指标在赋值时主要参考主体身份和主体知名度两个影响因素。

(2)信息格式,决定了信息的直观性,从而决定了首发信息是否易于被网民所认知。

(3)发布时效,突发事件的首发信息时效性对于首发信息的影响力意义重大,时效性越强则越容易引起关注和共鸣。

(4)发布载体,即首发信息发布的互联网络平台,网络平台的热度和层次对发布于其上的首发信息的影响力也起着至关重要的作用。

(5)激发程度,即首发信息的语言或表达方式所能够激发、鼓动或煽动网民参与讨论或者转发的能力,首发信息的语言和表达方式的激发性不同直接决定了首发信息能够在多大程度上调动网民的情绪,并最终影响首发信息引发的网络舆情的影响力。本项指标赋值分为3个区间:较为客观,即首发信息的叙述语言能够比较客观地对突发事件进行描述,掺杂主观情绪较少,使网民能够通过首发信息较为理智地对突发事件进行判断;鼓动是非,即首发信息的描述掺杂较多的主观情绪,话语的倾向明显,比较能够鼓动网民的相关情绪;煽动群众,即首发信息的语言带有偏激的意见倾向,语言极具煽动力,极易造成网民的愤怒、恐惧等负面情绪,并使网民无法理智地看待问题。

(6)吻合程度,是指首发信息对于突发事件表达的真实程度,吻合度越低则越容易误导网民认知,从而带来更大风险。本项指标赋值分为3个区间:基本吻合,即首发信息在内容叙述上基本符合事件事实,仅在部分不影响网民主观判断的细节上存在发布者表达方式不同的差异;部分吻合,即首发信息叙述上部分吻合事件事实,但是存在情节夸张,或者主观夸大的描述;基本不符,即颠倒是非黑白,编造细节,影响网民判断,存在严重误导视听描述的首发信息。

(7)模糊程度,是指首发信息对突发事件的表达的清晰或模糊,该项指标决定了网民在通过首发信息认知突发事件时是否容易产生歧义。

(8)事件主体,包括主体的身份和知名度(影响力)要素,主体身份是指突发事件涉事主体的身份,如公职人员、军人、学生、商人等,不同身份的道德标准也不尽相同,因此网民看待不同身份的主体造成的同一事件的眼光也有较大差异。而主体的知名度是指突发事件主体在社会中的影响力,突发事件主体知名程度越高、影响力越大,所引发的突发事件可能受到的关注度也就相对越高。因此事件主体也是影响突发事件关注度的重要因素(无主体事件如自然灾害事件主体为0分)。

(9)事件客体,即突发事件的受体,包括人员和财产,是因突发事件受到直接影响的人或物。事件客体的知名度、关注度、社会地位、影响力越高,则突发事件可能受到的关注度也相对越高。

(10)事发地点,突发事件发生的地理位置是首发信息中的重要因素,不同城市的人口密度、政治影响力也不尽相同,同时同一城市的不同地点、场所的人员密度和社会情况都不尽相同,因此事发地点是决定首发信息影响力的重要因素。

(11)事发时间,事发时间节点是否敏感是影响事件舆情受到关注的重要因素,如在重大活动、节日、会议期间发生的突发事件往往更易引起网民的关注。

(12)事件类型,突发事件包括自然灾害、事故灾难、公共卫生事件和社会安全事件 4 类。而网民对不同类型的事件或同种类型不同诱因的事件的感情基调也有很大不同（如：同情、恐惧、愤怒等），而由此带来的舆论倾向也不尽相同，进而导致该突发事件首发信息的影响力也有很大差异。

（13）损失程度，是指首发信息中突发事件造成的损失，包括人员伤亡和财产损失，突发事件造成的损失越大则影响力也越大。在赋值时参考国家事故损失划分标准将损失程度划分为 3 个等级：轻微损失，死亡 0 人，重伤 0 人，直接经济损失 100 万元以下；一般损失，死亡 1 至 9 人，重伤 1 至 49 人，直接经济损失 100 万元至 5 000 万元；重大损失，死亡 10 人以上，重伤 50 人以上，直接经济损失 5 000 万元以上。

（14）事件规模，是指事件的影响范围，事件影响范围越广则越容易引起更多网民的关注。

（15）敏感程度，即事件主题是否涉及相关敏感或热点话题，如涉及相关话题则突发事件舆情更加容易形成热点。本项指标赋值分为 3 个区间：轻微敏感，即社会热点问题，可能引起关注，如法律公正、贪污腐败、暴力执法等；较为敏感，即敏感话题，可能引起特定群体的反响，如性别歧视、地域歧视，或涉及特定群体如老人、儿童、孕妇、残疾人等；极度敏感，涉及国家安全、社会稳定等问题，或涉及全社会范围内的敏感问题，如国家统一、涉恐涉稳等。

（16）反常程度，是指突发事件主体行为方式的反常程度，行为方式是人的道德认识、道德情感的具体表现和外部标志。突发事件的主体在突发事件中的行为方式不同（无意过失、违背道德、触犯法律等）造成同一事件的影响力也不尽相同，行为方式越不合乎常理则越容易引起关注，突发事件的影响力也越大。本项指标赋值分为 3 个区间，包括：较合常理，即事件的发生、发展较为合乎常理，如自然现象、当事人的无意过失等，较为容易被网民理解和接受；违背常理，即事件的发生发展违背道德或违反法规，易引起网民的谴责情绪；极为反常，事件的起因和发展严重触犯法律并严重违背道德，使人感到极度不适或愤怒，无法被网民接受和谅解。

4.1.2.2　基于层次分析法的权重划分

在构建首发信息风险评估指标体系的过程中，采用 Thomas L. Saaty 提出的一种定性和定量相结合的、系统化、层次化的分析方法。这一方法的构建思路为：首先确立总目标和影响因子，其后将影响因子按隶属关系支配分解，形成一套多目标、多层次有序递阶结构，并在此结构中建立判断矩阵并将影响因子进行两两比较，同时计算出判断矩阵的最大特征值和正交化特征向量，以此得出各层级影响因子对于总目标的权重，再将其与末层量化指标相结合，最终对突发事件首发信息的风险等级进行评估。

在对各层级影响因子计算权重的过程中，分为下级指标对上级指标的重要性和同级指标之间的重要性两个方面。各评估指标对该上级指标的相对重要度为：$w_1, w_2, \cdots, w_n$，由它们组成权重向量 $\boldsymbol{w} = (w_1, w_2, \cdots, w_n)^{\mathrm{T}}$。为反映各因素相对权重，进行两两判断，此种方法可以丰富信息比对要素，通过不同、相同层级的反复比较，从而得出合理排序，并建立判断矩阵 $\boldsymbol{A} = (a_{ij})_{nn}$，元素 a_{ij} 是因素 u_i 与因素 u_j 相对于评判对象重要性的比例标度，其取值常用 1~9 的比例标度来表示，见表 4.2。

表 4.2 层次分析法比例标度表

赋值	含义
1	表示两个因素相比，具有相同的重要性
3	表示两个因素相比，因素 i 比因素 j 稍微重要
5	表示两个因素相比，因素 i 比因素 j 明显重要
7	表示两个因素相比，因素 i 比因素 j 强烈重要
9	表示两个因素相比，因素 i 比因素 j 极端重要
2,4,6,8	表示上述相邻判断的中间值
倒数	因素 i 与 j 的重要性相比为 a_{ij}，则因素 j 与 i 重要性之比为 $a_{ij} = \dfrac{1}{a_{ji}}$

由此，判断矩阵应满足在相对权重计算后，能够通过一致性检验。之后将判断矩阵每一列向量归一化，并对 ij 按行求和；归一化得 $\boldsymbol{w}_i = (1,2,\cdots,n)^{\mathrm{T}}$，计算 $\boldsymbol{A}_w$，并通过计算特征值 λ 的近似值并最后计算一致性比例。

当 $CR \leqslant 0.10$ 时，认为判断矩阵的一致性是可以接受的，否则应对判断矩阵作适当修正。在通过一致性检验后，得到的排序权向量即为各指标的权重；若未能通过一致性检验，则需重新构建调整判断矩阵，进行计算，直至能够通过一致性检验为止。

判断矩阵比例标度见表 4.3。

表 4.3 判断矩阵比例标度

n	1	2	3	4	5	6	7	8	9
RI	0.00	0.00	0.58	0.90	1.12	1.24	1.32	1.41	1.45

根据 AHP 原理将各层次中的因素相互比较得出判断矩阵见表 4.4 至表 4.11。并根据 AHP 原理运用加法计算出各个指标的权重以及一致性判断指标 CR 并将结果填入表。

表 4.4　评判矩阵 Z

Z	F1	F2	*W*
F1	1	2	0.667
F2	1/2	1	0.333
CR(<0.1)		0.000	

表 4.5　评判矩阵 F1

F1	F11	F12	*W*
F11	1	2/3	0.400
F12	3/2	1	0.600
CR(<0.1)		0.000	

表 4.6　评判矩阵 F2

F2	F21	F22	F23	*W*
F21	1	1/2	1/2	0.198
F22	2	1	1/2	0.312
F23	2	2	1	0.490
CR(<0.1)			0.052	

表 4.7　评判矩阵 F11

F11	F111	F112	F113	F114	*W*
F111	1	2	3	4	0.466
F112	1/2	1	3	3	0.277
F113	1/3	1/2	1	2	0.161
F114	1/4	1/3	1/2	1	0.096
CR(<0.1)			0.011		

表 4.8　评判矩阵 F12

F12	F121	F122	F123	*W*
F121	1	2	2	0.490
F122	1/2	1	2	0.312
F123	1/2	1/2	1	0.198
CR(<0.1)			0.052	

表 4.9 评判矩阵 F21

F21	F211	F212	F213	F214	*W*
F211	1	1	2	3	0.362
F212	1/	1	2	2	0.326
F213	1/2	1/2	1	1	0.163
F214	1/3	1/2	1/	1	0.148
CR(<0.1)		0.008			

表 4.10 评判矩阵 F22

F22	F221	F222	F223	*W*
F221	1	3/2	2	0.454
F222	2/3	1	2	0.347
F223	1/2	1/2	1	0.199
CR(<0.1)		0.018		

表 4.11 评判矩阵 F23

F23	F231	F232	*W*
F231	1	1	0.500
F232	1	1	0.500
CR(<0.1)		0.000	

以上权重数据汇总可得表 4.12。

表 4.12 风险评估体系指标权重

一级指标	二级指标	三级指标
F1——0.333	F11——0.400	F111——0.466
		F112——0.277
		F113——0.161
		F114——0.096
	F12——0.600	F121——0.490
		F122——0.312
		F123——0.198

续表

一级指标	二级指标	三级指标
F2——0.667	F21——0.198	F211——0.362
		F212——0.326
		F213——0.163
		F214——0.148
	F22——0.312	F221——0.454
		F222——0.347
		F223——0.199
	F23——0.490	F231——0.500
		F232——0.500

4.1.2.3　末级指标赋值方法

依据表 4.1,突发事件首发信息风险评估体系共有末级指标 16 个,依据末级指标的特性,通过问卷调查和客观数据采集的方法将每个末级指标划分为 3 级,即 A、B、C 3 级。其中 A 级对首发信息的影响最小,C 级对首发信息的影响最大,见表 4.13。

表 4.13　风险评估体系末级指标量化标准

末级指标	分级标准		
	A 级（0~40）	B 级（41~70）	C 级（71~100）
发布主体 F111	一般主体	特殊主体	知名主体
信息格式 F112	文字信息	图文音频	视频信息
发布时效 F113	过时信息	近期相关	及时信息
发布载体 F114	小众载体	公众载体	知名载体
激发程度 F121	较为客观	鼓动是非	煽动群众
吻合程度 F122	基本吻合	部分吻合	基本不符
模糊程度 F123	较为清晰	易存歧义	混淆视听
事件主体 F211	一般主体	特殊主体	知名主体
事件客体 F212	一般客体	特殊客体	知名客体
事发地点 F213	乡镇小城	中等城市	一线城市
事发时间 F214	一般时间	特殊时间	重要时间
事件类型 F221	灾害事故	违背道德	违反法律
损失程度 F222	轻微损失	一般损失	重大损失

续表

末级指标	分级标准		
	A 级 （0~40）	B 级 （41~70）	C 级 （71~100）
事件规模 F223	小众事件	群体事件	社会事件
敏感程度 F231	轻微敏感	较为敏感	极度敏感
反常程度 F232	较合常理	违背常理	极为反常

4.1.2.4 突发事件首发信息风险评估预警级别

突发事件首发信息风险评估预警级别分为轻度级、警示级、严重级、高危级 4 个等级，并分别用蓝、黄、橙、红 4 个颜色加以区分（表 4.14）。依据各级指标评估结果确定其对应的分区，并作出不同级别的预警，为决策者提供决策依据。

表 4.14 危机预警级别

危机预警级别	Ⅰ级（蓝色）	Ⅱ级（黄色）	Ⅲ级（橙色）	Ⅳ级（红色）
	轻度级	警示级	严重级	危险级
	0~40（含）	40~60（含）	60~80（含）	80~100

4.1.3 案例分析

为使选取案例具有代表性和实用性，选取 8 个近 5 年内发生的不同信息格式、不同发布主体、不同发布载体、不同事件主体、不同事件类型、不同事件性质、不同影响程度的网络舆情事件并获取其首发信息进行案例分析。

4.1.3.1 案例评估

现将以上案例利用首发信息风险评估体系进行评估，并依据权重计算案例首发信息的风险分值，依次对以上案例首发信息的风险等级进行划分（表 4.15）。

表 4.15 案例汇总评分表

末级指标	权重	案例 1	案例 2	案例 3	案例 4	案例 5	案例 6	案例 7	案例 8
发布主体 F111	0.062	15	65	75	90	75	23	95	30
信息格式 F112	0.037	35	10	25	75	85	68	30	25
发布时效 F113	0.021	85	45	65	80	95	98	90	95
发布载体 F114	0.013	65	50	75	90	75	68	95	35

续表

末级指标	权重	案例 1	案例 2	案例 3	案例 4	案例 5	案例 6	案例 7	案例 8
激发程度 F121	0.098	85	5	0	0	0	35	0	25
吻合程度 F122	0.062	65	5	0	0	5	53	0	35
模糊程度 F123	0.040	65	5	0	0	5	98	15	35
事件主体 F211	0.048	55	45	85	58	35	37	15	65
事件客体 F212	0.043	65	25	25	63	35	39	45	65
事发地点 F213	0.022	55	75	85	70	45	93	45	75
事发时间 F214	0.020	15	5	15	15	15	36	0	35
事件类型 F221	0.094	65	75	85	85	95	98	80	40
损失程度 F222	0.072	70	5	70	40	45	68	80	75
事件规模 F223	0.041	65	20	75	38	60	66	35	70
敏感程度 F231	0.163	75	45	75	70	75	86	65	70
反常程度 F232	0.163	85	15	72	95	80	92	75	65
总分	0.999	66.66	29.99	55.31	57.86	55.65	69.57	51.91	53.56

按照上表（表 4.15）评分及危机预警级别表（表 4.14）可知案例 1 至案例 8 的预警级别如下（表 4.16）。

表 4.16　风险评级汇总表

案例	案例 1	案例 2	案例 3	案例 4	案例 5	案例 6	案例 7	案例 8
总分值	66.66	29.99	55.31	57.86	55.65	69.57	51.91	53.56
预警等级	Ⅲ级	Ⅰ级	Ⅱ级	Ⅱ级	Ⅱ级	Ⅲ级	Ⅱ级	Ⅱ级

4.1.3.2　舆情分析

利用首发信息风险评估体系对以上 8 个案例进行评估，可以清楚地反映出不同案例首发信息未来引发舆情事件的风险等级，为监测预测预警舆情风险提供了参考路径。有关部门可在监测到舆情首发信息时运用此方法对首发信息进行风险评估，从而预测舆情的未来发展及影响力，并根据预测结果作出适当应对，从而掌握舆情治理的主动权。

具体而言，案例评估结果中轻度级案例 1 例，此类舆情影响力较小；警示级案例 5 例，此类舆情存在一定的风险，发展中可能被人利用或者扩大；严重级案例 2 例，此类舆情自身具有较高的风险，如果任其发展很可能造成十分不良的影响。针对首发信息风险评估结果，可依据其风险等级制定不同的方案，进行具有前瞻性的有效应对。针对Ⅰ级（轻度级）风险较低的首发信息需保持关注，持续跟踪事态发展，避免舆情在传播中发生异化；针对Ⅱ级（警示级）风险中等的首发信息需密切关注，必要时进行舆情引导，严正视听，避免舆情传播扩散造成不良影响；针对Ⅲ级（严重级）具有较高风险的首发信息需积极应对，促进事件妥善处理，开展舆情引导，消除负面影响，避免舆情扩大，造成更大损失；针对Ⅳ级（危险级）存在极高风险的首发信息需高度重视，主动推进事件处理，积极开展舆情引导，必要时可采取强制手段，切断舆情传播途径，避免舆情扩大造成重大损失。

4.2 网络舆情热度风险预测

网络舆情热度，即网络舆情事件受关注的程度，热度越高，网络舆情面临的不确定性越突出，其舆情风险随之增加。因此，热度预测是网络舆情风险治理的重要内容。在大数据环境下，网络舆情的短时爆发、极速传播等特征，使得舆情潜伏期缩短，为提升舆情治理效能，需要根据潜伏期的少量信息作出快速精确预测。由此，本节基于首发信息进行网络舆情热度风险预测。

4.2.1 首发信息对微博舆情热度的影响因素

从信息学角度，网络空间的信息扩散是信息随着时间从信源逐级逐层地传播至信宿并被信宿接受、采纳和利用，使得信息的覆盖由一点弥漫至整个空间的过程。而微博舆情的传播可以看作网络空间信息传播的一种。所以微博舆情也可以描述成微博用户发布信息同时被其他用户采纳的过程。

其中，信源即扩散空间的扩散源，是信息的输出方表现。信息，是联系扩散过程的桥梁。信宿，是传播的接收方，是传播的终点。微博信息的传播主要建立在用户对微博信息的接收与转发上，通过现实或网络上的人际关系网络进行扩散。微博用户既是第一次信息传播的信宿，又是再次传播的信源。信息的再传播过程中，信宿的再传播意愿主要基于主观上信源与信宿的利益驱动力，以及客观上为消除信源与信宿产生的“信息位势差”，而产生的一种平衡力。其中主观上的利益驱动力可以描述成微博信息对微博用户的有用性，微博用户对信息的转发行为便可以看成对信息效用的认可。而客观上的信息位势差可以描述成掌握丰富信息资源的大 V 向信息资源贫乏的外围粉丝传递信息的过程。

综上分析，微博信息扩散是微博信息通过转发、话题参与等手段，在以微博互粉而形成的虚拟人际关系网上不断扩大采纳应用范围的过程。它以扩散的行为参与者为基础，以微博平台为支撑，以利益驱动和信息势差为动力，是一个涉及众多因素的复杂过程。因此，把微博的信息扩散问题视为由许多相互关联、相互作用的要素所组成的并执行特定功能的复杂系统来研究（图 4.1），并依据此系统的信源、信息、信宿 3 个节点，将其拆解成信源特征、信息格式、信宿偏好 3 个角度来分析微博首发信息对舆情扩散的影响因素。

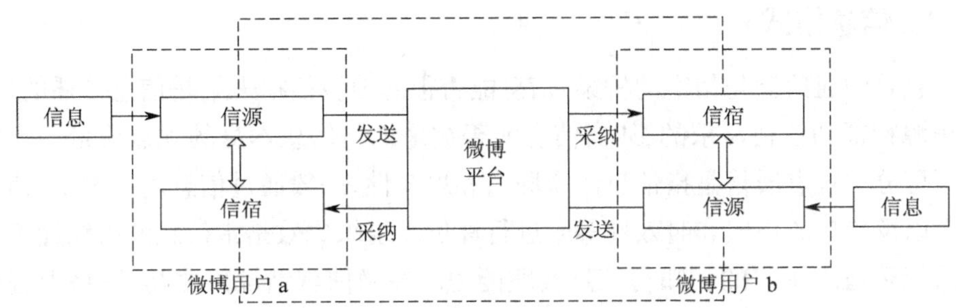

图 4.1　微博信息扩散流程图

4.2.1.1　信源特征

基于上文分析，一条信息能形成舆情与其信息有用性有关。信息有用性是由信源可信度和信息中的观点质量共同决定的，信源特征对于舆情传播的影响也主要来自其可信度。其中，信源可信度源于信源的专业性、确实性和吸引力。新浪微博平台通过给用户颁发各类身份认证实现对于信源特征的标识，如"新浪 V 认证"是对用户身份真实性的保证，而"微博达人"认证更倾向对于用户活跃度和专业性进行区分，"微博会员"认证在为用户提供更多的专属特权的同时也赋予此类身份更大的吸引力。因此作出如下假设。

H1 微博信息的首发用户身份会正向影响微博舆情的热度。

受众对某一信源的可信度感知不仅仅来自对于信源特征的主观判断，在很多情况下还会受到其他受众对信源的态度或看法的影响。微博中的粉丝数指标在很大程度上表征了受众对于传播者的认同度。因此，基于理论研究和实际应用，认为作为用户对于信源态度的重要表征——粉丝数，会正向影响微博传播，同时博主的身份认证会帮助用户具有名人效应，从而获得更多的粉丝，最终间接地对于微博舆情传播产生影响。因此提出如下假设。

H2 微博信息的首发用户粉丝数会正向影响微博舆情热度。

信源信宿具有的信息位势差，是信源具有扩散能力的基础，所以信源信息丰富便具有了信息传播的条件。由于信源是经济体，以追求信息收益最大化为目的，为了适应环境，解决生存方面的问题，信源会将其所拥有的、所有处于价值期的信息不断地向其他节点传播扩散，从而获得收益，用以维持其他信息的搜索、采集、组织与开发。所以微博用户往往会大量关注其他用户来扩大自身信息收集范围，信息由掌握丰富信息资源的大V向信息资源贫乏的外围粉丝传递。因此提出如下假设。

H3 微博信息的首发用户关注量会正向影响微博舆情热度。

H4 微博信息的首发用户的发帖数会正向影响微博舆情热度。

4.2.1.2 信息格式

信息是沟通信源与信宿的桥梁，信息能否很好地被信宿采纳是信息传播的关键。除去信源特征和信宿需求的影响，信息能否被采纳与信息本身的观点质量与组织成效密不可分。观点质量是指信息的说服力和思辨性，一般通过信息内容本身、信息的准确性以及信息的格式和时效性等来进行评价。组织成效是指信息的组织加工和表达方式能否适应用户的认知与信息实践能力。在微博舆情爆发之初，网络上进行对比的信息较少，真相不明朗，信息观点质量还不能很好地评价，故仅从信息组织成效来考虑。

在当今信息超载的互联网环境下，如果一条微博信息不能够很好地序化组织信息，则很容易由于本身的意思观点表达不清而沉没下去。而严格限制的博文长度、图片数、小视频时长使得微博信息必须语言精练平实，在有限篇幅里传达最丰富的信息，同时还需要迎合大众口味，适应大众的认知水平。已有研究表明，信息的接受度和信息量成正比，即过长或者过短的内容会影响到用户对于博文的理解程度，从而影响到用户对于所接收信息的认同度和续传意愿，并最终将影响到微博信息的传播。同时微博平台还通过内嵌图片功能和短链功能将图像、网页、视频、音乐等多种丰富的形式嵌入博文之中，拓展了博文内容的同时，也激发了信息形式上的视觉线索，有助于阅读者对信息的理解，增加了微博内容的可读性以及用户对信息的认同度。因此提出假设。

H5 首发信息博文长度会正向影响微博舆情热度。

H6 首发信息博文内嵌的多样化形式会正向影响微博舆情热度。

4.2.1.3 信宿需求

信宿是进入了信源扩散的范围，并且对扩散信息有选择地加以接受和采纳的网络节点，信宿的信息需求是其一切行为的内驱力。在扩散活动中，信宿结合自身实际，根据实践需要和自身偏好，通过检索信息向信源发出反馈，“牵引”信源扩散“需求信息”。所以，微博用户的点赞、评论、转发等行为可以看作信宿对扩散至此的“需求信息”的反馈。微博的首发信息在短时间内还没有达到饱和时，其转、评、赞量可以看作微博用户对该条信息的原始需求度，是该条信息在网络环境的基础热度。因此提出假设。

H7 首发信息在第一天的转、评、赞量会正向影响微博舆情热度。

基于上文分析，主要从信源特征、信息形式和信宿需求 3 个视角出发，提出微博舆情传播影响因素的相关假设和模型，并选择合适的方法收集、分析数据，对模型进行验证。

4.2.2　基于首发信息的微博舆情热度预测建模

如图 4.2 所示，预警模型由 4 个部分构成，风险因素指标体系、微博舆情案例库、Logistic 模型、风险等级预警模型。第一步，通过分析确定风险因素，根据风险因素以及案例指标特性构建风险预警指标体系。第二步，收集舆情信息，构建微博舆情案例库。具体需要先确定预测范围，即预测未来舆情变化的时间范围，由于微博舆情爆发迅速，以 24 小时为预测时间范围，收集 24 小时内已经发生的舆情案例，并依据指标体系对数据收集、清洗、整理。第三步，以 24 小时内舆情浏览量最高者为舆情饱和状态，确定预警等级，并对案例库数据做 Logistic 回归，得出关系式。第四步，将 24 小时后，需要进行预测的实时案例的数据标准化后代回第三步得出关系式，反推相应的预警等级，从而达到预警目的。最后将案例库按照时间顺序进行更新，把老案例按时间顺序替换成新案例。

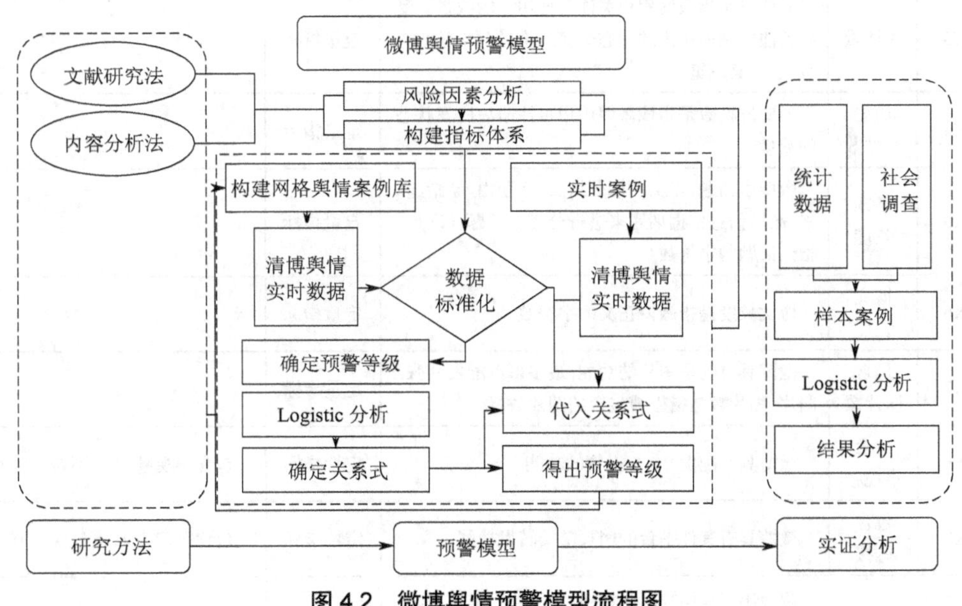

图 4.2　微博舆情预警模型流程图

4.2.2.1　指标体系的构建

在总结前人研究成果和理论推导所形成假设的基础上，以上文总结的微博首发信息特征要素为影响因素，以浏览量作为微博舆情热度的表征指标，构建通过微博首发信息的少量数据而进行舆情热度预测的模型。

依据样本数据特征，将假设 H1 提炼出博主身份一个定性指标，细分为微博 V 认证、微博会员、微博达人、普通用户 4 个标准。将假设 H2~H4 提炼出粉丝量、关注量、历史发帖数 3 个定量指标。将假设 H5、H6 提炼出话题长度、博文长度、包含图片数、小视频、链接等 5 个指标。将假设 H7 提炼出首条信息转发、评论、点赞 3 个指标。见表 4.17。

表 4.17 指标体系

变量	指标	解释	指标类型	赋值方法
X1	博主身份	博主身份是指新浪微博依据用户的活跃程度、影响力等作出的等级身份。分为普通用户、会员、微博达人、+V 认证 4 个等级。为方便微博首发信息的数据采集，暂不考虑微博通过缴纳会员费而取得的头条号资格等身份认证	定性指标	普通用户赋值为 1，微博会员赋值为 2，微博达人赋值为 3，V 认证赋值为 4
X2	粉丝量	微博具有“＋关注”的功能，粉丝量是指关注该微博用户的其他用户数，暂不考虑粉丝对舆情的再传播影响，仅从信息首发者本身的粉丝量考虑	定量指标	
X3	关注量	关注量是指微博用户关注其他用户的数量。受到关注的微博用户的动态会直接推送到粉丝的主页上，供其浏览	定量指标	
X4	历史发帖数	历史发帖数是指该微博用户自注册后所发状态的数量	定量指标	
X5	话题长度	微博由话题、正文两部分组成，话题由 ## 括起来，微博信息依据话题来进行分类。话题长度是指该话题的字符数	定量指标	
X6	博文长度	博文长度是指微博正文的字符数	定量指标	
X7	包含图片数	微博具有配发图片的功能，最多可以配发 9 张图片，图片数是指微博包含的图片数量	定量指标	
X8	包含小视频	微博具有配发 9 s 小视频的功能	定性指标	包含小视频为 1，不包含为 0
X9	包含链接	微博具有其他平台的网页链接转发功能	定性指标	包含链接为 1，不包含为 0
X10	转发	微博用户可以转发其他用户的博文、图片、视频和链接	定量指标	
X11	评论	微博用户具有在其他用户博文下评论的功能	定量指标	
X12	点赞	微博用户具有对其他用户博文点赞的功能	定量指标	

续表

变量	指标	解释	指标类型	赋值方法
y	浏览量	浏览量指的是某条博文被点开浏览的次数，以此来作为衡量微博舆情热度的参照指标	定量指标	

4.2.2.2 Logistic 预测模型构建

微博舆情作为网络舆情的一种，其增长规律符合 Logistic 生长曲线，所以采用 Logistic 模型来做预测分析。

Logistic 模型的一般形式为

$$y=\frac{K}{1+a\mathrm{e}^{bx}}$$

式中的 y 为模型的输出，K、b、a 为模型的参数，K 一般称为饱和参数或饱和值，b 一般称为相对增长速率，a 一般称为系数，e≈2.718 28 为常数，x（一般为时序）为模型的输入。将该模型变换得到线性模型

$$\ln\left(\frac{K}{y}-1\right)=\ln a+bx$$

从而通过直线回归求得模型各个参数。在求得参数后，将新的案例变量代入该线性模型，转化至 Logistic 模型，从而得到新案例 y 的模型输出。

其中，设 y 为单条案例的浏览量，x 为影响舆情案例热度的各个因素，饱和系数 K 为舆情案例库内案例最高浏览量，$\ln a$ 为案例库舆情的基础热度，b 为影响舆情热度的各个要素系数。主要对该模型的系数值进行分析，得出系数后，将新案例数据代入模型反求 y 值，确定预警等级。

4.2.2.3 输入层设置

运用 Excel 来分析各个要素对舆情热度的影响，首先运用 Excel 对案例库的数列 y 进行计算，得出数列 $\ln\left(\frac{K}{y}-1\right)$，以新的数列 $\ln\left(\frac{K}{y}-1\right)$ 为因变量，x_1~x_8 为自变量，选择数据分析 - 回归分析。

4.2.2.4 结果解读

对各个因素的输出进行解释，需要解释的输出值列表见表 4.18。

表 4.18 结果输出解读表

输出值	解释	输出值	解释
Multiple R	用来衡量自变量 x 与 y 之间的相关程度的大小	观察值	用于估计回归方程的数据的观察值个数
R Square	用来说明自变量解释因变量 y 变差的程度，以测定因变量 y 的拟合效果	Significance F	通过 F 检验来判定回归模型的回归效果
标准误差	用来衡量拟合程度的大小，也用于计算与回归相关的其他统计量，此值越小，说明拟合程度越好		

4.2.2.5 微博舆情风险评估预警级别

微博舆情风险评估预警级别分为轻微级、警示级、严重级 3 个等级，分别用 1、2、3 表示。首先根据案例库中得出的各个指标系数 b，得出预测函数，然后将新案例的指标代入该函数计算舆情热度比值，将舆情热度比值与表 4.19 进行比对，以此确定各个因素其对应的预警级别。

根据已有研究，在一定范围内，有 38.2% 的人持某种意见，这种意见便在这一范围内具有了相当的影响力，若有 61.8% 的人持有某种意见，则这种意见在此范围内便形成了主导舆情。所以，以 38.2% 与 61.8% 作为分割点，将微博舆情预警等级分为 3 级，1 级为轻微级，当舆情预测热度不足 38.2% 则可以选择忽略。2 级为警示级，当舆情预测热度超过 38.2% 不足 61.8% 则需要相关部门高度重视，严格监控该条舆情走势。3 级为严重级，当舆情超过 61.8% 时，相关部门需迅速对该条舆情作出回应，将舆情抑制在潜伏期内。

表 4.19 风险预警等级表

1 级	2 级	3 级
轻微级	警示级	严重级
0~38.2%	38.2%~61.8%	61.8%~100%

4.2.3 案例分析

4.2.3.1 构建舆情预测案例库

1. 数据获取及处理

以新浪微博的社会类话题为例，采用 JAVA 编程及蜘蛛爬虫方式采集获取样本数据，从原创微博出发遍历获取如下字段数据：用户 ID、用户等级、粉丝量、关注量、信息内容、转发评论点赞数等数据，建立社会类舆情案例库。从 47 个舆情话题的 1 218 条原创微博出发，共获取话题类别、主持媒体 ID、帖子数、主持媒体粉丝数、信息内容、转评赞量、浏览量等 8 类数据。

清博舆情是舆情监控平台，用户可以通过组合关键字方案来定制全媒体舆情监控信息及报告。清博舆情平台具有较强的时效性、权威性、便捷性，因此，使用清博舆情平台来获取舆情指数，获取来源类型设定为微博，时间跨度为 2017 年 3 月 27 日 0 点至 24 点。

在数据清洗和处理阶段，主要进行如下工作：去除重复值和缺失值；基于信息内容字段、图片、视频、语音、文本、表情等内容形式数量，相应信息字段以 0、1 赋值；将清洗后的数据依据变量公式进行数值计算；计算舆情热度比值；最终构建 47 行 13 列的微博舆情预警案例库矩阵。

2. 案例选取

以天为单位进行预测，选取新浪微博 2017 年 3 月 27 日发生的 47 个社会类微博舆情案例进行风险预警分析（表 4.20），选择 27 日舆情热度值最高事件作为参照，确定预警等级。

表 4.20　案例数据采集表

编号	发帖媒体	阅读（浏览）	身份	粉丝量	关注	发帖量	标题	博文	图片	视频	链接	转发	评论	点赞
1	高骥中文网	8 156 000	4	3 710	418	3 251	6	136	6	0	0	138	1 555	587
2	记者张治中	63 148 000	4	3 346	1 827	4 757	9	110	7	0	0	29 943	21 798	12 475
3	甘肃网站备案	1 101 000	2	242	208	521	14	93	6	0	0	370	95	1 404
4	首都专家微博群	897 000	1	80	244	14 049	7	161	0	0	1	624	4 073	2 641
5	重庆晨报	1 984 000	2	840 000	1 577	17 663	5	116	9	0	0	37	129	88
6	中国新闻周刊	441 000	2	37 670 000	2 339	93 380	7	76	0	0	1	163	481	315

续表

编号	发帖媒体	阅读（浏览）	身份	粉丝量	关注	发帖量	标题	博文	图片	视频	链接	转发	评论	点赞
7	江苏新闻	21 776 000	2	2 780 000	852	82 933	7	180	9	0	0	3 899	8 594	11 457
8	南京零距离	310 000	2	3 460 000	1 075	59 521	6	36	0	0	1	46	76	20
9	苏州微生活	634 500	2	810 000	1 570	17 753	6	64	0	0	1	9	18	7
10	法制网	157 000	2	470 000	753	25 764	11	54	0	0	1	13	23	12
11	现代快报	240 000	2	1 900 000	1 049	90 976	8	71	9	0	0	92	137	73
12	合肥生活通	291 000	2	180 000	150	4 682	6	46	9	0	0	0	1	2
13	新浪江苏	250 000	2	820 000	3 834	38 293	11	58	4	0	0	32	51	16
14	个人	107 000	3	7 040 000	2 340	74 446	7	162	8	0	0	32	82	298
15	浙江晚报	2 881 000	2	100 000	1 254	13 224	10	116	4	0	0	3	55	148
16	华西都市报	386 000	2	4 020 000	2 004	140921	6	151	0	0	1	22	169	201
17	新浪江西	578 000	2	52 000	2 974	27 810	9	148	0	0	1	110	594	130
18	个人	43 680	3	128	120	228	6	128	0	1	0	5	2	17
19	个人	527 000	3	10	14	17	10	144	0	1	0	175	140	557
20	印象烟台	39 751	1	110 000	495	1 615	4	149	4	0	0	0	15	55
21	今日微博头条	5 739 000	2	45	1 101	74 075	7	158	9	0	0	1	7	11
22	苏州消防	57 420	1	15	195	11 616	4	142	9	0	0	1	0	9
23	国际在线新闻	684 000	2	4 140 000	926	29 852	9	176	9	0	0	15	15	42
24	中国小康网	6 827 000	2	100 000	1 254	13 224	4	166	0	0	1	10	69	15

续表

编号	发帖媒体	阅读（浏览）	身份	粉丝量	关注	发帖量	标题	博文	图片	视频	链接	转发	评论	点赞
25	刘 sir 财经首席研究员	438 000	1	350 000	104	2 069	6	160	8	0	0	15	29	66
26	股金女王	450 000	1	27 879	2 995	11 514	6	122	0	1	0	88	95	188
27	金鼎策略魔方	578 000	1	20 527	92	59	5	115	9	0	0	53	26	102
28	古圣论今	158 900	4	427	165	1 352	8	169	0	0	0	1	5	10
29	水水刘轩	264 000	4	5 521	301	38 956	9	291	4	0	0	67	22	297
31	四川公安	5 720 000	1	290 000	396	9 060	9	144	0	0	1	46 235	67 014	66 234
32	成都发布	839 000	2	6 320 000	860	60 681	11	157	9	0	0	82	798	138
33	央视新闻	26 400	1	48 900 000	1 975	81 996	8	150	2	0	0	1 618	8 917	4 042
34	个人	313 000	3	530 000	2 606	55 182	8	151	0	0	1	6 324	23 473	12 852
35	辟谣与真相	93 800	4	350 000	1 628	23 120	7	133	0	0	1	68	154	81
36	个人	1 573 000	3	8 479	2 064	10 127	10	169	9	0	0	38	260	132
37	个人	86 000	3	5 350	535	2 540	6	180	0	0	1	123	124	945
38	新浪教育	300 000	2	4 500 000	1 910	27 438	7	166	9	0	0	3 048	16 826	9 465
39	北京晨报	1 751 000	2	3 238	1 831	1 338	10	196	1	0	0	1 509	5910000	50 354
40	新浪司法	69 000	2	34 493	3 702	6 792	5	146	0	0	1	13	252	83
41	中国新闻网	9 401 000	2	3 143	647	78 875	9	135	0	0	1	1 062	3 757	1 513
42	新浪股票	415 000	2	2 640 000	1 621	10 303	5	188	0	0	1	53	97	129
43	厦门晚报	879 000	2	2 270 000	344	29 154	9	192	0	0	1	2	5	4

续表

编号	发帖媒体	阅读（浏览）	身份	粉丝量	关注	发帖量	标题	博文	图片	视频	链接	转发	评论	点赞
44	现代快报	775 000	2	904	1 052	95 208	13	152	4	0	0	22	43	23
45	扬子晚报	1 291 000	2	1 241	1 568	106653	10	136	0	0	1	30	120	33
46	新浪厦门	587 000	2	127	4 001	59 396	13	136	0	0	1	14	44	12
47	中国新闻周刊	377 000	2	37 650 000	2 421	93 717	8	110	4	0	0	111	199	162

3. Logistic 分析

把事件相关微博的 13 个指标进行 Logistic 分析，得到 13 个指标与浏览量的模型表达式，见表 4.21 和 4.22。

表 4.21 Logistic 回归统计参数表

回归统计	参数
Multiple R	0.613 846
R Square	0.376 807
标准误差	1.465 075
观测值	46

表 4.22 Logistic 回归统计变量参数表

	Coefficients	标准误差	t Stat	P-value	Lower 95%	Upper 95%	下限 95.0%	上限 95.0%
Intercept	7.235 949	0.758 687	9.537 466	1.64E-11	5.698 704	8.773 194	5.698 704	8.773 194
X Variable 1	−0.000 16	7.5E-05	−2.139 45	0.039 063	−0.000 31	−8.5E-06	−0.000 31	−8.5E-06
X Variable 2	−9.4E-07	5.41E-07	−1.733 03	0.091 419	−2E-06	1.59E-07	−2E-06	1.59E-07
X Variable 3	8.44E-05	5.78E-05	1.461 948	0.152 198	−3.3E-05	0.000 201	−3.3E-05	0.000 201
X Variable 4	0.006 793	0.278 86	0.024 359	0.980 697	−0.558 23	0.571 817	−0.558 23	0.571 817
X Variable 5	0.000 165	0.000 219	0.752 247	0.456 662	−0.000 28	0.000 609	−0.000 28	0.000 609
X Variable 6	4.75E-08	2.41E-08	1.971 008	0.056 238	−1.3E-09	9.64E-08	−1.3E-09	9.64E-08
X Variable 7	−1.4E-05	6.97E-06	−1.968 9	0.056 489	−2.8E-05	3.99E-07	−2.8E-05	3.99E-07
X Variable 8	−0.001 88	0.001 199	−1.567 08	0.125 61	−0.004 31	0.000 55	−0.004 31	0.000 55

4.2.3.2　舆情热度预测与结果分析

利用 3 月 27 日舆情案例（表 4.23）构建的 Logistic 模型，预测 28 日的热度趋势预测值，并与真实数据对比，结果见表 4.24。分析预测区间和实际区间可知，Logistic 模型用于预测微博舆情热度准确率达到 80%，说明该模型有效。

表 4.23　预警案例表

案例名称	浏览	参与数	转发	评论	点赞	发帖媒体	粉丝	发帖量	视听化程度
女博士留学回国当农民	630 000	443	252	557	953	中国青年报	5 310 000	44 087	图、文
北京西站买票骗局	4 720 000	982	282	644	1 024	新京报	23 910 000	71 134	图、文
全球购涉假	636 000	573	496	329	103	北京时间	689 930	4 526	图、文
开双眼皮算不算病假	181 000	61	13	55	56	扬子晚报	12 580 000	10 768	图、文

表 4.24　预警结果一览表

案例名称	热度值	预警等级	实际浏览量	预测效果
女博士留学回国当农民	35.599 505 8%	轻微	1 769 687	正确
北京西站买票骗局	38.712 542 9%	警示	12 192 431	正确
全球购涉假	35.665 620 4%	轻微	1 783 230	正确
开双眼皮算不算病假	33.041 152 5%	轻微	547 802	正确

4.3　网络舆情衍生风险预测

4.3.1　衍生舆情传播机理

4.3.1.1　网络舆情衍生效应

网络衍生舆情是网络舆情在演进过程中的产物，它在脱离原始网络舆情的同时，也促进原始网络舆情的发展。在原始舆情形成期，舆情内容或者网民情感由一种观点发生改变从而形成一种全新的观点，新的观点进而形成舆情衍生效应。舆情发生衍生之后，原始舆情和衍生舆情相互耦合作用，呈现高峰值或者多峰现象。以百度指数为例，从图 4.3 中衍生舆情的搜索数量曲线可以看出，4 个事件均出现两个以上峰值,并由于原始舆情和衍生舆情共同作用导致舆情持续时间更长。网络衍生舆情是舆情传播中的一类特殊现象,大数据环境使得这种特殊情况出现的频率越来越高,尤其是突发事件诱导产生的舆情。由此,需要挖掘支配这些舆情衍生统计规律的深层变化规律,深入解读舆情衍生效应,为政府治理网络舆情提供理论依据。

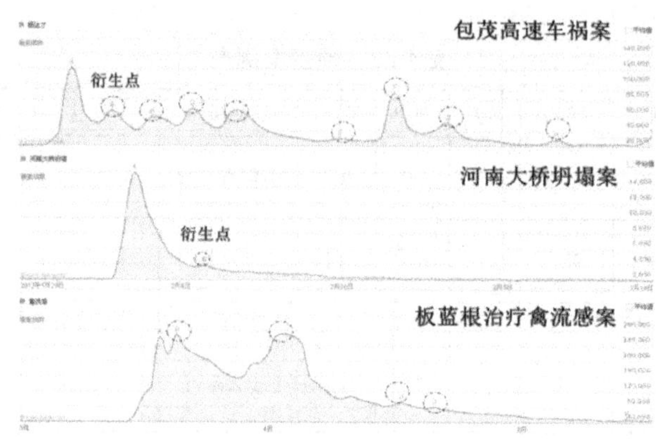

图 4.3 突发事件网络衍生舆情案例

突发事件网络舆情是一类特殊的网络舆情,其事发突然,潜伏期较短,但扩散期爆发性更强,往往在几个小时内便出现了信息爆炸,并且突发事件网络舆情消退期更长,在消退期往往能唤醒其他同类议题,从而容易产生衍生舆情,因此,以突发事件网络舆情为例,进行网络舆情衍生风险预测。本节以突发事件网络舆情第一个波峰的潜伏期、扩散期与消退期为基础数据进行预测,提出一种衍生系数,用于观测突发事件网络舆情消退期的衍生程度,以强化对突发事件消退期衍生舆情的预警准确度。

4.3.1.2 突发事件衍生舆情的传播特性

在突发事件网络舆情信息传播过程中,真实信息、爆料流言等交织嫁接在一起,各种发布、转发、评论信息使得单一事件曝光在网络空间中处于一种信息过载的状态,容易使得原始网络舆情偏离常态演化规律,引发信息异化和信息关联等,从而发生舆情衍生。在网络舆情演进的各个阶段都有可能产生衍生舆情,在潜伏期与扩散期,舆情衍生一定程度上推动着原始舆情发展,原始舆情与衍生舆情是一种伴生状态,往往被看作单一舆情,舆情演化因此呈现出非线性和不规则的特征;在消退期,舆情衍生往往突破了原始舆情的"燃度阈值",并呈现出一种能量突然释放的状态,由于突破了原始舆情的平衡性与稳定性,激活新舆情的"触发点",从而表现出"跳跃性"的特征,如图 4.4 所示。图 4.4 中实线为原始舆情影响力随时间的变化曲线;在原始舆情消退期时达到 B 点,即舆情衍生点 B 后,产生衍生舆情虚线 b;原始舆情与衍生舆情交织在一起，其综合影响力体现为虚线 a。从突发事件网络舆情应对来讲，原始舆情的潜伏期与扩散期受到政府关注较多，若此时产生衍生舆情能得到及时应对处理。但是在原始舆情消退期，政府关注度下降，此时产生的衍生舆情很可能疏于监测。所以在原始舆情的消退期识别舆情正常波动与衍生舆情，是衍生舆情预测的难点。

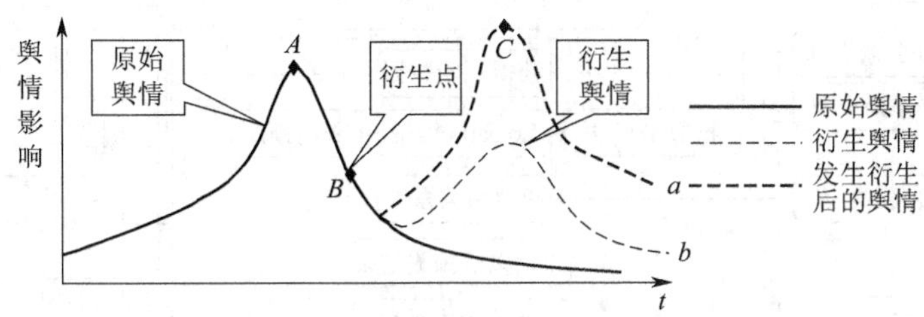

图 4.4　突发事件网络衍生舆情传播特性

4.3.1.3　突发事件衍生舆情的数值统计特性

突发事件网络舆情在演进中始终存在着信息突变、信息异化、信息衍生的现象，伴随着衍生舆情的生成、复合与扩散，所以突发事件网络舆情的累积关注度往往呈现为一种不平滑的 Logistic 曲线，这种舆情的不完全衍生虽然会带来舆情波动，但是还并不能被称为真正的衍生舆情。而消退期产生的衍生舆情，其数值变化则是多个 Logistic 曲线的衔接，呈锯齿状上升(图 4.5)。

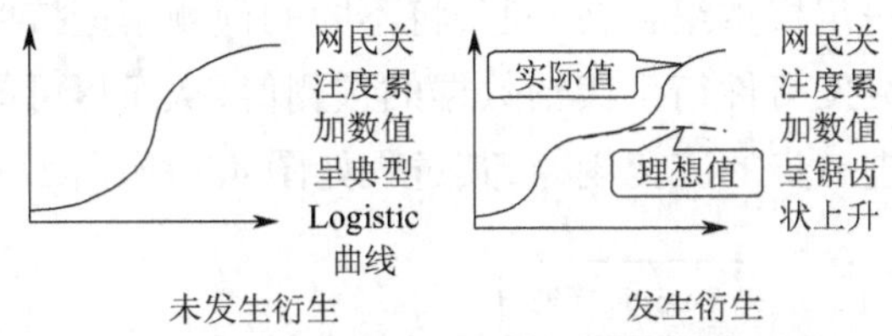

图 4.5　突发事件网络衍生舆情数值变化特性

本节针对消退期产生的衍生舆情，对原始舆情形成的潜伏期与扩散期进行建模，得出消退期理想值，以理想值为基准，计算实际值与理想值的误差率，并定义此误差率为衍生系数，当网络舆情衍生系数超过预警值时，称之为网络衍生舆情。

4.3.2　基于组合预测的衍生舆情预警建模

4.3.2.1　基于组合预测的预警模型建模思路

基于组合预测原理构建一种对衍生舆情进行预警的数学模型，对衍生舆情的预警可以分为 3 步(图 4.6)。首先,在突发事件网络舆情产生后,利用热词软件搜索原始舆情数据。其次,依据原始数据,以 Logistic 模型、指数平滑模型、灰色模型为基础,以灰色系数确权的组合预测模型来进行预测,计算得出原始舆情的消退期。最后,在原始舆情消退期的理想状态下,计算实时舆情衍生系数,确定其预警等级。

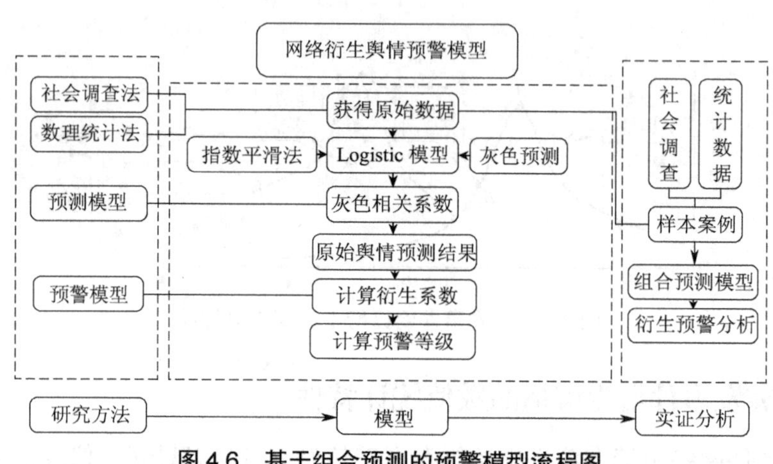

图 4.6 基于组合预测的预警模型流程图

4.3.2.2 预测模型

预测模型就是将原始舆情的潜伏期与扩散期的数据,通过组合预测得出其增长规律,预测出消退期的发展趋势。采用组合预测法进行预测,利用不同预测模型的优势,将预测结果按照一定权重组合在一起,将不同的预测模型按照一定权重组合在一起,综合各种模型对突发事件衍生舆情数据的预测值,从而尽可能地高度拟合舆情衍生趋势线,模拟舆情进一步的演化规律,其过程如图 4.7 所示。

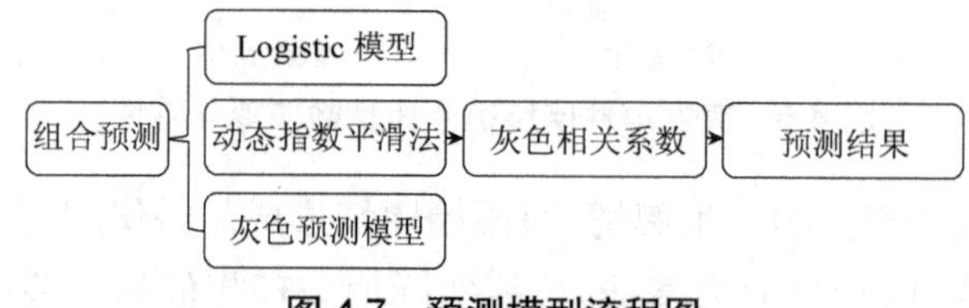

图 4.7 预测模型流程图

1. 组合预测法

组合预测模型的建模原理如下。

设 x_i 为第 i 天实际舆情数据($i=1,2,3,\cdots,n$, n 为舆情潜伏期与扩散期预测数据天数),则 n 天舆情的实际值可得时间序列 $(x_i)_{l\times n}$ 。设 p_{ik} 为第 k 种方法第 i 天的舆情数据预测值 $(k=1,2,3,\cdots)$, $e_{ik}=|x_i-p_{ik}|$ 为第 k 种方法第 i 天的舆情数据预测值误差, w_k

为第 k 种方法权重系数的估计值，y_{ik} 为组合预测值，则有式（4-1）：

$$y_{ik}=\sum_{i=1}^{k}w_i p_{ik} \tag{4-1}$$

设 E 为组合预测的误差平方和，由于组合预测模型的权重是基于误差平方和最小的原则，权重和值为 1，因而可以构造式（4-2）组合预测模型：

$$\begin{cases}\min E=\sum_{i=1}^{n}(y_i-y_{ik})^2=\sum_{i=1}^{n}(y_i-\sum_{i=1}^{k}w_i P_{ik})^2\\ \text{s.t.}\sum_{i=1}^{k}w_i=1,0\leqslant w_i<1,i=1,2,\cdots,k\end{cases} \tag{4-2}$$

原始舆情与衍生舆情都属于网络信息，符合网络信息传播的基本规律，因此选用 Logistic 模型为基础模型，同时选择指数平滑法和灰色预测法为辅助模型。在舆情的衍生作用对数据扰动较大时，可利用指数平滑法对时间序列函数的趋势外延作用，修匀数据，得到减弱异常数影响的预测模型。根据突发事件舆情复杂多变、影响因素多的特性，灰色预测模型可以从复杂因素中分辨出数据内在积分特性展开预测。3 种模型的计算方法见表 4.25。

表 4.25　组合预测模型计算方法表

模型	解释
Logistic 模型	原始舆情与衍生舆情都属于网络信息，符合网络信息传播的基本规律，因此选用 Logistic 模型为基础模型
指数平滑法	在舆情的衍生作用对数据扰动较大时，可利用指数平滑法对时间序列函数的趋势外延作用，修匀数据，得到减弱异常数影响的预测模型，从而使时间序列所包含的历史规律性能较显著地体现出来
灰色预测法	灰色模型是一种基于少量数据、贫信息系统特征、运行机制和表现行为的分析，具有要求数据少、不考虑分布规律和变化趋势、运算方便等优点。根据突发事件舆情复杂多变、影响因素多的特性，采用可以从复杂因素中分辨出数据内在积分特性的灰色模型作为另一个辅助模型

2. 权重计算

建立组合预测模型的关键点在于各个预测模型的定权，各个模型的权重不同，预测结果也不同，比较常用的定权方法有 3 类：线性组合预测法，如平均定权法、残差倒数法、最小二乘法等；非线性组合预测法，如蛙跳优化法、神经网络分析法等；基于定性分析的 AHP 层次分析法、模糊综合评价法等。但是，线性优化定权方法忽略了权重分配指标的实际背景，预测结果难以解读。而基于定性分析的定权方法主观成分较大，预测结果容易失真。由此，采用灰色相关系数确权法来进行权重赋值，灰色相关度分析针对一个系统发展变化态势提供了量化的度量，非常适合动态历程分析；同时，由于3种预测方法各因素的物理意义不同，导致数据的量纲也不尽相同，而灰色相关度分析可对数据进行无量纲化处理，故而所得的灰色相关度可以更好地描述参考数据的内在相关性。利用灰色相关系数模型计算权重原理如下。

选取参考时间序列，拟用实际的突发事件舆情数据作为参考数列，如式（4-3）：

$$X^{(0)}=x^{(0)}(1),x^{(0)}(2),x^{(0)}(3),\cdots,x^{(0)}(n) \tag{4-3}$$

其中n表示时刻，假设有m个比较数列，使用3种方法进行组合预测，故产生3组比较数列，即$m=3$，如式（4-4）：

$$x_i=x_i(k)=x_i(1),x_i(2),\cdots,x_i(m),(k=1,2,3,\cdots,m) \tag{4-4}$$

为比较数列x_i对参考数列x_0在时刻k的关联系数，设参数$r(0<r<1)$为分辨率，根据已有研究，一般取0.5，计算该时刻点的关联系数$x_i(k)$，得式（4-5）：

$$x_i(k)=\frac{\min_i\min_k|x_0t-x_st|+r\max_i\max_k|x_0t-x_st|}{|x_0t-x_st|+r\max_i\max_k|x_0t-x_st|} \tag{4-5}$$

由于时间序列里每一个时刻点都会产生一个关联系数$x_i(k)$，为方便比较，故定义关联度R_i如式（4-6）：

$$R_i=\frac{1}{n}\sum_{k=1}^{n}x_i(k) \tag{4-6}$$

通过式（4-6）计算各个预测方法所得数列与实际舆情预警值的关联度，以各个方法的相关度值作为组合预测的权重。

4.3.2.3 预警模型

预警模型以原始舆情的消退期预测值为基准，计算消退期实际值的衍生系数，并构建衍生舆情案例库，通过统计学方法来确定衍生系数的预警级别，最后对照预警级别进行预警。

1. 衍生系数的计算

在通过组合预测法确定预测模型后，构建衍生系数r为实际值与预测值的相对误差率，即实际值和预测值的差。其计算过程如式（4-7）：

$$r_i=\frac{x(i)-x'(i)}{x(i)} \tag{4-7}$$

设$x(i)$为第i天实际舆情数据（$i=1,2,3,\cdots,n$，n为舆情消退期的预测数据天数），则n天舆情的实际值可得时间序列$(x_i)_{l\times n}$。设$x'_{(i)}$为依据组合预测法的第i天预测结果，r_i为第i天的衍生系数。

2. 预警等级的计算

参考“百度指数”“微指数”“清博舆情”等舆情软件，提取相关数据，结合典型突发事件舆情事件的数据，利用统计学方法对突发事件衍生舆情预警等级进行计算。第一，建立衍生舆情案例库，收集衍生舆情关注度的时间序列数据与有关衍生舆情演进的事件时间列表。第二，采用专家打分法对舆情消退期各个时间节点的衍生等级进行判断。第三，计算消退期各个时间节点的衍生系数，构建衍生系数数列 $r=r_1,r_2,r_3,\cdots,r_n$，n 为时间节点数。以该数列中最大值为警戒值，即当时间增加，计算新增时间节点的衍生系数 $r_{(n+1)}$，若 $r_{(n+1)}>h$ 则发出预警报告。第四，构建预警程度系数 h，如式(4-8)：

$$h=\frac{r(n)-\min r}{\max r-\min r}\times 100\% \qquad (4\text{-}8)$$

其中，$r(n)$为新增时间节点的衍生系数，$\min r$ 为原时间段内各个时间节点衍生系数的最小值，$\max r$ 为原时间段内各个时间节点衍生系数的最大值。最后，根据预警系数，发出预警报告。

4.3.3 案例分析

4.3.3.1 数据来源

2017 年 12 月 31 日 7 时许，北京林业大学 9 名女生结伴乘坐面包车从哈尔滨前往雪乡途中，发生重大交通事故，由此引发网民对旅游景区雪乡的质疑，后产生“雪乡宰客”等衍生舆情。利用百度指数获得关键词“雪乡”在 2017 年 12 月 31 日—2018 年 1 月 22 日的舆情数据(图 4.8)，列出百度指数的原始数列见表 4.26。

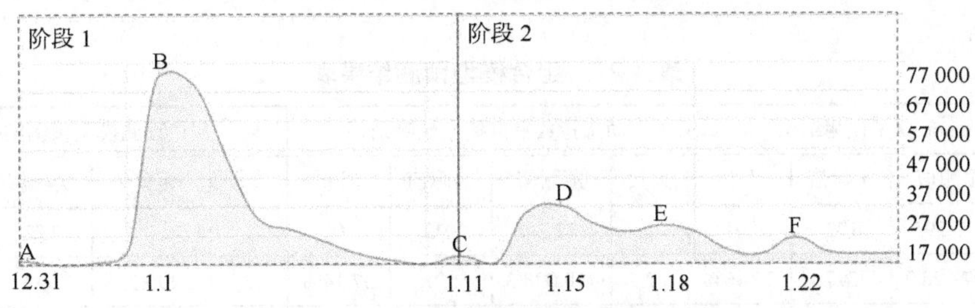

图 4.8　“雪乡”百度指数时间序列图

表 4.26　“雪乡”百度指数时间序列表

日期	12.31	1.1	1.2	1.4	1.5	1.6	1.7	1.8	1.9	1.10	1.11
时间	1	2	3	4	5	6	7	8	9	10	11
指数	7 697	8 046	11 893	72 938	70 499	44 630	23 018	19 095	10 661	8 510	7 699

续表

日期	12.31	1.1	1.2	1.4	1.5	1.6	1.7	1.8	1.9	1.10	1.11
累加	7 697	15 743	27 636	100 574	171 073	215 703	238 721	257 816	268 477	276 987	284 686
日期	1.13	1.14	1.15	1.16	1.17	1.18	1.19	1.20	1.21	1.22	
时间	12	13	14	15	16	17	18	19	20	21	
指数	10 169	7 040	25 991	27 699	21 578	18 723	20 646	18 710	12 321	10 869	
累加	294 855	301 895	327 886	355 585	377 163	395 886	416 532	435 242	447 563	458 432	

4.3.3.2 预测模型构建

如图 4.8、表 4.26 所示，该舆情第一次高峰出现在阶段 1，在此阶段舆情演化经历了潜伏期和扩散期，并逐渐进入消退期，故以舆情演化 1~15 天内数据构建原始舆情数据模型，进行舆情预测，以 16~21 天的数据进行衍生舆情预警分析，依据前 15 天数据得出 Logistic 模型、动态指数平滑模型、灰色预测模型结果如图 4.9、表 4.27 所示。

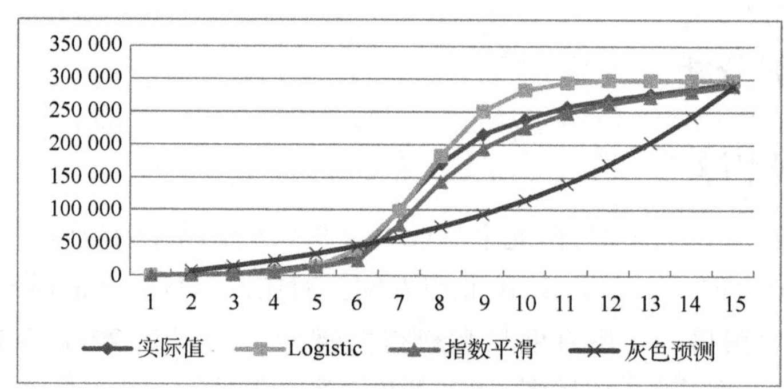

图 4.9 组合预测模型结果图

表 4.27 组合模型预测结果表

Logistic 模型预测结果				动态指数平滑模型预测结果				灰色预测模型预测结果			
天数	预测值	实际值	误差	天数	预测值	实际值	误差	天数	预测值	实际值	误差
1	122.295	172	29.01%	1	172.295	172	0	1		172	
2	397.628 3	597	33.46%	2	470.028 3	597	27.14%	2	6 495.275	597	171%
3	1 290.176	2 390	46.02%	3	1 814.132	2 390	31.75%	3	14 027.3	2 390	82%
4	4 158.4	7 697	45.97%	4	5 932.14	7 697	29.75%	4	22 784.74	7 697	44%
5	13 122.92	15 743	16.64%	5	12 799.74	15 743	22.99%	5	32 966.96	15 743	19%
6	38 873.45	27 636	40.66%	6	23 185.12	27 636	19.19%	6	44 805.77	27 636	55%
7	97 908.07	100 574	2.65%	7	77 357.34	100 574	30.01%	7	58 570.7	100 574	65%

续表

Logistic 模型预测结果				动态指数平滑模型预测结果				灰色预测模型预测结果			
天数	预测值	实际值	误差	天数	预测值	实际值	误差	天数	预测值	实际值	误差
8	183 570	171 073	7.30%	8	142 958.3	171 073	19.66%	8	74 575.09	171 073	65%
9	251 068.6	215 703	16.39%	9	193 879.6	215 703	11.25%	9	93 183.31	215 703	60%
10	283 049.2	238 721	18.56%	10	225 268.6	238 721	5.97%	10	114 819	238 721	55%
11	294 579.2	257 816	14.25%	11	248 051.8	257 816	3.93%	11	139 974.7	257 816	47%
12	298 313.2	268 477	11.11%	12	262 349.4	268 477	2.33%	12	169 223	268 477	38%
13	298 313.2	276 987	7.69%	13	272 595.7	276 987	1.61%	13	203 229.9	276 987	28%
14	298 313.2	284 686	4.78%	14	281 058.9	284 686	1.29%	14	242 769.6	284 686	17%
15	298 313.2	294 855	1.17%	15	290 716.2	294 855	1.42%	15	288 742.1	294 855	7%

以实际值为参考数列，3 种预测模型所得预测值序列为比较数列，通过灰色相关度分析，计算出 3 种预测模型与实际值每个时间节点的灰色相关度（表 4.28）。在舆情演进中，暂不考虑首次高峰的潜伏期、扩散期、消退期的各个时段的重要程度，故采用等权重的方法来求 3 种模型预测相关度的权重，即将各个时间节点的灰色相关度求其平均值，作为该模型整体的灰色相关度，最终确定该模型在组合预测中所占权重（表 4.29）。

表 4.28　灰色相关度计算表

天数	Logistic	动态指数平滑	灰色模型
1	1	1	1.009 024
2	0.993 293	0.998 973	0.825 311
3	0.954 866	0.995 9	0.697 926
4	0.864 271	0.984 446	0.638 661
5	0.896 302	0.934 611	0.606 764
6	0.665 062	0.923 99	0.607 534
7	0.894 647	0.658 442	0.384 19
8	0.640 894	0.524 467	0.212 646
9	0.386 133	0.475 772	0.175 275
10	0.334 085	0.442 899	0.173 654
11	0.376 975	0.405 027	0.180 994
12	0.427 192	0.382 173	0.207 95
13	0.510 783	0.364 021	0.261 342

续表

天数	Logistic	动态指数平滑	灰色模型
14	0.620 657	0.349 708	0.384 685
15	0.866 983	0.333 617	0.819 7

表 4.29　3 种模型灰色相关度确权结果

模型	灰色相关度	权重
Logistic	0.695 476	38.08%
动态指数平滑	0.651 603	35.68%
灰色 GM(1,1)	0.479 044	26.23%

4.3.3.3　预测模型结果

利用 1~15 天数据进行建模,得出衍生舆情模型,依据此模型将 16~21 天数据依次运算其预测结果(图 4.10,表 4.30),并计算纳入新数据后,预测结果与实际结果之间的线性相关系数 r^2(图 4.11),根据图可知,在第 10 天后,该预测模型与实际数值线性相关系数 r^2 稳定在 0.99,即该模型经过足够的数据学习后,较为成熟,可以用于衍生系数的计算。

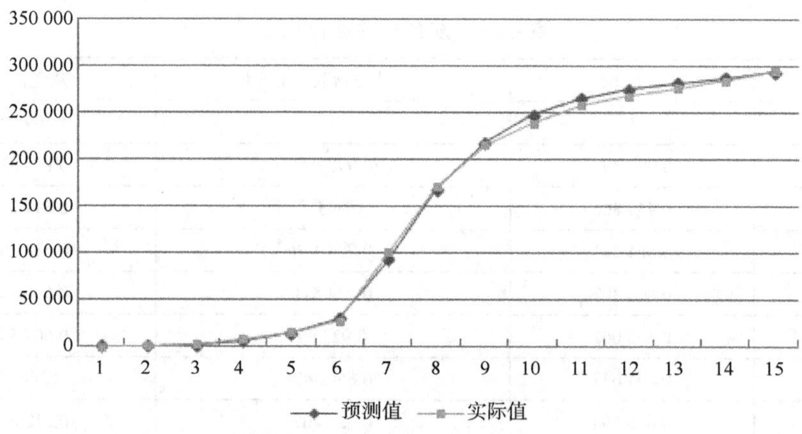

图 4.10　组合模型预测结果图

将组合预测法所得结果与 Logistic 模型、动态平滑模型与灰色预测模型作比较(表 4.30),发现组合预测法更为精确。最后计算舆情消退期的衍生系数(表 4.31)。

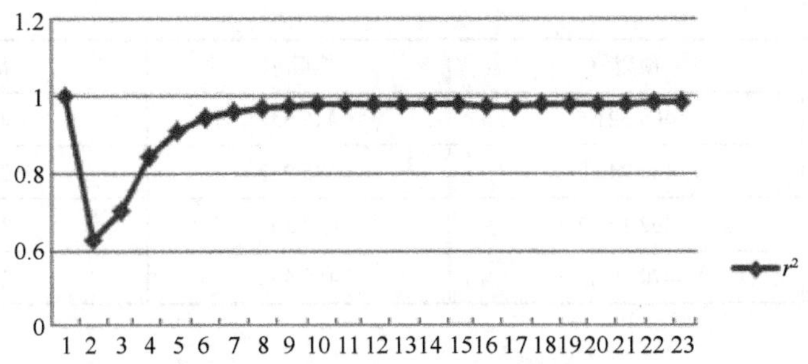

图 4.11　预测结果线性相关指数图

表 4.30　组合预测模型预测表

天数	预测值	实际值	相对误差	Logistic 误差	动态平滑误差	灰色模型误差
1	479.465 7	172	178.28%	29.01%	0	
2	509.889	597	34.68%	33.46%	27.14%	171%
3	1 829.572	2 390	23.45%	46.02%	31.75%	82%
4	5 938.908	7 697	22.84%	45.97%	29.75%	44%
5	14 256.43	15 743	9.44%	16.64%	22.99%	19%
6	30 458.12	27 636	1.02%	40.66%	19.19%	55%
7	93 578.84	100 574	1.95%	2.65%	30.01%	65%
8	168 515.3	171 073	1.49%	7.30%	19.66%	65%
9	218 525.9	215 703	1.30%	16.39%	11.25%	60%
10	247 731.9	238 721	3.77%	18.56%	5.97%	55%
11	265 797	257 816	3.09%	14.25%	3.93%	47%
12	275 759.1	268 477	2.71%	11.11%	2.33%	38%
13	282 441.5	276 987	1.96%	7.69%	1.61%	28%
14	288 243.5	284 686	1.24%	4.78%	1.29%	17%
15	294 001.1	294 855	0.28%	1.17%	1.42%	7%

表 4.31　衍生系数表

天数	预测值	实际值	衍生系数
16	311 370.1	327 886	5.037 074
17	348 472.9	355 585	2.000 123
18	376 897.2	377 163	0.070 476
19	385 886	395 886	2.525 98

续表

天数	预测值	实际值	衍生系数
20	405 321.5	416 532	2.691 385
21	433 745.9	435 242	0.343 751
22	462 170.2	447 563	3.263 715
23	470 594.5	458 432	2.653 068

4.3.3.4 预警等级计算

依据衍生系数预警等级，得出 1 月 14 号到 1 月 22 号之间的衍生舆情预警结果，见表 4.32。

表 4.32 预警系数计算表

时间	1.14	1.15	1.16	1.17	1.18	1.19	1.20	1.21	1.22
预警系数	未预警	中度预警	未预警	未预警	轻度预警	未预警	未预警	未预警	轻度预警

4.3.3.5 舆情分析

通过上文分析，对比预警结果与实际数据，可将该舆情分为 1~15 天、16~23 天两部分。

（1）该舆情 1~15 天，为典型突发事件舆情生长模型，经历潜伏期、扩散期和消退期，通过对该时间段进行建模分析，确定组合模型的基础模型。

（2）该舆情 16~23 天，舆情热度小幅震荡，“低烧不退”，但是预警系数较低，不足以形成衍生舆情。

结合现实事件的发展来看，在雪乡车祸发生的第 2 天形成舆情高峰，随后即趋向平复；第 10 天，“雪乡宰客门”出现，在第 15 日形成舆情次高峰；第 16 日雪乡政府出面应对，发文表示要整顿雪乡旅游业；第 17 日人民网发表评论文章“雪乡应把重视旅客诉求提升服务放在第一位”，同时腾讯新闻改换标题发表评论文章“人民网评：舆情防控放在第一位的雪乡想干什么”等；第 18 日“察言观社”等知名媒体发表评论文章“舆情防控凭什么不能放在第一位”等，而后舆情趋向平复。由此观之，虽然在雪乡车祸后发生了关于雪乡宰客的舆情衍生，但是缺乏新事实的爆料，仅仅是社会观点的争鸣，并不足以形成衍生舆情，而雪乡政府应对得当，使得事态并未恶化。

上文提出的预警模型是基于衍生舆情预测结果的可控性提出的，该模型具有可解读性和操作性,有助于把握舆情走向,减少不可控因素,提高舆情应对能力。

4.4　衍生网络舆情情感预测

4.4.1　衍生舆情情感分析

衍生是网络舆情的典型风险之一,网络舆情发生衍生之后,其发展演化的不确定性大大增加,舆情风险亦随之产生。衍生风险体现在主体、主题、情感等诸多方面,本节进行衍生舆情情感预测,为防范衍生风险提供思路方法。由于具有多变性、公共威胁性等特征,在突发事件处置过程中,以及突发事件引发次生灾害的处置过程中,均易引发衍生舆情,由此,以突发事件为例进行衍生网络舆情情感预测。

4.4.1.1　衍生舆情特点

1)二次爆发

当突发事件处于传播耗散阶段时,舆情的总体强度及活跃指数趋于衰退减少状态,此时一旦有外界信息点的强烈刺激,如对突发事件原有信息的否定,影响事实真相的关键细节的报道或网民为博取关注而散播的大量谣言,都会导致衍生舆情能量场规律的变化,使舆情从耗散期迅速转变为爆发期,进入二次爆发阶段。

2)随机发生

原网络舆情在传播过程中经历激变演化,从而形成衍生舆情。在这一演变过程中,有多种因素制约影响着衍生舆情的发生,从传播学角度出发,可以分为社会治理、经济发展、社会行为、心理情感、宣传报道、传播形态等多种因素。其中任何一种因素都可能诱发衍生舆情的产生。因此,衍生舆情具有明显的随机性,对这一方面的预测很难实施。

3)多方交互

衍生舆情的行为主体通常由政府、媒体、当事人、普通网民等组成。不同于传统媒体的传播路径,在衍生舆情发展过程中,行为主体通过微博、贴吧、论坛等多种载体发布消息,传递观点,并根据信息的传播态势互相博弈、交互作用,在不断地交互影响中推动衍生舆情的发展与走向。

4.4.1.2　情感分析方法

情感分析又称意见挖掘,作为自然语言处理的子任务之一,能够在文本中分析出人们对于实体及其属性的观点、情感、评价、态度和情绪。根据情感分析的主体长度不同,可以将情感分析分为篇章级、段落级、句子级和属性级情感分析。目前,情感分析的主流方法可分为两种:基于监督的情感分类与基于无监督的情感分类。从监督学习的实现流程来看,这种情感分析方法需要特定领域的大量标注数据作为训练集,使机器在充分训练中自动学会情感极性表达,因此对于非特定领域不具有适用性。而相比有监督的情感分类方法,情感词典一旦前期构建成功后,仅需要结合使用少量语料作出调整即可,可以实现分析效率高、分析结果较为准确的目的。当前情感词典的构建方法大体可分为3类:基于手工筛选的方法、基于现有词典的方法以及基于语料库的方法。结合前人研究和突发事件网络舆情情感特征,采用基于情感词典的方法进行微博衍生舆情的情感预测。

4.4.1.3 时间序列分析方法

数学中把同一现象在不同时间上的相继观察值排列而成的序列称为时间序列。按照使用方法的难易程度可将其分为数据图法、指标法、模型法等。其中,模型法能更为本质地了解数据的内在结构和复杂特征,从而达到预测与控制的目的。在模型法中,最为经典的一种模型为ARIMA(差分自回归移动平均)模型。它是将预测对象随时间推移而形成的数据序列视为一个随机序列,用一定的数学模型来近似描述这个序列。这个模型基于前期的数据拟合可以用来预测未来的数值变化。鉴于本节的情感分析数据关系的复杂,决定采用ARIMA模型。

4.4.2 情感词典构建

4.4.2.1 情感词典构建的原则

作为舆情事件情感分析和时序分析的基础工具,突发事件情感词典的构建质量直接决定了后续分析结果与分析效能的优劣。在此,对该情感词典的构建确定以下原则:①准确率高。准确率是突发事件舆情情感词典的主要评价指标。因此在构建完成后,要通过实验的方法检验其指标优劣,对比该词典与其他词典的性能。②适用性强。要确保该情感词典在应对常见的突发事件及其衍生舆情的评论文本时,都能较好地进行情感分析,从而使该词典的使用范围较为广泛,不局限于单一类型的突发事件。③易于拓展。词典构建完成后,应根据网络舆情的发展及变化趋势,及时收纳新的网络用语或专业术语,即词典应易于扩展。

4.4.2.2 情感词典构建方法

1. 通用情感词典构建

通用情感词典是针对日常生活中常见情感词而构建的通用词典,它的适用范围极广，并且不受领域变化的限制，情感判断稳定性较好。因此，在构建突发事件通用情感词典时，对于情感极性词语的选择应在遵循 MECE 原则（Mutually Exclusive, Collectively Exhaustive）的基础上结合微博评论实际进行选择。在综合分析目前主要的 3 种中文情感词典的差异性后，结合突发事件舆情通用情感词典的构建实际，认为大连理工大学的情感词汇本体库分类细致，词汇量丰富，较为适用，但内部的词汇极性划分依旧有部分不符合实际舆情情感的属性。因此，将知网的情感分析用词语集与其合并，删除其中词汇重合、极性相反的词语。鉴于本体库对于词语的表征过于细致，仅选取词语名称、情感强度、情感极性 3 种属性。随后，删除其中具有明显歧义的词汇。最后，将 Hownet 中的正面评价词语和正面情感词语与本体库中极性标注为 1 的词语合并，作为通用情感词典中的积极情感词典；将 Hownet 中的负面评价词语和负面情感词语与本体库中极性标注为 2 的词语合并，作为通用情感词典中的消极情感词典。此外，将本体库中极性标注为 0 的词语标注为中立词，代表中立情感。在词典中加入中立情感是因为在当前的网络评论中，持中立态度、对于新闻事件的观点犹豫不定的评论也占有一定的比重。因此中立情感词语的收录可以进一步丰富词典的涵盖范围，使通用词典的适用性更广泛，提升词典的准确率与召回率，通用情感词典的部分内容见表 4.33。

表 4.33　部分通用情感词典

词语	安稳	扭捏作态	脏乎乎	沉稳	清朗	体谅	怨声载道	祸国殃民	死板板
情感极性强度	3	9	5	5	5	1	5	7	9
情感极性	1	2	1	1	1	0	2	2	2

此外，鉴于评论文本中经常出现否定词语，在词典构建中作出如下规定。

（1）对于否定词与积极极性的词语组合时，该词语显示为消极极性。对于否定词与消极极性的词语结合时，该词语的极性显示为中性。

（2）对于特殊的否定结构，如双重否定、多重否定等句式，根据识别到的否定词数量，当数量为偶数时，情感极性与被修饰词的极性相同；若为奇数时，则与原被修饰词极性相反。

（3）对于不符合词典一般识别方法的否定词语，进行人工干预标注。词语结构多以“无 A 无 B”“无 A 不 B”的形式存在，如“无时无刻”“无坚不摧”“无往不胜”等。

综上，构建的基础否定词表见表 4.34。通过实验发现：这一处理符合实际情感判断。如“悲伤”一词在词典中被标注为消极极性的词语，而“不那么悲伤”在通用情感词典中被标注为中性词语。

表 4.34 通用情感词典否定词词表

不	非	没有	没	未	不是
无法	难以	忌	禁止	莫	以免

2. 突发事件专属领域情感词典构建

根据情感词典的领域适用程度的不同，可将情感词典分为通用情感词典和专属领域情感词典。和前者不同，专属领域情感词典是针对某一或某些特定领域量身定制的词典，因此，其指向明确，适用范围特定。虽然通用性较差，但对特定领域分析时却能起到很好的识别与情感分类作用。

1）本源词集的构建

本源词集是构建领域情感词典的基础，是采用 PMI-IR（逐点互信息方法）进行网络用语筛选的重要前提。因此，本源词集的优劣将直接决定了领域情感词典应用能力的高低。对本源词集作出两点要求：①本源词集应具有较高的应用性；②本源词集应简洁有效。

为使构建的本源情感词具有领域针对性，选取“红黄蓝幼儿园虐童事件”微博舆情及“瑞海公司特别重大爆炸事故”微博话题共 10.7 万条评论作为材料库，对其分词、降噪、去除停用词后作词频统计，删除其中的非情感词，对排名靠前的词进行保留，随后将留下的词随机分组进行组内 PMI-IR 计算，并将各组排名前三的词留下，再次组合计算 PMI-IR 值，最后排序并输出分别排名前 20 的词语，即得到突发事件衍生舆情专用本源词。积极、消极本源词表，见表 4.35、表 4.36。

表 4.35 积极本源词表

词语	词性	词语	词性	词语	词性	词语	词性
伟大	形容词	辛苦	形容词	帅	形容词	温暖	形容词
致敬	动词	成功	形容词	辛勤	形容词	动容	动词
感动	动词	最可爱	形容词	慰问	动词	加油	动词
开心	形容词	棒	形容词	厉害	动词	平安	形容词
暖	形容词	感谢	动词	崇敬	动词	点赞	动词

表 4.36　消极本源词表

词语	词性	词语	词性	词语	词性	词语	词性
不作为	名词	失职	动词	失望	形容词	焦躁	形容词
悲哀	形容词	迷茫	形容词	痛失	动词	丢脸	动词
无语	形容词	假大空	形容词	伤害	动词	惋惜	形容词
虚假	形容词	差	形容词	死亡	名词	受伤	动词
气愤	形容词	悲剧	名词	绝望	形容词	麻木	形容词

2)目标词语选取

在对本源词表进行构建以后,对目标词进行情感属性的判断。此处采用PMI-IR值来衡量每个词与本源词之间的语义相似度,将计算结果降序排列,去掉最大值与最小值,对剩余数值求取平均值即为该目标词的PMI-IR值,具体公式如式(4-9)所示:

$$\text{PMI-IR}(\text{element},\text{elementBase}) = \sum_{i=1}^{\text{count}(\text{elementBase})-1} \text{PMI-IR}(\text{element},\text{element}_i) \tag{4-9}$$

式(4-9)中 PMI-IR(element,element$_i$)是目标元素 element 与第 i 个本源元素 element$_i$ 间的 PMI-IR 值,count(elementBase)是指本源元素集合 elementBase 中所包含的元素个数。最后求得的即元素 element 与本源元素集 elementBase 之间的语义相似度。

式(4-10)分别与积极、消极本源元素计算 PMI-IR 值,并进行如下运算:

$$\text{PMI-IR}(\text{element}) = \begin{cases} \text{PMI-IR}(\text{element},\text{element}_{\text{positive}}), \\ \text{PMI-IR}(\text{element},\text{element}_{\text{positive}})^3\text{PMI-IR}(\text{element},\text{element}_{\text{negative}}) \\ \sim\text{PMI-IR}(\text{element},\text{element}_{\text{negative}}), \\ \text{PMI-IR}(\text{element},\text{element}_{\text{positive}}) < \text{PMI-IR}(\text{element},\text{element}_{\text{negative}}) \end{cases} \tag{4-10}$$

对判断为积极的目标词进行式(4-11)计算:

$$P = \frac{\text{PMI-IR}(\text{element},\text{element}_{\text{positive}})}{\text{PMI-IR}(\text{element},\text{element}_{\text{negative}})} \tag{4-11}$$

对判断为消极的目标词进行式(4-12)计算:

$$P = \frac{\text{PMI-IR}(\text{element},\text{element}_{\text{negative}})}{\text{PMI-IR}(\text{element},\text{element}_{\text{positivee}})} \tag{4-12}$$

最后,将 P 值与阈值进行比较,将 P 值中大于阈值所对应的词确定为情感词,通过评论文本的多次验证,将阈值设定为 0.64。鉴于此处使用的 PMI-IR 算法无法对中性词进行筛选,在此不予考虑,将在后文词库筛选方法中进行收录。

3）基于词库的专属领域情感词典构建

由于语料库的评论内容有限，采用上述词典构建方法时很多突发事件专属情感词语未能收录到词典中。因此对现有的领域专有词库作二次筛选。搜狗输入法用语词库涵盖了我国政治、经济、军事、公安等各个方面的常用词语。通过对搜狗词库进行格式处理，将 .scel 格式转化为 .txt 后，对导出的常用词语数据库进行分析。采用其中的搜狗公安词汇词库和网络词库两种词库，以起到丰富扩充领域情感词典、提升词典召回率的作用。随机选取上述两个微博舆情事件的 10 000 条评论作为语料库（积极、消极语料各 5 000 条），将预处理后的分词与该词库进行比对分析，对同时存在于词库与语料库中的词语输出，删除其中的非情感词，得到专业领域扩充词表。鉴于其数量较少，采用人工标注方法进行情感标注。经标注后发现：扩充内容大部分为消极词语，并含有部分情感极性为中性的词语，通过这种方法可以很好地弥补上述没能采用 PMI-IR 方法进行中性词典构建这一问题。部分扩充词表内容见表 4.37。

表 4.37　突发事件专属领域情感词典部分扩充词表

词语	说法	打太极	处置不力	严惩	真真假假	害怕	追责	苍蝇
极性	0	2	2	2	2	2	2	2
极性强度	5	5	3	7	1	5	5	5

4.4.2.3　网络用语情感词典

鉴于构建词典旨在对微博评论进行情感分析，因此，网络用语情感词典的构建是必不可少的。本节使用上下熵方法，对前文已进行分词处理的微博语料作词频统计，并设定词语的上下熵的阈值。经此种方法处理后的词语虽然大多是预期的网络用语，但仍存在一些非目标词语的高频词，如“然额（然而）”等。因此，引入 TF-IDF 方法，该方法是对词语在语料中的重要程度进行排名，随后分别计算每个词语的 TF-IDF 值，将该数值与设定的限值相比较，并将高于该限值的词语补充到网络用语情感词典。最后，需要对这些词语进行极性强度判断，采用 SO-PMI 算法进行计算，其计算公式如式（4-13）所示：

$$\mathrm{PMI}(x,y)=\lg\frac{p(x,y)}{p(x)p(y)} \tag{4-13}$$

式（4-13）中，$p(x,y)$ 表示 x 与 y 一起出现的概率，$p(x)$ 是表征词语 x 在文本中使用的概率，$p(y)$ 表示词语 y 在文本中使用的概率。$\mathrm{PMI}(x,y)$ 表示两个词语同时出现的程度。但这种计算只能判断出二者的亲密程度，无法判断其极性，因此，需要引入情感倾向判断（SO），其计算方式如下：

$$\text{SO}-\text{PMI}(word)=\sum \text{PMI}(w,w^{+})-\text{PMI}(w,w^{-}) \tag{4-14}$$

公式(4-14)中，w 是待确定情感极性的词，w^{+}、w^{-} 分别表示正负种子词。若 SO 值大于阈值，则说明该词与积极极性的词较为紧密，在此判断该词的极性为积极；反之，则判断为消极。输出的极性词作为本节构建的网络用语情感词典。虽然在网络用语情感词典中缺少对于中性情感词语的收录，但通过分析网络用语的由来及产生的原因不难看出：网络用语的出现和使用本身就是为了表达用户嘲讽、开心、无奈、气愤等情感，因而大部分的网络用语都具有鲜明的情感极性，因此没有对中性网络用语词典进行特殊构建。但为了保证词典的准确性，仍需对少数的中性网络词语进行人工标注，如“吃瓜群众”“在线等”等词语。

4.4.2.4　副词的处理

在实际的评论文本中，副词作为动词和形容词的修饰语，在文本的极性强度方面起着重要作用。因此，必须对副词作特殊处理。通过分析副词的程度级别，决定采用四级程度法，部分副词见表 4.38。

表 4.38　副词极性强度列表

级数	程度赋值	个数	示例
1	0.5	10	稍，稍微，略，微，有些
2	1.0	12	还，蛮，较为，老
3	1.5	14	很，挺，那么，格外，多
4	2.0	18	及其，非常，特别，相当，十分，超级

4.4.2.5　极性强度的确定

在构建上述 3 种分词典过程中，除了通用情感词典对词语的情感极性强度作出标注外，其他两种词典没有对词语的极性强度进行表征。在此阐释极性强度的计算方法。对于突发事件情感词典而言，鉴于词典收录的情感词语体量小，考虑采用遍历搜索赋值法。即查询突发事件情感词典中的词语的释义，对释义进行分析处理，再将分词后的结果遍历通用情感词典。最后，使用与之匹配的通用情感词典中词语的极性强度赋值于该情感词语。

而对于网络用语情感词典的强度确定，考虑到 SO-PMI 的运算结果与通用情感词典的极性强度值在量级上存在差距，在分析通用情感词典的情感词数值的规律后，决定将上文的计算结果乘以 7，即可得到该词典中词语的情感极性强度。同时，在计算单条评论的极性强度时，首先对所有极性标注为 2 的词语进行强度值取相反数的处理。对于否定词的处理,采用两种方法,对于情感极性为积极的词语,加入否定词后,强度值取相反数;对于情感极性为消极的词语,加入否定词后,转为中性词,强度值在原词语的强度值的基础上加 3。如情感词前出现副词的修饰,将副词的程度赋值与之相乘,即为该词语最终的情感强度值。如“屈辱”在词典中的强度值为 3,极性标注为 2,则“不那么屈辱”通过运算后,显示的强度值为 [(−3+3)×2=0],属于中性词,符合日常用语规则。

4.4.3 案例分析

选取 2017 年某火灾事故进行案例分析。

4.4.3.1 数据处理

采用八爪鱼采集器软件对该微博事件下有关的主题讨论以及新闻报道下方的评论内容、评论者两种信息进行爬取,爬取的时间区间为 2017 年 12 月 11 日 12 时—2018 年 2 月 15 日 12 时,此时间段在微博大 V 的大量讨论和案件宣判结果等多方面因素的影响下,网民讨论和转发活跃度极高。

爬取完毕后,共得到 10.7 万条相关评论信息。对这些信息进行繁体字简化、删除垃圾广告、无效评论等数据清洗工作,最后得到有效评论文本 10.2 万条。在对清洗后的数据进行分析后发现,虽然得到的数据均为有效文本,但其中有部分数据的评价对象为保安、物业、保姆等涉事主体。因此需要对得到的 10.2 万条文本进行二次筛选,将评价对象为非消防部门的评论文本筛除,最终得到 5.7 万条有效评论。

4.4.3.2 情感分析

利用前文构建的突发事件情感词典进行情感分析,得到的情感状态分布如图 4.12 所示。

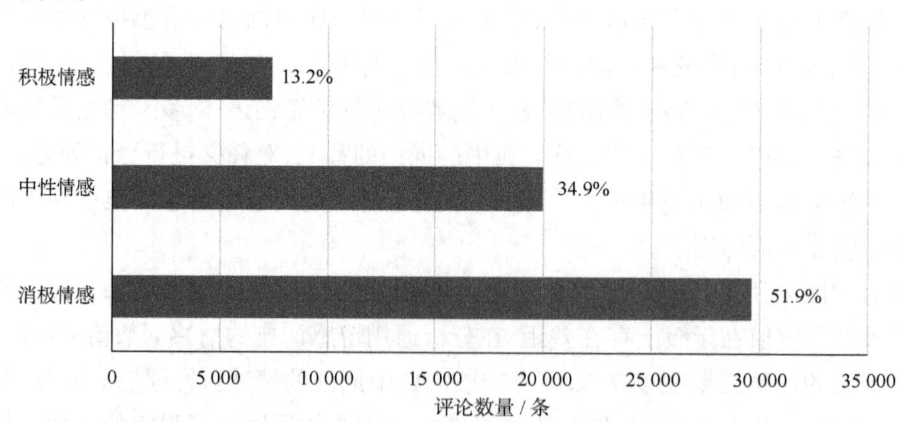

图 4.12 衍生舆情评论文本情感极性图

4.4.3.3　时间序列分析

在对文本的情感状态有了总体认识后，将平稳数据进行细化分析，以“天”为单位进行时间切片，利用 SPSS 软件对情感值进行绘制，从而得到如图 4.13 所示的日均情感值随时间的变化趋势。

对情感值随时间的变化趋势进行绘制后，基于 Eviews 软件及 SPSS 软件的时间序列分析方法，采用 ARIMA 模型进行数值估计。随后，对原始数据作一阶差分进行平稳性检验，如图 4.14 所示。经观察发现，原始数据经一阶差分后的自相关函数值从第 3 期后就明显落于零值线以下，同时，ADF 检验的显著性结果为 0.000 1，可认定一阶差分序列不具有单位根，是平稳序列。

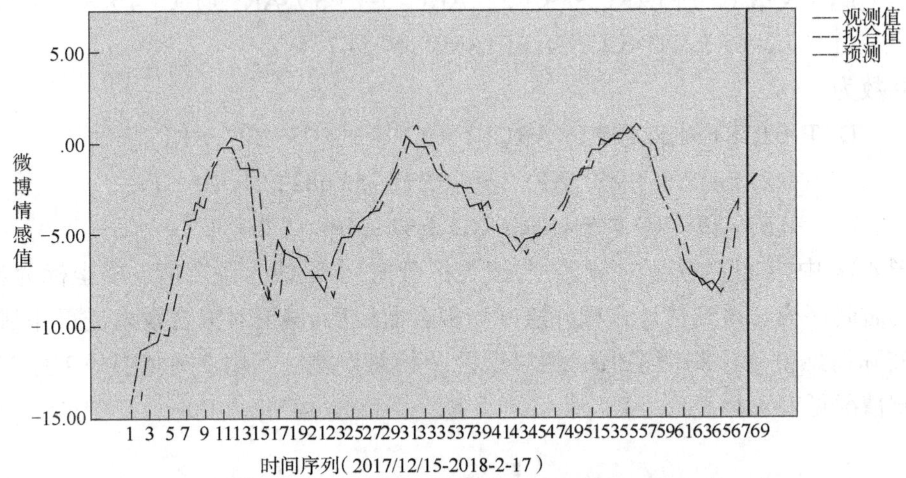

图 4.13　实际情感值与拟合情感值曲线

		t-Statistic	Prob.*
Augmented Dickey-Fuller test statistic		−5.187 376	0.000 1
Test critical values:	1% level	−3.550 396	
	5% level	−2.913 549	
	10% level	−2.594 521	

图 4.14　ARIMA 模型优劣对比表

通过对差分后的 ACF、PACF 进行分析观察以及 AIC、SC 标准的比对，比较 ARIMA（3，1，0）及 ARIMA（4，1，0）两种模型，对影响模型优劣的重要指标进行判断。其中，调整 R^2 表示的是模型整体的拟合优度，越大代表拟合效果越好，AIC、SC 均表示信息准则，对于该模型来说数值越小越好。其具体比较结果见表 4.39。

表 4.39　ARIMA 模型检验结果比较

模型	调整 R^2	AIC	SC	残差序列相关
ARIMA(3,1,0)	0.489 8	8.837 2	9.023 4	不相关
ARIMA(4,1,0)	0.420 7	8.940 7	9.098 8	相关

通过观察可以发现：ARIMA(3,1,0)模型无论是调整 R^2，还是 AIC、SC，均优于 ARIMA(4, 1, 0)的相关指标，最为关键的是，ARIMA(4, 1, 0)具有较为显著的残差序列相关性。因此决定使用 ARIMA(3,1,0)模型。该模型的拟合及预测值模型如图 4.13 所示，得到的估计方程为

DGEN= C(1)+[AR(1)=C(2),AR(2)=C(3),AR(3)=C(4),
MA(1)=C(5),UNCOND,ESTSMPL="2 67"]

取代系数为

DTT=0.078 694 524 124+[AR(1)=−0.394 314 731 307,AR(2)
=0.221 412 851 969,AR(3)=−0.212 758 682 264,MA(1)
=0.670 291 709 985,UNCOND,ESTSMPL="267"]

图 4.14 中，实线为实际观测值，虚线为拟合值，点画线为预测值。横坐标为观测区间的时间序列。得到估计方程并绘制出拟合曲线后，需要对拟合效果进行评判，计算出实际情感值与预测情感值的绝对误差及相对误差。其中 2 月 6 日—2 月 15 日的预测情况见表 4.40。

表 4.40　2 月 6 日—2 月 15 日情感预测值及误差

日期	实际情感值	预测情感值	绝对误差	相对误差
2 月 6 日	−1.98	−1.79	0.19	9.60%
2 月 7 日	−3.24	−3.12	0.12	3.70%
2 月 8 日	−4.34	−4.21	0.13	3.00%
2 月 9 日	−6.39	−5.99	0.40	6.26%
2 月 10 日	−7.38	−7.14	0.24	3.25%
2 月 11 日	−7.49	−7.74	0.25	3.34%
2 月 12 日	−8.11	−7.67	0.44	5.43%
2 月 13 日	−7.43	−8.11	0.68	9.15%
2 月 14 日	−4.25	−5.11	0.86	20.24%
2 月 15 日	−3.12	−3.15	0.03	0.96%

从表中可以看出，在 2 月 6 日—2 月 15 日这 10 天内，除 2 月 14 日的相对误差

为 20.24% 以外,其余 9 天的相对误差均控制在 10% 以内。而观察整条拟合曲线可以看出,除 12 月 31 日与 1 月 10 日拟合情况误差略大以外,总体的拟合度较好,因此该模型适用于此类型情感分析研究。最后,采用 Eviews 软件的 Forecast 功能,对 2 月 16 日、17 日的日均情感值作出预测,分别为:-3.03 及 -2.76,实际值分别为 -3.15 及 -3.05,相对误差为 3.81% 及 9.50%。进一步验证了模型的拟合度较优。

4.5　网络舆情反转风险预测

4.5.1　网络舆情反转机理

反转是网络舆情的典型风险之一,网络舆情发生反转之后,原有的舆情观点、网民的情感态度等均发生完全相反的转变,极易引发观点冲突、情感对立,带来网民认知差异、媒体公信力质疑等舆情风险。由此,需针对网络舆情反转现象,进行反转预测和评估。

4.5.1.1　网络舆情反转效应

"舆情反转"作为近年新闻学与传播学领域出现的一个新现象,对其进行定义的文献很少,并且学术界尚未对其定义进行统一界定。基于国内学者在网络舆情反转方面的研究,本著作认为:舆情反转即网络舆情在传播过程中,网民通过互联网表达和传播观点和态度的过程中出现向相反方向转化的现象和趋势。网络舆情反转是舆情传播中的一类特殊现象,大数据环境使得这种特殊情况出现的频率越来越高,尤其是自媒体诱发的舆情事件。根据近 3 年的舆情反转案例,在舆情潜伏期,舆情内容或者网民情感往往呈现一种集中倾向的观点,而在舆情传播中后期,却急速反转,呈现与之对立的另一种集中倾向的观点,进而形成舆情反转效应。舆情发生反转之后,原始舆情和反转舆情相互耦合作用,呈现高峰值或者多峰现象,由于舆情反转后关注视角更多,所以反转舆情的关注度更高。以百度指数为例,图 4.15 是 4 个舆情反转案例,通过搜索数量曲线容易看出, 4 个事件均出现多个峰值,成为多峰事件,并且由于原始舆情和反转舆情共同作用导致舆情持续时间更长。基于此,需要挖掘支配这些舆情反转统计规律的深层变化规律,才能更深入解读舆情反转效应,为政府治理网络舆情提供关键节点。

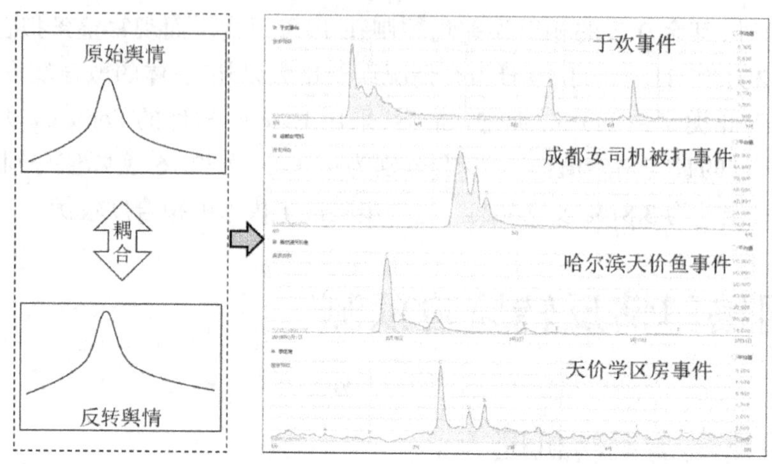

图 4.15 网络舆情反转案例的统计数据

4.5.1.2 网络舆情反转预测与预警机理

描述网络舆情演化的变量有很多,例如以发文量、转发量、热词量、搜索量等为主的信息量变量(简称信息量),或者以舆情关注者、舆情传播者等为主的网民数量变量等(简称网民量)。在网民发布信息表达个人观点形成网络舆情的过程中,网民量 h 与信息量 x 相关,且网民量决定信息量,即两者之间存在某种函数关系 $x=f(h)$。由于舆情监测软件统计信息量更容易、更能反映舆情演化程度,因此基于信息量研究舆情演化机理。大数据的核心是预测。网络舆情反转预警的关键就是构建有效的预测模型,进而开展预警研究。当舆情反转后,舆情信息量曲线必然偏离原来的曲线,根据偏离程度对网络舆情反转进行预警(图 4.16)。实现这个过程的关键问题有两个:第一,根据舆情反转前的信息量数据预测舆情趋势;第二,根据预测数据和舆情反转后的实际数据确定偏离程度,划定阈值进行预警。

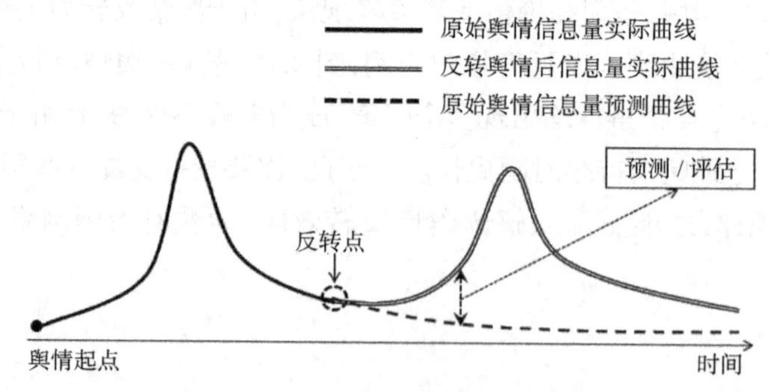

图 4.16 网络舆情反转预警机理

4.5.2　网络舆情反转建模机理

4.5.2.1　模型假设

根据信息生命周期理论，网络舆情演化经历发生、发展、消退等阶段，这与生态科学中生物的萌芽、成长、消亡的生长机理相似，即 S 形曲线规律，故而可以用生态科学中的生长模型来描述网络舆情信息的传播问题。在进行舆情反转机理分析时，首先需要确定网络舆情发展演化的常态模型，并基于常态模型进行舆情反转的预测，基于此，选取 Logistic 模型作为网络舆情演化的常态模型，来描述网络舆情传播过程。根据网络舆情定义，假设某个网络舆情事件发生后，某一时刻 t 的网络舆情信息量为 $x(t)$，则当且只有一个舆情事件发生时，舆情信息量满足 Logistic 方程

$$\frac{\mathrm{d}x}{\mathrm{d}t}=rx\left(1-\frac{x}{K}\right)\text{（Ⅰ）}$$

其中 r 为信息增长率，K 为信息量上限，初值 $x(0)=x_0$。

4.5.2.2　网络舆情反转建模

网络舆情在 $t=t_0$ 发生反转后，假设舆情反转信息量为 $x_1(t)$，则

$$\frac{\mathrm{d}x_1}{\mathrm{d}t}=r_1x_1\left(1-\frac{x_1}{K_1}\right)$$

其中 r_1 为信息增长率，K_1 为信息量上限，初值 $x_1(t_0)=x_{10}$。在这个过程中，反转舆情与原始舆情相互作用、相互影响，使得舆情信息量增长率迅速增加，且增加程度与反转舆情信息量呈正比（图 4.17）。基于此，在 $t\geqslant t_0$ 时，网络舆情发生反转，则网络舆情信息量满足

$$\frac{\mathrm{d}x}{\mathrm{d}t}=rx\left(1-\frac{x}{K}\right)+ax_1\text{（Ⅱ）}$$

即在网络舆情反转前，$t<t_0$ 时，网络舆情信息量满足方程（Ⅰ）；在网络舆情反转后，$t\geqslant t_0$ 时，网络舆情信息量满足方程（Ⅱ）。综合以上两点，得出网络舆情反转机理模型为

$$\frac{\mathrm{d}x}{\mathrm{d}t}=\begin{cases}rx\left(1-\dfrac{x}{K}\right), & t<t_0\,(\mathrm{I})\\ rx\left(1-\dfrac{x}{K}\right)+ax_1, & t\geqslant t_0\,(\mathrm{II})\end{cases}$$

其中 t_0 为反转点，x_1 为反转舆情信息量，a 为反转参数。

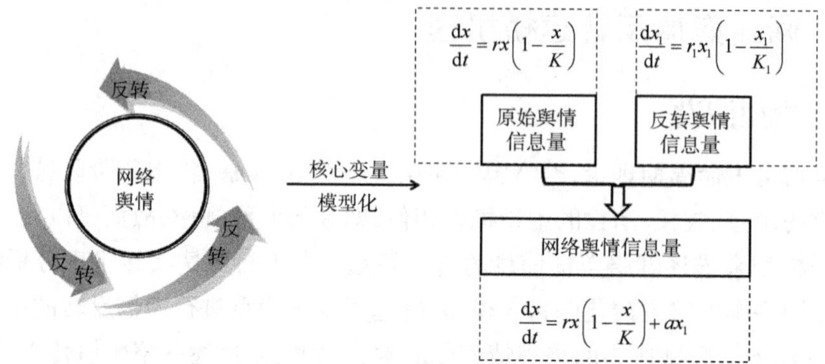

图 4.17 网络舆情反转建模机理

4.5.2.3 网络舆情反转数值仿真

网络舆情反转机理模型中涉及的参数包括 r、K、a 等等，在这些参数作用下网络舆情反转呈现不同形态，并且通过这些系数可以预测网络舆情反转趋势。基于此，为了解网络舆情反转机理，了解模型解的特性，对反转机理模型进行数值仿真，根据估计，确定仿真参数见表 4.41，并令反转参数 a 为 0.4，绘制反转点 $t=5$ 时的数值仿真图（图 4.18）。观察图像能够清晰看出模型解的变化趋势，模型曲线呈现双 S 形状，其对应导函数曲线呈现双峰形状，这说明反转舆情改变了原有舆情的演化趋势，且改变之后的舆情仍符合 S 形曲线形状，舆情反转的实质就是原始舆情曲线和反转舆情曲线的叠加。

表 4.41 模型仿真参数表

类别	上限	增长率	初值
原始舆情	10 000	0.8	100
反转舆情	8 000	0.3	40

1. 反转参数 $(1-\frac{x_2}{K_2}+\sigma_2\frac{x_1}{K_1})$ 仿真

令反转参数 a 分别为 0.4、0.5、0.6、0.7、0.8、0.9、1 绘制反转点 $t=5$ 时的数值仿真图（图 4.19）。观察发现：①在反转初期，曲线形状变化较小，但过了一段时间曲线变化明显（这说明舆情反转需要一段缓冲时间），且不同反转参数支配下，舆情信息增量与反转参数呈正比，虽舆情信息增量各有不同但仍呈现双 S 形状；②随着反转参数的变小，尤其当反转参数 a 趋近于零时，曲线双 S 的特征逐渐变小；③当时间 $t\to\infty$ 时，曲线极限值与反转参数 a 呈正比，极限值大小由方程 $rx\left(1-\frac{x}{K}\right)+aK_1=0$ 的解决定；④

实际案例中，有的舆情甚至短时间发生多次反转，导致舆情数据曲线出现多 S 形状。

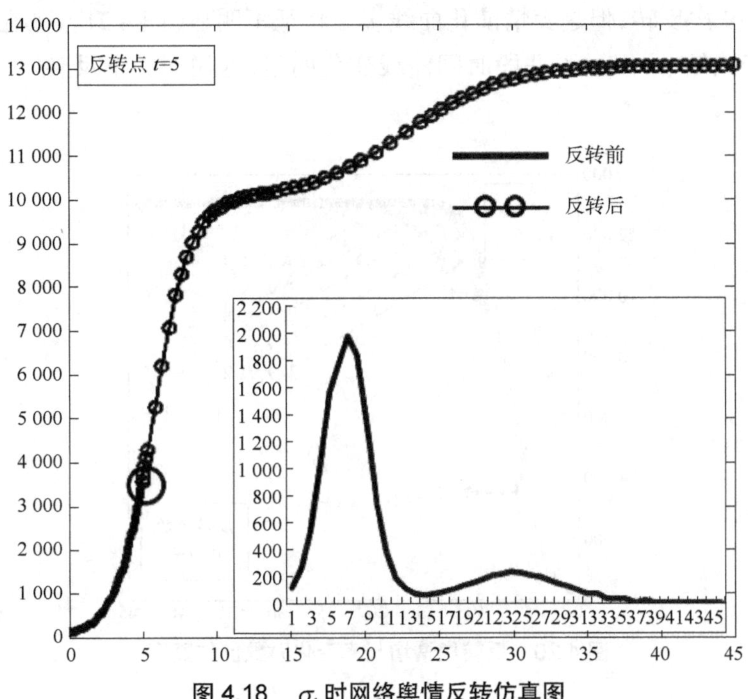

图 4.18　σ_1 时网络舆情反转仿真图

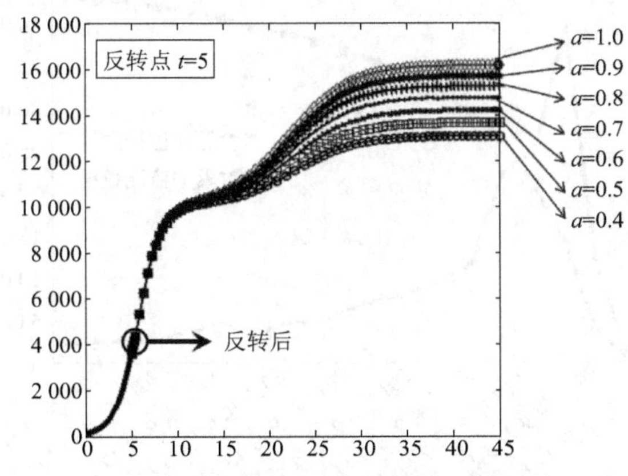

图 4.19　反转参数变化时数值仿真图

2. 增长率 P 仿真

舆情反转曲线除了受 r、K、a 等参数的影响外，还与反转舆情的增长率 r_1 关系密切。令反转增长率 r_1 分别为 0.4、0.6、0.8、1.0、1.2 绘制反转点 $t=5$、$a=0.4$ 时的数值仿真图（图 4.20）。观察发现：①由于舆情反转后，信息量短时间快速增加，导致整体舆情的增长率变大；②当增长率 r_1 超过原始舆情增长率 r 时，舆情数据曲线双 S 形状不明显，这一点在实际案例中经常出现，例如2017年榆林产妇舆情，舆情在演化周期内相继发生9次反转，但是舆情演化曲线多S特征不明显（图4.21）；③在反转初期，曲线形状变化较小，但过了一段时间曲线变化明显，这说明舆情反转需要一段缓冲时间。

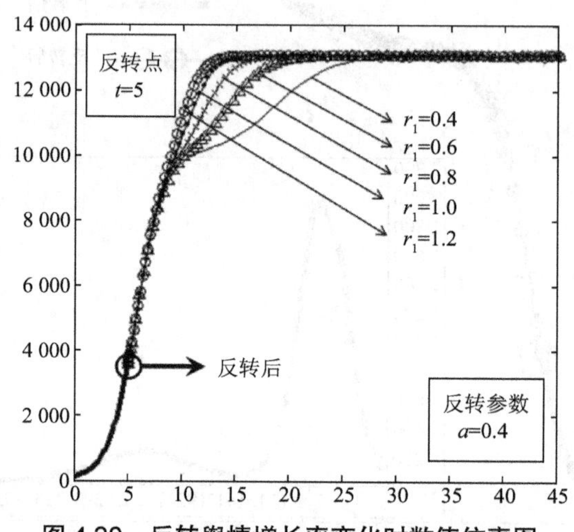

图 4.20 反转舆情增长率变化时数值仿真图

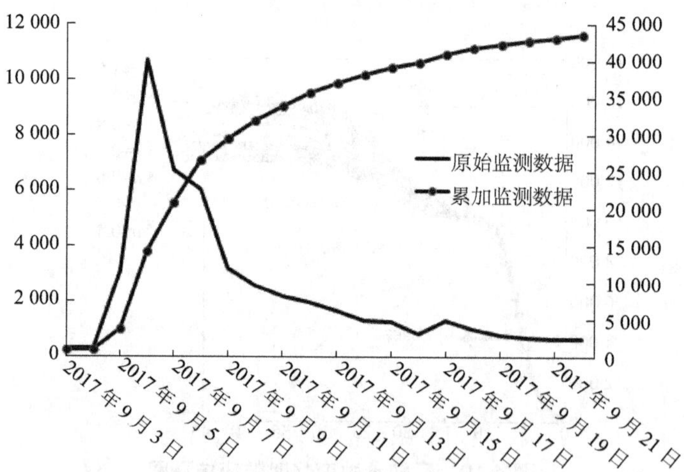

图 4.21 榆林产妇舆情监测数据图

4.5.3 网络舆情反转预测与评估

4.5.3.1 网络舆情反转预测机理与方法

大数据环境下,预测是核心,建模是关键。构建“分析→预测”的一体化模型,并及时预测网络舆情反转趋势是大数据环境下治理网络舆情反转的关键。在这个过程中,需要实时获取网络舆情监测数据,然后确定数理模型的关键参数 r、K、a,进而通过数值仿真预测未来趋势(图 4.22)。

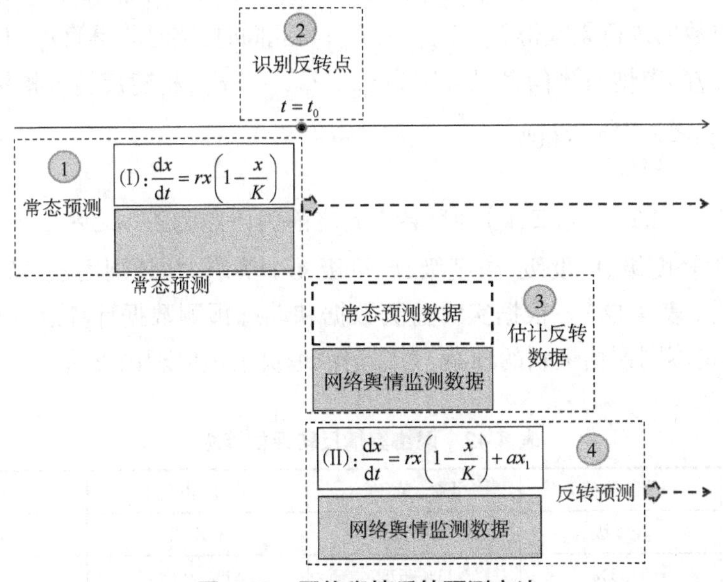

图 4.22 网络舆情反转预测方法

首先,在网络舆情反转之前,需要根据模型(Ⅰ)和网络舆情监测数据对网络舆情演化趋势进行预测(简称常态预测);其次,通过舆情监测软件及时识别网络舆情反转点 t_0;再次,根据常态预测和实时获取的网络舆情监测数据估计反转舆情信息量 x_1;最后,在动态更新的估计数据 x_1 和实时获取的舆情监测数据的基础上,根据模型(Ⅱ)预测舆情反转后的演化趋势(简称反转预测)。具体而言,网络舆情反转机理模型

$$\frac{dx}{dt}=\begin{cases} rx\left(1-\frac{x}{K}\right), & t<t_0(\text{Ⅰ}) \\ rx\left(1-\frac{x}{K}\right)+ax_1, & t\geqslant t_0(\text{Ⅱ}) \end{cases}$$

对应差分方程为

$$\Delta x_k = x_{k+1} - x_k = \begin{cases} rx_k - \dfrac{r}{K} x_k^2, & t < t_0(\text{III}) \\ rx_k - \dfrac{r}{K} x_k^2 + ax_{1k}, & t \geqslant t_0(\text{IV}) \end{cases}$$

其中 $k = 1,2,3,\cdots$。在及时获取网络舆情监测数据之后，可以得到 x_k 和 x_{1k}，通过多元线性回归分析便可以得到模型参数 r、K、a。

4.5.3.2 网络舆情反转动态评估

在网络舆情反转点 t_0 之后，应用模型（Ⅰ）预测第 t_0+1，t_0+2，$\cdots$，t_0+n 时刻舆情信息量并对数据进行累减得 $\hat{x}_{01}$，$\hat{x}_{02}$，$\cdots$，$\hat{x}_{0n}$；与此同时，实时获得第 t_0+1，t_0+2，$\cdots$，t_0+n 时刻对应的舆情监测信息量分别为 x_{01}，x_{02}，$\cdots$，x_{0n}，构建反转度指标为

$$F(i) = \frac{x_{\text{in}} - \hat{x}_{\text{in}}}{\Sigma(t_0)} \times 100\%$$

其中 $i = t_0 + j$，$j = 1,2,\cdots,n$，$\Sigma(t_0)$ 为反转点 t_0 之前舆情监测数据之和。网络舆情反转动态评估分为轻度级、中度级、高度级、严重级 4 个等级，并分别用蓝、黄、橙、红 4 个颜色加以区分（表 4.42）。根据实时监测数据和动态预测数据计算反转度确定评估级别，进而确定不同评估级别的预案，为舆情治理决策提供理论支持。

表 4.42 网络舆情反转评估等级

舆情反转评估级别	Ⅰ级（蓝色）	Ⅱ级（黄色）	Ⅲ级（橙色）	Ⅳ级（红色）
	轻度级	中度级	高度级	严重级
	0~33%	33%~67%	67%~100%	大于 100%

4.5.4 案例分析

4.5.4.1 数据来源

2016 年 2 月 23 日，电视报道《26 年后才知被“辞退” 谁造就了“黑户”教师？》引发了“抹香香”舆情，此事引发网民强烈谴责，直指“抹香香”领导“傲慢、不作为”。但 2016 年 3 月 1 日，经记者调查发现，当年被辞退的教师有 4 个子女，或因超生被辞，舆情开始反转，该舆情也成为 2016 年十大网络舆情反转典型事件。通过百度指数（该关键词在某一时间段的搜索趋势）获取“抹香香”舆情数据（图 4.23），其中舆情数据起止时间为 2016.2.24—2016.3.9，舆情反转时间点为 2016 年 3 月 1 日。

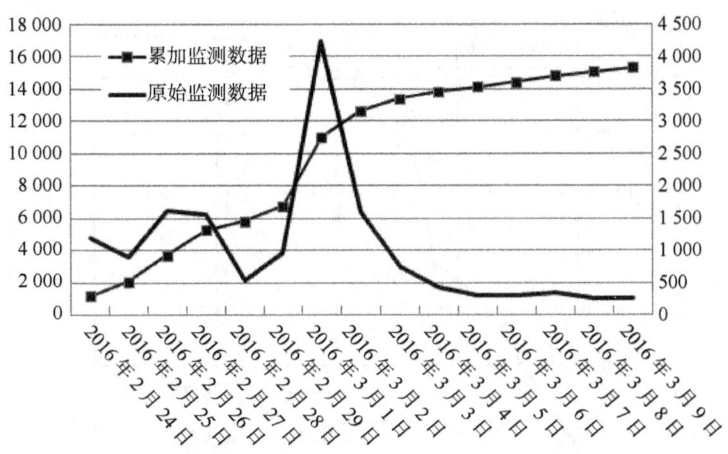

图 4.23　"抹香香"事件舆情数据图

4.5.4.2　数据建模与预测

在"抹香香"舆情监测数据和累加数据基础上，应用 Matlab、Excel 等软件，根据前文构建的网络舆情反转机理模型，确定模型参数见表 4.43，并通过回归分析获得反转参数a为 1.506 2，$R^2 = 0.992\,5$。

表 4.43　"抹香香"舆情关键参数表

类别	上限	增长率	初值	可决系数
原始舆情	7 821.643 3	0.767 8	1 202	0.910 0
反转舆情	7 606.881 4	0.529 1	7 414.074 4	0.836 5

根据模型参数，应用 Matlab 绘制模型解的曲线，与舆情监测数据进行对比（图 4.24），并对"抹香香"舆情反转进行动态评估，得到评估等级（表 4.44）。"抹香香"舆情在反转点 3 月 1 日评估级别最高，然后快速递减，舆情趋于平缓。进一步观察图像发现，模型预测值与监测真实值比较接近，据此可以预测"抹香香"舆情演化趋势，并根据反转评估等级了解舆情反转程度，这一点也验证了舆情反转机理模型的合理性。在实际应用过程中，舆情反转往往在 1~2 天内完成，所以在预测反转趋势时，需要使用按小时统计的舆情数据开展建模，通过舆情反转评估及时监测数据异常，为舆情治理提供参考依据。

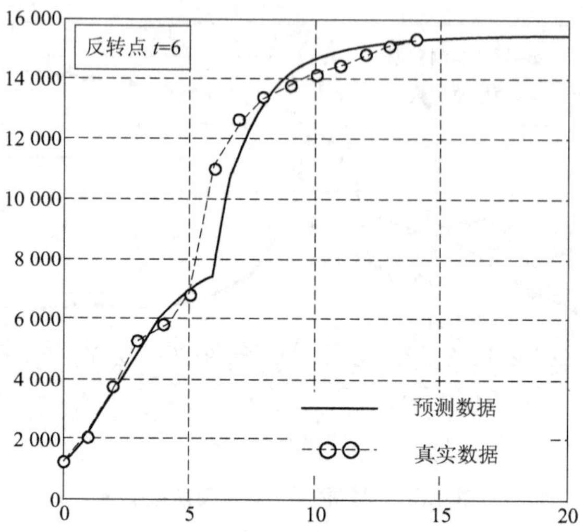

图 4.24 “抹香香”舆情反转预测与真实数据对比图

表 4.44 “抹香香”舆情反转评估表

时间	3.1	3.2	3.3	3.4	3.5	3.6	3.7	3.8	3.9
评估值	56.15%	20.63%	9.66%	5.59%	4.22%	4.51%	5.23%	3.81%	3.89%
评估级别	Ⅱ级	Ⅰ级	Ⅰ级	Ⅰ级	Ⅰ级	Ⅰ级	Ⅰ级	Ⅰ级	Ⅰ级

4.6 网络谣言危机预测

谣言是网络舆情的主要风险，提前进行网络谣言监测和预警是防控网络谣言的关键。本节以突发事件为例，采用遗传算法优化 BP 神经网络构建网络谣言危机预警模型，实现对突发事件网络谣言的监测、预警仿真及风险的量化评估。

4.6.1 网络谣言危机预警指标体系

4.6.1.1 指标体系构建

预警指标体系构建是预警工作的前提，需要在对网络谣言组成要素的本质特征的理解基础上进行。奥尔波特（1947）将谣言所涉及事件的模糊性作为衡量谣言影响力的重要指标，其谣言公式为：谣言 = 事件的重要性 × 事件的模糊性。克罗斯（1953）认为公众的辨识能力强弱（批判力）是谣言的产生和传播能力的重要影响因子，其谣言公式为：谣言 = 事件的重要性 × 事件的模糊性 / 批判力。在此基础上，促使谣言生成的关键因素还包括事件信息的敏感性，因此，可改进谣言公式为：谣言 =（重要性 + 敏感性）× 模糊性 / 批判力。

在预警指标体系构建时以科学性和可行性为重点，尽可能保证对网络谣言传播规律和本质特征全面覆盖的基础上，同时考虑定量数据采集的可行性，定性与定量相结合，体现网络谣言所具有的动态性。基于此，构建包括事件舆情热度在内的一级指标和网络搜索量在内的二级指标，如图 4.25 所示。

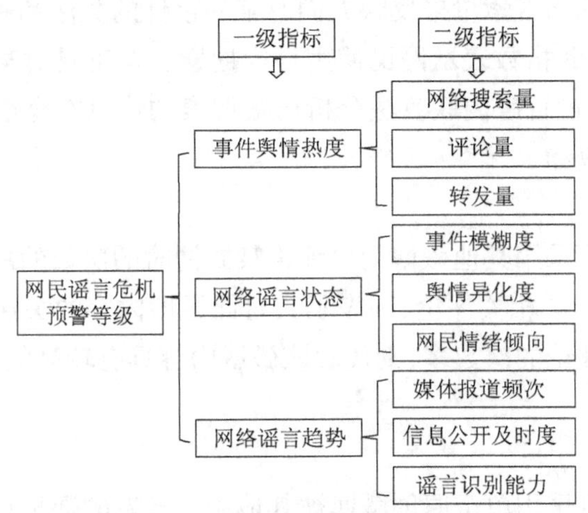

图 4.25　网络谣言危机预警指标体系

该指标体系包含了事件舆情热度、网络谣言状态和网络谣言趋势 3 个一级指标，每个一级指标下选取 3 个相关度较高的二级指标。

4.6.1.2　指标的含义及分析

网络谣言危机预警指标体系中各指标的选取既要能客观地反映网络谣言的属性和特征，又能够尽量从客观上使得这些指标体系能够量化。为更好说明该预警指标体系，具体各级指标详述如下。

1. 事件舆情热度

事件舆情热度通常是指网民对某突发事件在一定时间里的关注程度。一般认为某事件舆情热度越高，则越容易滋生各类网络谣言。当主流媒体在突发事件发生后难以提供时效性强的灾难新闻时，网络谣言因其快速、低成本和海量信息，对于公众而言更易成为主流媒体缺失时的替代性新闻，混淆事实与观点。因此当一件关系到社会民生、公共安全等的突发事件发生时，如果主流媒体权威信息发布不及时，那么就会产生谣言来填补这段“信息空窗期”，即所谓“灾难之后尽谣言”。因此，选取网络搜索量、转发量和评论量 3 个二级指标来表现突发事件舆情的热度构成。

网络谣言在空间传播的渠道主要包括博客(微博)、微信、论坛3类。在大量实践研究中,微博通常是网络谣言的首发渠道,并且全程介入事件的舆论引导过程,具有分化传播权利和多元表达空间等特征,因此,选取微博作为主要的数据来源。

1)网络搜索量

当某一敏感突发事件发生时,人们迫切希望知道真相和内情,但由于传统媒体报道具有一定的滞后性,因此人们会有一个自发在网络上寻求信息补足的过程,由此可以用某个关键词的网络搜索量来反映人们对某一事件的关注和兴趣。网络搜索量可用百度指数来量化,此指数表示网民使用百度搜索引擎工具对某一关注问题的搜索量作为数据基础,通过百度内联算法分析出被搜索的信息在全部使用百度搜索工具的总搜索频次的加权和。

2)评论量

评论量的计算可采用其他微博用户评论某微博时的次数的总和。若某网民用户对某条原创微博进行了相关评论,则表示其对此微博内容的关注,据此推断,如果某条微博被其他用户评论的次数多,则代表该微博内容具有较高的网络热度,对网民的吸引力较高。

3)转发量

转发量的计算可采用单个原创微博被其他用户转发的数量总和。可以认为被转发的微博代表了他人对此微博观点的认同。微博空间用户可分为4种:发文者、转发者、评论者和浏览者(将点赞用户包含在浏览者中一起考虑,但同时该点赞用户也可能参与了转发和评论,为了避免重复计数,不进行单独统计)。

2. 网络谣言状态

1)事件模糊度

该指标反映事件的模糊程度。在公众批判能力一定的前提下,某件事情和人们的切身利益相关度越高,该事件固有的不确定性和模糊性越强,伴随衍生谣言传播的空间和可能性就越大。为方便数据采集,选取事件模糊度作为衡量网络谣言产生可能性大小的指标。判别谣言的模糊性大小的依据根据专家认知后进行评分获得,取值范围在[0,1]之间。评判原则为某突发事件舆情传播时,对该事件包含原因、经过等信息很模糊,存在诸多疑点,可判断为0;而事情的前因后果都比较清楚、没有疑问则判断为1。

2)舆情异化度

舆情异化度是指原始舆情在信息异化的作用下,其分化、衍生出新舆情的强度。信息异化理论认为舆情信息在传播过程中由于受到“噪声”干扰而发生扭曲、失真,即信息本真态的背离。突发事件网络舆情由于不同“噪声”干扰，可衍生出不同版本的网络谣言，原始舆情异化程度越高，政府的防治难度越大。该指标采用舆情异化后出现的不同网络谣言版本数量进行衡量。

3）网民情绪倾向

指突发事件发生后，网络谣言内容表现出的情绪倾向，如质疑、恐惧等。例如按照“编号—主题词—集体情绪”对网络谣言文本进行提炼和解读，可将网民情绪倾向分为“质疑”“恐慌”和“正能量”等类型。其中“质疑”类谣言主要针对政府和主流媒体，影响程度较高，赋值为 1；“恐慌”类谣言来源于造谣者和传谣者的心理特征，其影响程度次之，赋值为 0；“正能量”谣言危害最低，赋值为 -1。该指标由统计时段内各类谣言赋值代数和来表示。

3. 网络谣言趋势

1）媒体报道频次

该指标采用与突发事件相关的微博信息发布量表示，反映了媒体对网络谣言消解的程度。

2）信息公开及时度

敏感性突发事件发生后，公众急于寻求事件真相，政府和媒体作为权威信息的发布者，对于满足公众知情权和消解谣言起到了至关重要的作用。随着微博、微信、论坛等新媒体的兴起，极大拉近了普通民众与突发事件的距离，网上言论参与到突发事件的发展过程当中，甚至直接推动和主导事件，传统的网上舆情处置“黄金 24 小时”也逐渐应对乏力。在这种情况下，有学者提出了“黄金 4 小时”概念。但不论是 24 小时还是 4 小时，突发事件发生后政府和媒体发布权威消息越及时，谣言产生的概率越低。该指标用谣言产生后政府或主流媒体发布的第一条辟谣信息所用平均时间来表示。

3）谣言识别能力

网络谣言的产生和传播不仅由突发事件本身的敏感性、重要性和模糊性决定，同时也依赖于信息解读者，即网民的认知水平。一般认为，网民个体由于知识积累或者相关从业经验导致的认知水平越高，对网络谣言的抗御能力相对较强。然而由于个人知识广度和深度的限制，不同个体对同一谣言的可抗能力是不同的。该指标可由专家打分法获得，取值区间为 [0,1]，代表面对某一谣言时受众的平均可抗水平，0 为没有抗力，1 为完全能识别谣言。

4.6.2 遗传算法优化 BP 神经网络

对网络谣言传播和扩散特点的研究表明，影响网络谣言传播扩散的因素很多且多个影响因素之间存在复杂的非线性关系。传统的数学模型多为基于线性关系而构建的，因而无法有效模拟多因素耦合导致的网络谣言爆发的相关关系。而 BP 神经网络的特点是它能逼近任意连续函数，且具备极强的非线性映射的能力。它的这种优点非常适合处理内部运行机制复杂、具有全局性问题特征的实际非线性问题。BP 神经网络算法目前已经被广泛应用于系统模式识别、计算机图像处理和各类自然灾害风险评估与预警当中。但是，从数学的角度看，标准的 BP 神经网络是存在一定局限性的，该算法的优点是能对局部搜索进行优化，有较好效果，但当在求解复杂非线性函数全局极值的时候存在不足。因此当使用标准 BP 神经网络使用梯度下降法训练构建的网络结构时，它更可能陷入局部极值导致训练失败。

遗传算法是一种基于生物界自我遗传机理的随机搜索算法，通过反复交叉迭代等一系列操作可以有效求解全局最优解。这有效弥补了标准 BP 神经网络算法的缺点。当我们利用该算法进行求解时，问题的每个个体（可能解）都被编码成为一个“染色体”（具有遗传信息），若干个个体构成了群体（所有的可能解）。充分结合标准 BP 神经网络和遗传算法在各自领域的独特优势，并利用遗传算法优化 BP 神经网络所需要的初始权值和阈值。在此过程中，遗传算法的全局搜索特征用于寻找相关问题的最优解所在的区域，再利用误差反向传播法找到此最优解。步骤如下。

第一步，种群初始化。每个个体的“染色体”均可视为一个二进制字符串，该字符串分别由输入层与隐含层连接权值、隐含层阈值、隐含层与输出层连接权值和输出层阈值 4 部分编码组成，将上面所有列出的权值和阈值的编码组合以形成个体二进制编码，而初始群体即为一连串随机生成的 m 个个体。

第二步，适应度函数。将网络谣言预测样本的预测值与期望值之间的偏差的平方和作为目标函数的输出。目标函数的输出值越小代表网络预测能力越好。但在遗传算法中适应度值越大表示效果越好。因此，适应度函数可以用目标函数的倒数来进行定义。（期望输入为 Y_k，Y_k 预测输出为 C_k，共有 m 组值）因此，可以得到适应度函数为 $F=\dfrac{1}{\sum_{k=1}^{m}(Y_k-C_k)^2}$。

第三步，选择、交叉与变异。遗传算法中的选择操作采用轮盘赌算法来进行，交叉采用常用的单点交叉算子，而变异采用的通过随机概率产生一些变异基因数，通过采用随机的方法选出发生变异的“染色体”基因。如果所选的基因编码为 1，则变为

0;反之,则变为1。

第四步,重复第二和第三步,反复迭代直到达到进化代数或满足该算法误差要求。此时,就得到了通过遗传算法优化后所需的初始权值和阈值。

第五步,将上一步骤中获得的权值和阈值用作标准BP神经网络模型的初始权值和阈值。

第六步,按照标准BP神经网络模型进行训练,直到达到最大训练次数或满足模型需要的训练误差要求。保存当前用到的所有的权值和阈值。

第七步,此时优化后的BP神经网络将用于最终预警模型。

4.6.3　案例分析

4.6.3.1　输入数据的归一化处理

构建的网络谣言危机预警指标体系不仅有定性和定量之分,同时也有正向和负向之别,为允许各种类型的指标在一定程度上可衡量其相对大小,有必要规范每个指标的原始数据,将数据转化为[0,1]上的无量纲值,指标归一化处理方式如下文所示。

1. 正向指标处理

正向指标的值越大,代表越安全,对应危机等级也越小。其归一化处理时以所有数据中最小值为基准,如式(4-15)所示:

$$x=\frac{x_i-x_{\min}}{x_{\max}-x_{\min}} \tag{4-15}$$

其中,x为归一化后的值,x_i为对应指标的实际值,$x_{\min}$为最小值,$x_{\max}$为最大值。

2. 负向指标处理

负向指标值越小,代表越安全,相应的危机等级也越小。其归一化处理时以所有数据中最大值为基准,如式(4-16)所示:

$$x=\frac{x_{\max}-x_i}{x_{\max}-x_{\min}} \tag{4-16}$$

3. 指标性质

如上文所述,网络谣言危机预警指标体系中每个末级指标都需要进行正、负性质的区分,根据模型所需定义结果见表4.45。

表 4.45 指标性质

变量	内容	性质	向性	
			+	-
X_1	网络搜索量	定量		-
X_2	评论量	定量		-
X_3	转发量	定量		-
X_4	事件模糊度	定性	+	
X_5	舆情异化度	定量		-
X_6	网民情绪倾向	定量		-
X_7	媒体报道频次	定量	+	
X_8	信息公开及时度	定量		-
X_9	谣言识别能力	定性	+	

注:"+"为"正向指标";"-"为"负向指标"

4.6.3.2 隐含节点及输出节点的选择

对于模型所需的隐含节点与输出节点的选择是模型得以成功构建的关键。隐含层节点数 n 是根据相关经验来确定,一般采用式(4-17)进行计算:

$$N=\sqrt{m+n}+\alpha \tag{4-17}$$

构建的模型中输入层节点数是 m,输出层节点数是 n,α 定义为 1~10 之间的常数。

4.6.3.3 案例选取与数据样本

选取"和颐酒店女生遇袭事件"作为研究样本,来检测预警模型的适用性。数据主要来源于百度搜索引擎提供的百度指数和新浪微博每日提供的实时数据。在"和颐酒店女生遇袭事件"发生的最初 7 天内,新浪微博该话题阅读量达到 27.4 亿人次,创下当时新的传播记录。该事件在形成网络舆论的同时,衍生出多个网络谣言版本。该案例所衍生的网络谣言产生模式不同于一般的网络谣言,没有酝酿期,而是直接在事件发生后第二天集中爆发,且谣言从产生到最终消解时间较短,非常符合突发事件网络谣言的相关特征。因此选取此案例作为具有代表性的研究对象,案例模拟结果对于突发事件网络谣言危机预警具有较强的代表意义。

"和颐酒店女生遇袭事件"网络舆情从 2016 年 4 月 3 日晚产生到 18 日基本消解完毕,对该案例以天为单位共提取 16 个数据段,拟预设 3 个预测观测点对构建的网络谣言危机预警模型进行验证。案例数据经过归一化处理后见表 4.46(保留 3 位小数)。

表 4.46　标准化后数据

事件	时间序号	指标								
		X_1	X_2	X_3	X_4	X_5	X_6	X_7	X_8	X_9
和颐酒店女生遇袭事件	T_1	1.000	1.000	1.000	0.000	1.000	0.570	0.000	1.000	0.000
	T_2	0.245	0.542	0.138	0.100	1.000	0.000	0.300	0.000	0.100
	T_3	0.137	0.407	0.064	0.125	1.000	1.000	1.000	0.250	0.200
	T_4	0.000	0.540	0.000	0.250	0.330	0.860	0.600	0.290	0.200
	T_5	0.103	0.000	0.382	0.625	0.670	1.000	0.450	0.030	0.300
	T_6	0.327	0.612	0.614	0.675	0.000	0.710	0.250	1.000	0.400
	T_7	0.198	0.475	0.542	0.750	0.670	0.710	0.350	0.880	0.500
	T_8	0.214	0.637	0.630	0.813	0.670	1.000	0.200	0.750	0.500
	T_9	0.285	0.604	0.664	0.850	1.000	0.710	0.300	1.000	0.600
	T_{10}	0.541	0.713	0.676	0.875	0.670	0.860	0.200	1.000	0.700
	T_{11}	0.225	0.689	0.647	0.875	1.000	0.710	0.150	0.380	0.700
	T_{12}	0.077	0.680	0.686	0.925	1.000	0.860	0.300	0.460	0.800
	T_{13}	0.512	0.512	0.701	0.950	0.670	0.710	0.150	0.330	0.800
	T_{14}	0.397	0.671	0.743	1.000	1.000	0.710	0.100	1.000	0.800
	T_{15}	0.198	0.642	0.852	1.000	1.000	0.710	0.050	0.830	0.900
	T_{16}	0.103	0.365	0.943	1.000	1.000	0.710	0.050	1.000	1.000

4.6.3.4　遗传算法与 BP 神经网络参数设置

1. BP 神经网络算法

突发事件网络谣言危机预警模型的构建，采用单隐层的 3 层 BP 神经网络，从输入层输入遗传算法优化处理过的末级（归一化）指标数据，输出层可输出相应的网络谣言危机预警级别，其结构如图 4.26 所示。

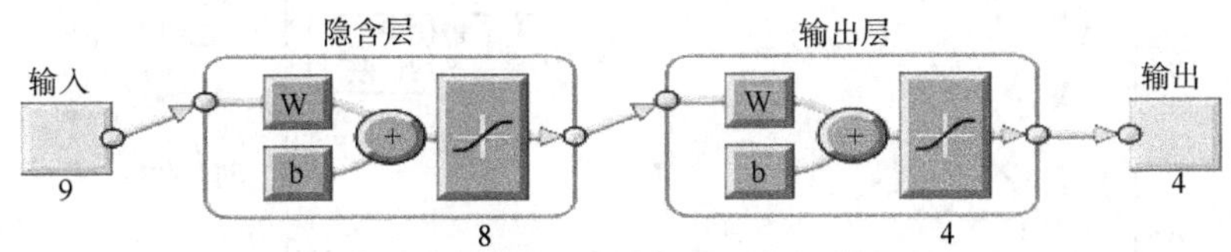

图 4.26　3 层 BP 神经网络结构

根据隐含层的节点计算公式（4-17），在输入节点数 m=9，输出节点数 n=4 的情况下，将 α 从 1~10 遍历计算的结果，发现当 α=4 时，此时 BP 神经网络性能最佳，此时的隐含层节点数为 8。在 Matlab 软件 BP 神经网络工具箱的参数设置上，训练函数为“traingdx”，隐含层和输出层传递函数为 S 形函数“logsig”，在本实验中将模型最大训练次数设定为 1 000，训练误差目标设置为 0.01，模型网络学习率设置为 0.05，动量系数设为 0.9，其他参数使用默认值。

2. 遗传算法

遗传算法中的种群大小可以随机获得 50，最大遗传代数为 30，交叉率为 0.7，变异率为 0.01，权值变化范围为 [0，1]。

4.6.3.5 实验验证及结果分析

划分突发事件网络谣言危机的预警等级，最重要的因素在于方便政府和相关部门对网络谣言进行治理，当网络谣言危机达到预案等级时，启动相应预案，开展网络谣言治理，确保社会和谐稳定。根据《国家突发公共事件总体应急预案》中划分突发公共事件预警等级的原则，将网络谣言危机预警标准划分为 4 级：安全级别和轻警、中警、重警级别，输出状态分别对应 4 个预警等级，用 1 000、0 100、0 010、0 001 表示。

首先，将表 4.46 中样本列表中的 T_1、T_8、T_{15} 3 个时间段作为 BP 神经网络的测试样本，其余 13 个样本作为训练样本。经过计算，从图 4.27 中误差进化曲线看出，约经过遗传代数 30 的进化可得到平均误差与最佳误差近乎相同，此时得到最佳初始权值与阈值。

其次，将最佳值返回到已经训练好的标准 BP 神经网络模型，得到测试样本的所有的 3 个预警值（输出的最大值转化为 1，其余转化为 0，如 T_1 中 0.923 1 为该行最大值，则期望输出为 1，将该行其他数值转化为 0），从结果上看，遗传算法优化 BP 神经网络预警的实际输出与期望输出一致，见表 4.47。

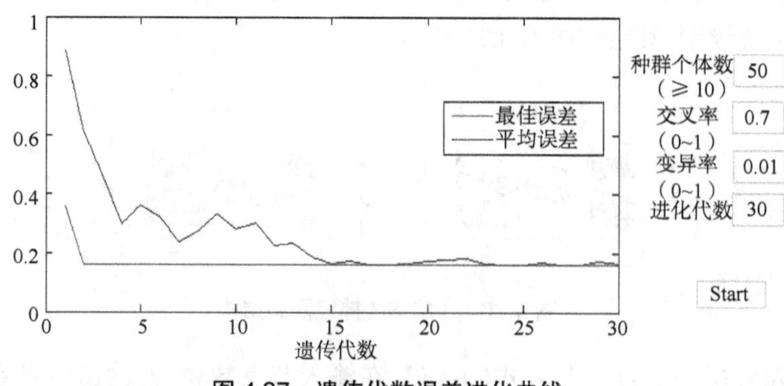

图 4.27 遗传代数误差进化曲线

表 4.47　预警结果对照表

测试样本	期望输出	遗传算法优化 BP 神经网络实际输出值			
T_1	1 000	0.923 1	0.387 6	0.427 8	0.372 3
		1	0	0	0
T_8	0 010	0.231 4	0.312 4	0.812 2	0.412 3
		0	0	1	0
T_{15}	1 000	0.923 2	0.423 1	0.389 1	0.231 1
		1	0	0	0

模拟仿真结果表明，网络谣言危机预警指标体系具有一定合理性，通过 3 个测试样本的期望输出与实际输出对比，该网络谣言危机预警模型具有良好的可预测性，可为网络谣言危机预警提供参考。

延伸思考

1. 从哪些方面可以丰富并细化网络舆情首发信息的要素？
2. 如何进一步优化指标体系的构建方法，提升风险评估的客观性？
3. 如何进一步优化预测方法，提升风险预测的动态适应性和自动化程度？

参考文献

[1] 姜启源,谢金星,叶俊 . 数学模型 [M]. 5 版 . 北京:高等教育出版社,2018.

[2] 陈兰荪 . 数学生态学模型与研究方法 [M]. 2 版 . 北京:科学出版社,2017.

[3] 苗敬毅,董媛香,张玲,等 . 预测方法与技术 [M]. 北京:清华大学出版社,2019.

[4] 訾利荣,刘思峰,刘勇,等 . 预测与决策——软计算方法及应用 [M]. 北京:电子工业出版社,2016.

[5] 陈华友,周礼刚,刘金培,等 . 统计预测与决策 [M]. 北京:科学出版社,2018.

[6] 约翰· D. 凯莱赫,布莱恩·马克·纳米,奥伊弗·达西,等 . 机器学习基础——面向预测数据分析的算法、实用范例与案例研究 [M]. 北京:机械工业出版社,2020.

[7] 许国根,贾瑛,黄智勇,等 . 预测理论与方法及其 MATLAB 实现 [M]. 北京:北京航空航天大学出版社,2020.

[8] 张曾莲 . 风险评估方法 [M]. 北京:机械工业出版社,2021.

[9] 乔纳森·文 . 风险建模 [M]. 北京:清华大学出版社,2009.

[10] 雅科夫·Y. 海姆斯 . 风险建模、评估和管理 [M]. 2 版 . 西安:西安交通大学出版社,2007.

[11] 刘兵 . 情感分析——挖掘观点、情感和情绪 [M]. 北京:机械工业出版社,2017.

[12] 王兰成 . 网络舆情分析技术 [M]. 北京:国防工业出版社,2014.

[13] 陈卫 . 大数据网络传播模型和算法 [M]. 北京:人民邮电出版社,2020.

[14] 刘怡君,李倩倩,马宁,等 . 社会舆情的网络分析方法与建模仿真 [M]. 北京:科学出版社,2019.

[15] 武装 . 大数据时代的网络舆情分析 [M]. 北京:北京理工大学出版社,2018.

[16] 蔡皖东 . 网络舆情分析技术 [M]. 北京:电子工业出版社,2018.

[17] 裴佳音 . 大数据环境下网络舆情的预测方法 [M]. 杭州:浙江大学出版社,2020.